한국경제 대전환

한국경제 대전환

최용식 지음

관세폭등, 환율변동이 가져올
한국경제의 변곡점

알에이치코리아

프롤로그

관세전쟁보다 더
무서운 게 온다

미래의 어느 시점에서 2025년을 뒤돌아보면, 누구나 대한민국의 운명이 걸린 한 해였다고 기억할 듯하다. 이미 2025년 상반기에 중대한 일들이 벌어졌다. 지난해 12월 3일 비상계엄을 선포하고 쿠데타를 일으켰던 대통령이 2025년 4월 4일 탄핵되어 파면당한 사건은 근래에 보기 드문 중대한 일이었다. 뒤이어 6월 3일 선거에서 새로운 정권이 수립된 것도 괄목할 만하다. 전 세계적으로도 2025년은 중요한 의미를 지닌 해이다. 대표적인 예로는 미국의 도널드 트럼프 대통령이 '관세전쟁'을 일으킨 것을 들 수 있다. 트럼프 2기 정부는 세계 각국을 상대로 고율 관세를 부과하겠다고 발표함으로써 세계 경제 질서는 물론이고 정치 질서까지 뒤흔들었다. 그 밖에도 세계 경제에 영향을 미치는 여러 유의미한 사건들이 세계 각지에서 벌어지고 있다.

무엇보다 주목할 점은, 세계적인 금융위기가 터질 여건이 무르익은 가운데 이와 같은 중대한 사태가 벌어졌다는 사실이다. 특히 미국의 관세전쟁이 금융위기를 터뜨릴 뇌관 역할을 하고 있다는 것이 아주 심각한 문제이다. 만약 세계적인 금융위기가 발생한다면 대공황 수준의 경제위기가 도래할 가능성이 크다. 1930년대의 대공황 때처럼 금융위기와 관세전쟁이 겹쳐서 발생하는 것이기 때문이다. 실제로 당시 대공황의 여파는 10년이 넘는 기간 동안 전 세계에 처참한 경제재앙을 초래했다. 이를테면 무료 급식소에는 사람들이 끝이 보이지 않을 정도로 줄이 늘어섰고, 심지어 쓰레기 매립장에 버려진 음식을 찾으려는 사람들도 많았다. 미국의 전체 실업률은 1933년에 25%를 넘었고, 도시의 경우 실업률이 40%를 넘어섰다. 일하고 싶어도 일자리가 없고, 상품이 있어도 살 사람이 없으며, 생산시설을 갖추고 있어도 생산이 이루어지지 않았던 때였다. 대도시의 거리는 집을 잃은 사람들의 텐트가 점령했다. 당시 주요국 전체의 국제교역은 이전보다 3분의 1로 줄었고, 미국의 국제교역도 4분의 1로 줄었다. 미국의 다우존스 산업평균지수는 381에서 45까지 폭락했다. 약 2만 5,000개에 달했던 은행은 1만 4,000개로 줄었다. 이렇듯 대공황이 초래한 경제적 고통은 상상하기조차 어려울 정도였다.

다행스럽게도, 지금은 그동안 수차례 겪은 경험을 통해 금융위기를 처치할 정책이 어느 정도까지는 확보되어 있기는 하다. 실제로 2008년 하반기에 터졌던 글로벌 금융위기는 가산금리spread(기준금리에 신용도 등의 조건에 따라 덧붙이는 위험 가중 금리, 즉 리스크 프리미엄)가 대공황 때보다 두 배 더 컸으나, 그로부터 진행된 경기후퇴의 기간은 1년 반에 불과했다. 경제성장률 추락의 규모도 그다지 크지 않았다. 미국의 2009년 성장률은 −2.8% 수준이었다. 사실 이 성장률은 대공황 이후로 가장 낮은 수치였다. 한마디로, 이때의 금융위기를 극복하기 위한 미국 정부의 정책 처방은 성공적이었다. 하지만 이 같은 처방이 앞으로도 성공하리라는 보장은 없다. 금융위기는 그 전염성이 인간의 어떤 질병보다 매우 높으므로 주요국 사이의 국제적인 정책 협조가 필수적이다. 그런데도 트럼프 대통령은 일방적인 관세전쟁을 펼치고 있기에 세계 경제의 앞날은 더욱 불투명하다.

    우리나라의 경제성장률 역시 계속 하락하는 추세로, 경제난이 점점 더 심각해지고 있다. 그만큼 국민의 경제적 고통도 커지고 있다. 이를테면 김대중 정부의 연평균 경제성장률은 5.7%였고, 노무현 정부 4.7%, 이명박 정부 3.4%, 박근혜 정부 3.2%, 문재인 정부 2.6%, 윤석열 정부 2.0%로 계속해서 떨어졌다. 더욱 심각한 것은 우리나라의 최근 경제성장률이 1인당 국민소득이 2.5배나 더 큰 미국보다도 더 낮아졌다는 사실이다. 이러한 상황이 지속된다면 어느덧 힘겹게 선진국의 반열에 올랐는데, 다시 중진국으로 후퇴할 수도 있다.
    우리 정부는 역대 정권의 경제정책 중에서 어느 것이 실패하여 이 같은 처참한 경제 실적을 기록했는지 면밀히 검토하고, 새로운 정책 방향을 좀 더 일찍 모색했어야 했다. 그러나 그런 시도와 노력은 거의 찾아볼 수 없었다. '경제정책이 실패했다'는 논의조차 제대로 이루어지지 않고 있다. 특히 2008년 이후, 역대 정권은 경제를 살려내겠다며 외쳤지만 하나같이 동일한 경제정책들을 펼쳤다. 고환율, 재정지출 확대, 낮은 이자율, 가계부채 억제와 같은 뻔한 정책들을 꺼내 들었다. 결과적으로 말하자면, 이런 정책으로는 경제성장률을 높일 수 없다고 보는 것이 합리적이다. 그 이유는 이 책에서 구체적으로 다룰 것이다. 일례로 앞에서 열거한 정책들은 이미 일본이 1990년대 이후로 줄기차게 실시했던 것들이다. 그 결과 일본의 연평균 경제성장률은 35년 동안 0.8%에 불과했을 정도로 초장기 경기 부진의 늪에 빠져들었다. 그럼에도 불구하고 우리나라는 일본의 경제정책을 모방해 왔다. 지금이라도 실패가 확연히 드러난 고환율, 재정지출 팽창, 금리인하, 가계부채 억제와 같은 정책들만 폐기한다면, 우리 경제는 언제든 다시 살아날 수 있을 것이다. 우리 경제의 성장잠재력은 여전히 6% 정도는 되는 것으로 진단되기 때문이다.

앞으로의 경제 상황은 지금까지보다 훨씬 더 엄중할 것이다. 우리 정부가 미국의 관세전쟁에 어떻게 대응하느냐에 따라, 향후 일어날 수도 있는 세계적 금융위기에 어떻게 대처하느냐에 따라 그 결과는 천양지차를 보일 것이다. 만약 금융위기를 극복하지 못한다면 경제 재앙을 맞닥뜨릴 수도 있고, 반대로 잘 헤쳐 나간다면 양호한 경제 실적을 거둘 수도 있을 것이다. 앞으로 우리 정부가 펼칠 경제정책이 그만큼 중요하다는 뜻이다. 국민 개개인과 기업의 운명도 우리 정부가 어떤 정책을 집행하느냐에 따라 그 운명이 크게 달라질 수 있다.

이 책의 1장과 2장에 2025년 상반기에 발생한 경제 현상을 가장 먼저 할애한 것은 이와 같은 이유 때문이다. 물론 이 책은 지금 당장 시급한 사안에 관해서만 다룬 것은 아니다. 세월이 흘러도 꼭 필요한 것들에 관해서도 다루고 있다. 이를테면 환율이 어떤 경제적 기능을 하는지, 환율 변동의 경제원리는 무엇인지, 만성적인 경상수지 흑자가 어떤 경제적 재앙을 초래하는지, 경제학이 어떻게 현실에서도 유용하게 진화할 수 있는지 등에 대해서도 설명하고 있다. 이러한 내용이 우리 정부가 경제정책을 수립하고 당면한 문제를 풀어나가는 데 보탬이 되면 좋겠다. 기업의 경영과 개개인의 삶에도 도움이 된다면 더할 나위 없이 기쁘겠다. 많은 사람들이 이 책을 참고하여 더 밝은 앞날을 개척하고 더욱더 행복해졌으면 하는 바람이다. 이것이 이 책을 펴내는 진정한 의미이자 목적이다.

최용식

차례

프롤로그   관세전쟁보다 더 무서운 게 온다   5

[1장] 관세전쟁: 트럼프 리스크

미쳐 날뛰는 트럼프의 칼춤   17
역사가 증명하는 보호무역주의의 실패   19
트럼프의 돌발적인 정책 변화   23
트럼프의 관세전쟁은 금융위기의 뇌관일까?   25
금융위기는 왜 반복될까?   32
숨겨진 위험의 시작   39
미국 주식시장의 거품 붕괴 신호   44
중국·일본·유럽연합에서도 보이는 위기의 징후들   46

[2장] 관세의 무기화와 달러 패권

도전받는 미국의 정치·경제 패권   55
트럼프가 관세에 집착하는 이유   58
미국의 경상수지 적자와 환율 문제
: 2010년 환율분쟁의 내막   66
'엔저' 쇼크: 2013년을 뒤흔든 환율분쟁   71
무역질서 교란의 배후   78
관세전쟁의 설계자, 피터 나바로   84
미국의 고금리와 강달러 정책의 한계   88

[3장] 환율을 외면하면 벌어지는 일

환율은 국가 경제의 흐름을 좌우한다   99
환율은 신용경색과 경기 급상승도 일으킨다   111
수출보다 중요한 것은 내수   116
환율정책의 투명성을 높여라   122
우리 경제의 역동성을 높이려면   126
환율은 어떻게 결정되는가   131
자본수지에 영향을 미치는 요인들   137
환율 변동이 경쟁력에 미치는 영향   144
환율과 국가의 흥망성쇠   151

[4장] 멈춰버린 일본이 우리에게 알려준 것

일본의 30년 장기 불황 **165**

일본의 추락을 가져온 거품 경제의 붕괴 **170**

실패한 정책 되풀이가 가져온 현실 **176**

대규모 경상수지 흑자가 결정적 원인 **185**

득보다 실이 컸던 일본의 재정정책 **190**

[5장] 한국경제의 성공과 실패

왜 한국은 지속적인 경제난을 겪고 있을까? **201**

경제 살리기에 이념은 소용없다 **207**

역대 정부의 실패에서 배우는 법 **213**

[6장] 주식시장과 주식투자 그리고 관세전쟁

주식시장과 K-경제학　**231**

주식시장의 장기주기　**239**

한보 부도사태로 보는 신용파괴원리　**245**

성공적인 주식투자를 위해　**251**

관세전쟁과 주식시장　**256**

스테이블 코인?　**257**

에필로그　한국경제의 더 나은 미래를 위해　**266**

부록　다시 쓰는 경제학　**275**

참고문헌　**329**

1장

관세전쟁: 트럼프 리스크

미쳐 날뛰는 트럼프의 칼춤

2025년 1월, 도널드 트럼프 대통령은 제47대 미국 대통령으로 취임하며 두 번째 임기를 시작했다. 세계 각국이 트럼프 정부를 주시하고 있는 가운데, 트럼프 대통령은 취임 즉시 수십 개의 행정명령을 쏟아내며 전 세계를 대상으로 공격적인 관세전쟁을 시작했다. 제일 먼저 2월 1일에는 멕시코와 캐나다에 상호관세 25%를 부과하겠다고 발표했다. 이에 강력한 반발이 뒤따르자, 상대국과의 협상을 위해 미국은 한 달 동안 관세 조치를 유예한다고 발표하기도 했다. 4월 3일에는 모든 국가를 상대로 기본적으로 10%의 일반관세를 부과했다. 그리고 철강과 알루미늄, 자동차 등에 품목관세 25%를 부과했다. 또 무역흑자 규모가 큰 순서에 따라 국가별로 차등을 둔 상호관세를 부과하겠다고 발표했다. 이때 상대국이 보복관세를 부과할 경우에 미국은 더 큰 보복관세로 대응하겠다고 경고했다.

  이러한 미국의 선포에 가장 강력하게 반발한 국가는 상호관세 34%가 부과된 중국이었다. 중국의 관세는 이미 마약과 관련하여 부과된 20%를 합하면 54%에 이르렀다. 중국은 즉각 34%의 보복관세를 발표하며 맞대응에 나섰다. 미국은 이 보복에 대한 보복으로 100%의 추가 관세를 부과함으로써 중국에 대한 상호관세는 모두 145%가 되었다. 그에 대한 보복으로 중국은 4월 11일에 미국을 상대로 125%의 보복관세를 부과했고, 첨단산업에 필수적인 희토류의 전면적인 수출을 금지하는 등 다른 보복 조치까지 연이어 동원했다. 미국은 그 보복으로 100%의 추가적인 보복관세와 중국 국적의 선박에 대한 미국의 항구 입항료를 대폭 올리겠다고 발표했다.

한편 상호관세 20%가 부과된 유럽연합EU 역시 즉각 반발하며 대응 조치에 나섰다. 미국에 대한 무역수지 흑자가 큰 동남아시아 국가들에도 고율의 상호관세가 부과되었다. 그리고 우리나라의 경우는 26%, 일본은 24%의 상호관세가 부과되었다.

미국의 관세 인상 조치에 따라 각국은 어떻게 대응해야 할지를 두고 심각한 고뇌에 빠졌다. 하지만 트럼프발 '관세폭탄'으로 인한 공포감에 미국 주식시장이 폭락하고, 미국 전역에 시위가 일어나는 등 관세전쟁의 부작용이 심각해지자, 4월 10일에 중국을 제외한 다른 나라에 대해서는 상호관세 부과를 90일 유예한다고 발표했다. 그리고 5월 12일에 이르러 미국과 중국이 협상을 통해 관세를 60일 동안 각각 115%씩 인하하기로 합의했다. 즉, 미국의 중국을 상대로 한 관세는 30%로 축소되었고, 중국의 미국에 대한 관세는 10%로 축소되었다. 5월 28일에는 미국 연방법원이 상호관세 부과가 위헌이라고 판결했고, 항소법원은 일시적으로 관세 부과를 허용한다고 판결했다. 5월 30일에는 철강의 상호관세를 50%로 인상했다.

이와 같이 트럼프가 촉발한 관세전쟁과 그의 정책적 변덕은 앞으로 어떤 결말을 남길까? 관세전쟁을 본격화하여 미국은 상대국과의 강압적인 협상을 통해 얼마나 큰 성과를 거둘 수 있을까? 과연 미국이 관세전쟁에서 최종적인 승리자가 될 수 있을까? 많은 경제전문가들이 이야기하듯이, 미국이 일으킨 관세전쟁은 비극적인 결말을 맞이할 것이 틀림없다. 설령 승리한다고 해도 상처뿐인 영광으로 남을 것이다. 그 이유는 분명하다. 관세전쟁과 같은 '보호무역주의'는 세계 경제에 타격을 입히고, 미국 경제에 재앙을 안겨줄 것이기 때문이다. 대표적인 사례로는 1929년 대공황과 1970년대 초의 경제위기 상황을 꼽을 수 있다. 이 역사적 사건들은 관세전쟁과 같은 이번 위기와 연관이 깊기에 다음 주제에서 좀 더 자세히 다루었다.

참고로, 이 책을 쓰기 시작한 것은 4월 초부터인데, 5월 초에는 관세전쟁의 포격이 다소 둔화되었다. 중국에 대해 유화적인 제스처가 취해졌고, 상호관세의 인하를 위한 주요국들과의 협상이 물밑에서 진행되었다. 왜냐하면 관세전쟁의 여파로 미국 국채 가격과 달러 가치가 폭락했고, 주식시장 역시 급락세를 보였으며, 물가도 불안해질 가능성이 커졌기 때문이다.

역사가 증명하는 보호무역주의의 실패

먼저, 보호무역주의 강화가 가장 큰 역효과를 낸 것은 대공황 때였다. 1929년 10월에 미국 주식시장이 붕괴되면서 금융위기가 터졌고, 그로 인해 미국 경제는 빠르게 후퇴했다. 기업의 경영수지가 악화되었고, 파산이 증가했다. 실업자도 빠르게 늘어나기 시작했다. 이에 국내 산업과 고용을 보호해야 한다는 목소리가 점점 더 커졌다. 여론에 민감한 미국 의회는 당시 '스무트-홀리 관세법'을 통과시켰다. 이 관세법을 주도한 리드 스무트Reed Smoot와 윌리스 홀리Willis Hawley는 모두 공화당 출신 의원이었다. 경제학자 1,038명은 스무트-홀리 관세법에 대해 거부권을 행사하도록 청원했다. 하지만 허버트 후버Herbert Hoover 대통령은 1930년 6월 이 법에 서명하고 기어이 공포했다. 2만여 품목에 평균 59%, 최고 400%의 관세를 부과하는 법률이었다. 당시는 미국의 국제적 위상이 지금처럼 절대적이지 못했으므로 다른 나라들은 즉각적인 보복에 나섰다.

결국 세계 교역 규모는 1929년부터 1934년 사이에 3분의 1 토막이 났다. 미국의 타격은 다른 나라들보다 더 커서 교역 규모가 4분의 1로 줄어들었다. 보호무역주의 정책을 펼치기 시작한 것은 미국이었는데, 미국이 가장 큰 경제적 타격을 입은 것이다. 그 결과 대공황의 깊이는 더 깊어졌고, 기간도 점점 더 길어졌다. 당시 대공황은 제2차 세계대전(1939~1945년)이 발발한 다음에야 겨우 잠재워졌다. 수천만 명의 귀중한 목숨을 앗아가며 전쟁은 끝났으나, 참전국은 대부분 경제 및 금융 체제가 거의 무너져 내렸다. 사람들의 경제적 고통은 단기적이었으나 매우 심각했다.

다음으로, 1968년 리처드 닉슨Richard Nixon 정부가 출범한 이후 미국의 국제경쟁력이 눈에 띄게 약화되었다. 적자재정 정책을 통해 재정지출을 확대했던 것이 그 원인이었다(재정지출 확대가 왜 국제경쟁력을 약화시키는지에 대해서는 뒤에서 구체적으로 살펴볼 것이다). 결과적으로 1971년에 달러 위기가 발생했다. 전후 국제경제 질서를 규정한 브레턴우즈협정(2장에서 기축통화로서 달러의 역사를 살펴보며 자세히 다루고자 한다)은 금 가격을 온스당 35달러로 고정시키고 달러는 언제든지 금으로 태환할 수 있도록 했다. 그런데 미국의 국제수지가 악화되고, 금 보유량이 급감하는 바람에 달러의 금 태환을 할 수 없는 지경에 이르렀다. 1971년 미국은 결국 달러의 금 태환을 중단한다고 선언했다. 이것이 바로 달러 위기를 초래했다.

달러 위기가 터지자, 경상수지 적자를 해소하는 일이 급선무로 떠올랐다. 이에 미국 정부는 모든 수입품에 10%의 추가 관세를 부과했다. 하지만 그 뒤로도 미국의 경상수지 적자는 매년 커졌다. 그러자 미국은 1973년에 GATT(관세 및 무역에 관한 일반 협정. 나중에 WTO로 발전함)를 동원하여 다자간섬유협정MFA을 섬유 수출국들과 강압적으로 체결했다. MFA에 근거하여 미국은 국가별 그리고 섬유제품별로 수출량을 할당했다. 간단히 말해, 미국 경상수지 적자에서 가장 큰 비중을 차지하는 섬유류에 대해 강력한 보호무역 정책이 시행된 것이다. 곧이어 철강과 자동차 수출국에는 수출 자율규제를 강요하여 성공했다. 그런데도 미국의 국제수지는 좀처럼 개선되지 않았다.

한편 닉슨 대통령은 1972년에 발생한 워터게이트 사건으로 1974년에 대통령직을 사임했다. 당시 부통령이던 제럴드 포드 Gerald Ford가 대통령직을 승계하여 수행했지만 그 후로도 경제 상황은 개선되지 못했다. 보호무역주의처럼 관념적으로 바람직해 보이는 정책이 현실에서 항상 좋은 결과를 가져오는 것은 아님을 잘 보여주는 사례이다.

1976년 대통령 선거에서 승리한 지미 카터Jimmy Carter는 이전 정권과는 정반대의 경제정책을 시행했다. 닉슨과 제럴드 포드Gerald R. Ford 정부의 보호무역주의가 더 나쁜 결과를 초래한다는 사실을 확인했기 때문이다. 이에 카터 대통령은 각종 수입 규제를 하나씩 철폐하면서 미국 기업들과 국가 경제 자체를 국제경쟁에 노출시키는 정책을 펼쳤다. 그러자 놀랍게도 일본과 독일 기업들의 경쟁력에 뒤처지기만 했던 미국 기업들의 경쟁력이 차츰 살아나기 시작했고, 나아가 미국 경제의 전체 경쟁력도 높아지기 시작했다. 그 이유는 무엇일까? 기업은 경쟁에 노출되어 파산할 상황에 놓이면 필사적인 노력을 기울이지 않을 수 없기 때문이다. 기업은 망할 수 있기 때문에 강해지는 셈이다. 그렇지만 1978년 말 제2차 석유파동이 터졌고, 미국의 경제난은 심화되었다. 결국 카터 대통령은 재선에 실패했다.

1981년에 집권한 로널드 레이건Ronald Reagan은 카터 정부의 개방화 정책에 덧붙여, 규제 완화와 민영화 정책을 추가로 펼쳤다. 이것이 바로 '레이거노믹스Reaganomics'라 명명되는 정책이다. 훗날 경제학자들은 이를 '신자유주의 경제정책'이라고도 칭했는데, 이것이 소위 '워싱턴 컨센서스(합의)'이다. 레이건 정부가 신자유주의 정책을 적극적으로 펼치자, 미국 경제의 성장력과 경쟁력이 살아나기 시작했다. 그리고 1990년대 중반에 이르러서 미국 경제는 일본과 독일 경제를 다시 앞지르게 되었다.

이와 같은 역사적 사실을 트럼프 대통령과 그의 팀들은 망각한 것 같다. 닉슨 정부가 보호무역주의를 강화한 지 약 60년이라는 세월이 흘렀다고는 해도, 당시의 경제위기는 쉽게 잊어서는 안 되는 중대한 일이기 때문이다. 역사를 잊으면 불행한 일은 반드시 반복된다는 것이 역사의 철칙이다. 결국 트럼프의 관세전쟁은 실패할 운명을 타고 났다고 봐도 무방하다.

트럼프의 돌발적인 정책 변화

트럼프 대통령이 관세전쟁의 포격을 처음 시작한 곳은 앞에서 언급했듯이 가장 가까운 인접국이자 동맹국인 캐나다와 멕시코였다. 아마도 이들 국가가 미국 경제에 대한 의존도가 제일 높으므로 반발이 약할 것이라고 판단했기 때문일 것이다. 이것은 마치 학교폭력 현장에서 일진들이 가장 약한 아이를 굴복시켜 다른 아이들까지 순종시키는 것과 같은 행태이다. 최근 트럼프 대통령이 우크라이나의 볼로디미르 젤렌스키 대통령과의 정상회담 과정에서 공개적으로 망신을 준 일도 마찬가지이다. 러시아와의 전쟁으로 미국의 무기 지원이 절실한 젤렌스키 대통령이 미국에 굴복할 수밖에 없을 것이라는 약점을 이용한 것이다. 이는 도덕적으로 명백히 어긋난 일이며, 다른 나라들의 신뢰를 잃는 일이다. 트럼프 대통령은 민주국가이자 자본주의국가이며 침략당한 국가의 편이 아니라, 독재국가이자 사회주의국가이며 침략한 국가의 편을 든 셈이다.

제2차 세계대전 이후, 미국은 민주국가이자 자본주의국가의 선봉장으로서 다른 나라들의 민주화와 자본주의의 정착을 지원하는 맹주로 여겨졌는데, 이런 믿음을 저버린 것이다. 그뿐만이 아니다. 최근까지 미국은 세계를 이끄는 패권국 역할을 자임하며, 자유 진영을 대표하여 국제정치 질서 및 국제경제 질서를 구축하는 데 주도적인 역할을 해왔다. 그런데 트럼프 대통령이 집권하자마자 동맹국인 민주국가들을 상대로 공격적인 관세 폭격을 강행하여 그동안 애써 이룩해 놓은 세계 경제 질서를 무너뜨렸다. 이는 트럼프 2기 정부가 시작한 지 100일도 채 지나지 않아 벌어진 일이다.

그나마 기대해 볼 수 있는 것은 트럼프 대통령이 기업가 출신으로 장사꾼 면모가 아주 강한 정치인이라는 점이다. 여기서 '꾼'이라는 용어를 사용한 것에 대해 오해가 없기를 바란다. 나는 이 용어를 자기 분야에서 절실하게 살아가는 사람, 즉 '전문가'라는 뜻으로 사용하곤 한다. 하지만 의미가 어떻든, 통상 장사꾼에게는 명예나 체면이 필요 없고, 다른 사람의 눈총 따위는 신경 쓰지 않는 법이다. 자신의 사업에 이익이 될 것 같다면 아무런 거리낌 없이 태세를 전환하는 것이 장사꾼의 자세이기도 하다. 기본적으로 기업가는 행정가와는 사고가 다르다. 트럼프 대통령도 마찬가지일 것이다. 만약 관세전쟁이 미국 경제에 큰 도움이 되지 않고 오히려 손해를 끼친다는 사실이 향후 확연히 드러난다면, 그는 언제든 태세를 바꿀 가능성이 크다. 실제로 관세전쟁을 시작한 후 상호관세가 미국 주식시장에 부정적인 영향을 끼치는 것이 드러나자, 트럼프 대통령은 상호관세 부과를 90일간 유예한다고 전격 발표했다. 앞으로도 이 같은 트럼프 대통령의 장사꾼 면모가 발휘되는 일들이 자주 발생할 것으로 본다. 따라서 우리 정부는 혼란스러운 정국이지만, 만반의 준비를 하고 돌발적인 사태에 발 빠르게 대응할 수 있어야 할 것이다.

트럼프의 관세전쟁은 금융위기의 뇌관일까?

미국이 터뜨린 관세전쟁은 하필 세계적 금융위기가 발생할 여건이 충분히 조성된 상황에서 벌어졌다는 것이 더 심각한 문제이다. 덧붙이자면 미국의 중앙은행인 연방준비제도 Fed(이하 '연준'이라고 칭함)가 금융위기의 발발을 겨우겨우 막아내고 있는 가운데 관세전쟁이 터졌다고 보는 것이 더 타당할 듯하다. 사실 2020년 이후 미국에서는 금융위기가 이미 두 차례 터졌다. 이는 표면적으로 널리 드러나지 않았기에 다음과 같이 순차적으로 살펴볼 필요가 있다. 그래야 앞으로 전개될 상황을 가늠할 수 있을 테니 말이다.

최근의 첫 번째 금융위기는 '2022년 상반기'에 일어났다. 미국의 그해 1분기 경제성장률은 -1.6%였고, 2분기 경제성장률은 -0.6%였다(이 수치는 당시를 기준으로 한 성장률이다). 지금은 약간 조정되었지만, 그때 기록한 성장률 실적을 바탕으로 경제정책이 시행되었으므로 당시의 성장률을 적용하는 것이 더 적절하다. 분석 방법이 어떻든 이처럼 두 분기 이상 마이너스 성장률을 기록했다는 것은 금융위기가 진행되었다는 것을 의미한다. 금융위기가 진행되지 않고서는 마이너스 성장률을 두 분기 연속으로 기록하는 경우는 거의 없기 때문이다. 다행히 연준이 당시에 적절한 통화금융 정책을 신속하게 펼침으로써, 금융위기의 진행을 차단하고 곧바로 국내 경기를 상승 반전시켰다. 그런 까닭에 당시 미국에 금융위기가 터졌다는 사실을 일반 대중은 알아차리지 못했으며 경제전문가들조차 간과했다.

미국은 2022년에 어떤 정책을 시행하여 금융위기를 잠재웠을까?

전통적으로 미국 연준은 경기변동의 폭을 줄이려 기준금리를 0.25%씩 미세 조정해 왔다. 이를테면 경기과열이 일어날 경우는 기준금리를 0.25% 인상하여 진정시켰고, 경기하강이 악순환을 일으킬 것 같은 경우는 기준금리를 0.25%씩 인하했다. 그런데 2022년 3월부터 갑자기 기준금리를 한꺼번에 0.75% 또는 0.5%를 올렸다. 이른바 '자이언트 스텝', '빅 스텝'이라는 용어로 불리는 상황이 바로 이런 경우다. 그만큼 파격적인 통화금융 정책이 실행된 것이다. 아울러 달러 강세를 유도하는 정책을 펼치기도 했다. 이 '고금리'와 '강달러' 정책이 미국 경제를 당시의 금융위기에서 탈출시켰고, 국내 경기도 급상승시켰다.

현재의 경제학은 기준금리를 인상하거나 강달러 정책을 펼치면 투자가 부진해져 국내 경기가 하강한다고 본다. 즉, 기준금리를 인상하면 투자가 부진해지고, 달러가 강세이면 수출이 부진해지며, 이에 따라 성장률이 낮아진다는 것이다. 하지만 현실은 경제이론과는 반대로 나타났다. 역사적으로 미국은 우연히 고금리 및 강달러 정책이 국내 경기를 살려낸다는 것을 다음과 같이 몇 차례의 경험을 통해 체득한 바 있다. 첫째, 1982년에는 1960년대 말부터 장기간 지속되던 스태그플레이션을 해소하기 위해 기준금리를 21.5%까지 인상했다. 스태그플레이션을 잠재우지 않고는 경제성장을 지속시킬 수 없다는 사실을 오랜 세월 뼈저리게 느꼈기 때문이다. 이처럼 기준금리가 급등하자 달러 가치도 강세로 전환되었고, 결과적으로 국내 경기는 오히려 급상승하면서 시장 분위기가 반전되었다. 둘째, 1980년대 말 저축대부조합 S&L 부도 사태가 터지면서 1990년대 초에 심각한 금융위기가 진행되었다. 그 영향으로 국내 경기는 빠르게 하락하기 시작했다. 이때도 미국 정부는 고금리와 강달러 정책을 펼쳐 국내 경기를 이내 상승시켰다. 셋째, 2000년대 초 나스닥시장이 붕괴되면서(나스닥지수 60% 폭락) 금융위기가 심각하게 진행되었다. 마찬가지로 이때도 고금리와 강달러 정책이 국내 경기를 단기간에 상승 반전시켰다. 넷째, 2008년 하반기에 서브프라임 모기지subprime mortgage 사태가 터지면서 촉발된 금융위기가 전 세계를 휩쓸며 불황의 늪에 빠뜨렸다. 이때 역시 고금리와 강달러 정책을 시행하여 경기후퇴 기간을 1년 반으로 단축시켰다.

그렇다면 고금리와 강달러 정책이 왜 금융위기의 진행을 차단할 수 있었을까? 왜 이 정책들은 미국의 국내 경기를 비교적 짧은 기간에 회복시켰을까? 현재의 경제학만으로는 그 이유를 밝히기가 어렵다. 통화금융이론이 상대적으로 미숙하기 때문이다. 다시 말해 통화금융이론이 미숙한 상태에 머물러 있는 것은, 통화가 어떤 가치도 창조하지 못한다는 잘못된 믿음이 경제학계에 팽배하기 때문이다. 하지만 통화와 신용 등의 유동성이 풍부해지면 그로 인해 생산, 고용, 투자 등의 경제활동이 활발해진다. 이처럼 경제 기능이 활성화되면 성장률은 당연히 높아진다. 이는 경제 현실에서 자연스럽게 벌어지는 일이다. 최소한 이 범위 내에서 통화는 충분히 가치를 창출한다.

그럼 고금리와 강달러 정책이 금융위기를 끊어내고 경기를 회복시킨 이유에 대해 좀 더 자세히 알아보자. 그 이유를 밝히는 것은 우리나라의 경제를 살리고 금융위기를 막기 위해 반드시 해야 할 일이기 때문이다.

다시 2022년 상반기를 되짚어 보자. 이때 미국이 고금리 정책을 펼치자, 다른 나라에서 축적된 저축이 더 높은 이자율을 기대하고 미국으로 빨려들었다. 다음으로 강달러 정책을 펼치자, 다른 나라에서 투자되었던 국제 금융자본이 환차익을 노리고 미국으로 몰려들었다. 무엇보다 오랜 세월 축적된 금융자본은 저축보다 수십 배는 더 크므로, 강달러 정책이 고금리 정책보다 금융위기를 막아내는 데 훨씬 더 큰 역할을 했다. 결과적으로 미국 경제의 유동성은 풍부해졌다. 이렇게 확보된 유동성은 신용파괴 원리의 작동을 차단함으로써 금융위기가 더 진행하는 것을 막아낸 것뿐만 아니라 생산, 고용, 투자 등의 경제활동을 활성화시켰다. 당연히 성장률도 더 높아졌다. 그렇게 미국 경제는 2022년 상반기에 진행되던 금융위기에서 벗어났고, 하반기부터는 경제성장률이 크게 높아졌다. 실제로 3분기 경제성장률은 3.1%를 기록했고, 4분기에는 2.6%를 기록했다. 연간 경제성장률은 2.1%라는 비교적 양호한 성적을 남겼다.

한편 미국의 금융위기에 대한 정책 시행의 여파로, 2023년에 선진국 대부분은 경제성장률이 0%대나 1%대의 수치를 기록했다. 심지어 독일, 스웨덴, 핀란드, 아일랜드 등의 국가는 마이너스 성장률을 기록했다. 만성적인 경상수지 적자를 보여온 제3세계 국가들의 경우 아주 극심한 외환위기를 겪기까지 했다. 국내 저축과 그동안 투자되어 쌓인 금융자본이 미국으로 이탈했으므로, 경제활동이 둔화되고 성장률이 낮아졌다. 우리나라가 2022년 하반기부터 극심한 유동성 부족에 시달리고, 그로 인해 경제난이 심화되었던 이유도 바로 여기에 있다. 한마디로, 미국의 고금리 및 강달러 정책은 '내 이웃을 거지로 만드는 정책'이었던 셈이다. 하지만 개발도상국은 물론이고 서유럽의 선진국들조차 이런 사실을 지금까지도 제대로 알아차리지 못하고 있다. 통화는 실물의 그림자에 불과하다는 경제학의 미신을 믿기 때문이다. 현재의 경제학이 하루빨리 진화할 필요가 있다는 뜻이다. 특히 미숙한 수준을 벗어나지 못하고 있는 통화금융이론의 진화가 절실하다.

불행하게도, 미국의 고금리와 강달러 정책이 당시의 금융위기를 완전히 잠재운 것은 아니다. 금융위기를 완전하게 해결하려면 그 원인을 파고들어 처방하는 근원 치료를 해야만 하는데, 고금리와 강달러 정책이라는 겉으로 드러난 증상만 대응한 대증요법을 선택했기 때문이다. 그로 인해 금융위기는 잠잠한 듯 보이지만, 수면 아래에서 여전히 잠복한 상태로 그 취약성이 커지고 있다.

이렇게 물밑에서 진행되던 금융위기가 다시 수면 위로 떠오른 것은 '2023년 3월'이었다. 이것이 바로 2020년 이후 두 번째 발생한 금융위기의 시작이다. 실버게이트^{Silvergate}라는 작은 은행에서 대규모 예금인출 사태(뱅크런)가 터진 것을 계기로 금융위기가 본격화하기 시작했다. 이러한 예금인출 사태는 그 파장이 마치 전염병이 확산하듯 엄청나게 위태롭다. 실제로 실리콘밸리 은행^{SVB}과 시그니처^{Signature} 은행, 퍼스트리퍼블릭^{First Republic} 은행, 크레디트스위스^{Credit Suisse} 은행 등에서도 예금인출 사태가 연속적으로 벌어졌고, 모두 도산 위기에 빠졌다. 전반적인 금융 시스템의 위기, 즉 금융위기가 다시 일어나기 시작한 것이다. 다행히 이때의 금융위기는 미국 재무부가 '예금 전액 보장'이라는 특단의 조치를 취함으로써 위기를 잠재울 수 있었다. 하지만 당시 예금보험기금은 1,800억 달러에 불과한 반면, 보장해야 할 예금은 20조 달러가 넘었다. 이처럼 예금 전액 보장은 위험한 대책이었지만, 빠른 조치로 말미암아 예금인출 사태가 다른 금융기관으로 번지는 것을 차단할 수는 있었다.

그러나 이 정책도 근원 치료가 아니라 임시방편적인 대증요법이었다. 금융위기는 그 후로 지금까지 계속 물밑에서 진행 중이라는 뜻이다. 금융위기의 뇌관이 될 무엇인가가 터진다면, 금융위기는 언제든 재점화되어 본격화할 것이다. 다시 말해 금융위기처럼 국가 경제를 파탄으로 몰아갈 정도로 중대한 사태는 뇌관의 역할을 할 무엇인가가 먼저 터져야 본격적으로 진행한다는 의미이다.

그렇다면 금융위기의 뇌관이 될 수 있는 것은 무엇일까? 역사적 사례를 보면, 전통적으로 크게 두 가지를 꼽을 수 있다. 하나는 '예금인출 사태'이고, 다른 하나는 금융상품의 환매 사태, 즉 '투자금 인출 사태'이다. 역사적으로 발생한 거의 모든 금융위기는 이 두 가지 중 하나, 또는 그 두 사태 모두가 벌어진 뒤에 발생했다. 하지만 앞으로 닥칠 수 있는 금융위기는 전통적인 금융위기와는 전혀 다른 원인이 뇌관이 될 것으로 본다. 말하자면 그것은 트럼프 대통령이 시작한 '관세전쟁'이다.

트럼프의 관세전쟁은 어떻게 금융위기를 폭발시킬 뇌관의 역할을 할까? 첫째, 관세전쟁은 미국 수입품의 가격을 폭등시킬 것이다. 그렇게 되면 가장 먼저 미국의 수입은 줄어들고, 이에 따라 수입업체는 물론이고 해운업체, 항만업체, 운송업체 등의 경영수지가 악화될 것이다. 둘째, 가격이 폭등한 수입품을 판매하는 기업들이 큰 타격을 입을 것이다. 셋째, 수입 원자재와 부품 소재, 그리고 중간재에 의존하고 있는 미국 제조업체들이 큰 타격을 입을 것이다. 넷째, 미국의 소비자 물가 상승률이 크게 높아질 것이고, 따라서 같은 소득으로 더 적게 소비할 수밖에 없게 될 것이다.

상황이 위와 같다면 미국의 경기는 후퇴할 것이고, 고용 역시 크게 줄어들 것이다. 결국 미국의 경제는 '축소재생산'의 악순환에 빠져들 것이다. 이런 경우 주식시장도 붕괴 위기에 처할 것이다. 어쩌면 그 전에 주식시장이 붕괴될지도 모른다. 미국 기업의 경영수지는 극도로 악화될 것이고, 금융기관 역시 마찬가지일 것이다. 그러면 어느 금융기관에선가 예금인출 사태가 벌어지거나 금융상품의 환매 사태가 발생하면서 금융위기가 터질 수 있다. 이렇게 금융위기가 발생한다면, 미국의 금융위기는 곧바로 전 세계로 확산될 것이다. 우리나라 경제 역시 그 타격을 피하기 어려울 것이다.

물론 미국을 중심으로 주요국의 정책 당국이 신속하게 적절한 정책 처방을 펼치면 금융위기를 막을 수도 있을 것이다. 하지만 2022년 이후 미국은 금융위기를 차단하기 위해 대증요법을 지나치게 남발해왔다. 대증요법은 반복할수록 그 효과가 반감되는 것이 일반적이다. 심지어 금융위기라는 급성질환을 스태그플레이션이라는 만성질환으로 전환시키기도 한다. 급성질환은 치명적이지만 비교적 짧은 기간에 치료할 수 있다. 그러나 만성질환은 장기간의 치료가 필요하고, 그 비용과 고통도 훨씬 더 크다. 그뿐만 아니라 극단적인 처방을 해야 할 경우도 생긴다. 앞에서도 언급했듯이, 1960년대 말부터 시작되었던 미국의 스태그플레이션은 1980년대 초까지 지속되었는데, 연준이 기준금리를 21.5%까지 끌어올린 뒤에야 겨우 잠재울 수 있었다. 최근에 기준금리를 5%대까지 끌어올렸을 때도 여기저기서 아우성쳤는데 21.5%까지 끌어올렸다면 그 타격이 얼마나 컸을지는 상상이 가고도 남는다. 당시 실업률이 장기간 두 자릿수를 기록했을 정도다. 이런 상황이라면 오히려 금융위기가 빨리 터지는 것이 나을지도 모를 일이다. 금융위기로 인한 타격이 스태그플레이션보다는 상대적으로 더 적을 것이고, 그 기간도 훨씬 더 짧을 것이기 때문이다.

금융위기는 왜 반복될까?

이 기회에 내가 강조해 온 경제병리학의 관점에서 금융위기를 간략하게나마 살펴보는 것이 관세전쟁을 헤쳐나가는 데에도 도움이 될 듯하다. 그 전에 밝혀둘 점은 현재의 경제학에는 병리학 분야가 없다는 사실이다. 이것은 정말 의아한 일이다. 경제학은 '경제체'를 하나의 유기체로 간주하고 성립했으며, 인체를 위한 생리학과 비슷한 이론체계를 갖추고 있기 때문이다. 그럼에도 인체보다 훨씬 그 기능이 뒤처지는 경제체를 대상으로 하는 경제학에 병리학 이론이 아직 수립되지 않았다는 것은 안타까운 현실이다. 아르헨티나의 경제학자 빅토르 베커 Victor Beker가 지적했듯이,[1] 경제학은 건강한 경제에 대해서만 연구할 뿐 경제체의 질병에 관해서는 전혀 연구가 이루어지지 않고 있다. 인체를 위해서 병리학이 발달했듯이, 경제체를 연구하는 경제병리학의 수립이 반드시 필요하다는 의미이다. 경제체가 유기체적 존재라면 병리적 현상도 언제든 일어날 수 있다는 점을 기억해야 한다.

다시 말해 경제위기라고 말하는 경제질병을 예방하기 위해서도 필요하지만, 이런 질병을 가장 효과적으로 극복하기 위해서도 경제병리학은 필요하다. 설령 예방을 못했다고 하더라도, 경제질병이 나타났을 때 이를 진단하고 대처하기 위해서도 경제병리학은 필요하다. 경제질병을 큰 타격 없이 극복하기 위해, 그리고 그 후유증과 부작용을 최소화하기 위해 경제병리학이 필요한 것이다.

내가 경제병리학에 처음 관심을 갖기 시작한 것은 1982년에 우리나라가 심각한 외환위기를 겪던 때였다. 당시 나는 KOTRA(대한무역진흥공사) 조사부에 근무하며 외국의 외환위기 사례를 조사, 보고하는 일을 했는데, 이를 계기로 경제병리학에 대한 관심이 높아졌다. 때마침 찰스 킨들버거 Charles Kindleberger가 1978년에 출간한 《광기, 패닉, 붕괴 금융위기의 역사 Manias, Panics and Crashes: A History of Financial Crisis》라는 책이 눈에 들어왔다. 이 책은 700년 동안의 세계 금융위기의 역사를 집대성한 연구서인데, 모든 경제위기는 금융위기를 통해 일어나고, 금융위기는 '광기, 패닉, 붕괴'의 과정을 반드시 거친다는 점을 밝혔다. 만약 금융위기가 필연적으로 발생할 수밖에 없는 일반적인 경제원리를 내가 발견한다면, 경제병리학을 수립할 수 있을 것처럼 보였다. 즉, 킨들버거가 연구해 온 세계사의 사례를 바탕으로 노력하면, 경제병리학의 일반 경제원리를 밝히는 일은 그리 어려운 일만은 아니지 않을까 생각했다. 솔직히 내가 경제병리학을 세계 최초로 수립한다면, 경제전문가로서 관련 학계에 의미 있는 발자취를 남길 수 있을 것이라고도 생각했다. 그래서 본격적으로 경제병리학에 관한 연구를 시작했다. 하지만 연구를 깊게 파고들면 들수록 더욱더 어려워졌다. 한편으로는 그 원리를 쉽게 찾을 수 있었다면, 어느 경제학자가 벌써 일찌감치 경제병리학을 수립했을 것이라고 생각하며 다시 한번 마음을 다잡았다.

그렇게 '광기, 패닉, 붕괴'의 과정이 필연적으로 발생하는 경제원리를 찾아내는 연구에 20여 년의 세월이 필요했다. 그러나 이것만으로는 경제병리학을 수립했다고 말할 수 없었다. 내가 찾은 금융위기의 경제원리를 세계사의 각종 임상사례를 통해 입증하는 일이 추가로 필요했다. 그 임상사례를 연구하는 과정에서 또 20여 년의 시간이 흘렀다. 결국 2024년 초에 이르러서야, 비로소 나는 경제병리학의 기본 경제원리와 중요한 임상사례를 아울러 《경제병리학》이라는 책을 출간할 수 있었다. 이 책은 누구나 금융위기를 예측할 수 있도록 하겠다는 취지로 발간했다. 만약 금융위기를 예측할 수 있다면, 정부와 기업뿐만 아니라 개인의 삶에서도 그 위험을 대비할 수 있을 것이다.

경제병리학의 기본 원리를 간략하게 살펴보면 다음과 같다. 첫째, 세상의 재화에는 '소비형 재화'와 '재산형 재화'가 있다. 그중에서 재산형 재화가 금융위기를 발생시키는 데 결정적인 역할을 한다. 불행하게도, 현재의 경제학은 소비형 재화에만 관심을 기울여 이론체계를 구축해 왔다. 재산형 재화는 경제학의 이론체계에서 거의 배제된 셈이다. 이처럼 경제학이 배제한 재산형 재화가 금융위기를 일으키는 데 결정적 역할을 한다는 점을 알아내기란 쉬운 일이 아니었다. 재산형 재화의 대표적인 예로는 '부동산'과 '주식'을 꼽을 수 있다. 실제로 주식이나 부동산 가격이 폭락하거나, 이에 따라 은행 등 금융기관의 경영수지가 악화되면 예금인출 사태나 금융상품의 환매 사태가 발생한다. 앞에서 설명했듯이, 이때 어느 한 은행에서 예금 인출사태가 터지면, 곧바로 다른 은행으로 그 위험이 전염되는 것이 일반적이다. 이렇게 진행된 경우는 금융상품의 환매 사태, 즉 투자금 인출 사태까지 흔히 발생한다. 그러면 뒤이어 금융위기가 벌어지곤 한다.

둘째, 부동산이나 주식과 같은 재산형 재화는 대개 5~6년은 소득을 축적해야 그 수요가 본격적으로 일어난다. 예를 들어 25평 아파트를 팔고 30평 아파트를 사려면, 최소한 5~6년은 열심히 저축해야 한다. 그 기간에는 수요가 본격적으로 일어나지 않는다. 따라서 주식이나 부동산 가격은 그동안에는 좀처럼 오르지 않는다. 하지만 저축이 충분히 축적되어 수요가 본격적으로 일어나면, 재산형 재화의 가격은 상대적으로 빠르게 상승한다. 일반 물가가 그동안 크게 올랐기 때문이다. 경제는 이 같은 동태적 균형을 이루려는 본능적인 기능을 가지고 있다.

셋째, 이와 같이 주식이나 부동산 가격이 빠르게 상승하면, 2~3년 더 저축해야 수요에 가담할 수 있는 사람들이 큰 빚을 내서라도 부동산 등 재산형 재화의 매입에 나서곤 한다. 2~3년 더 기다렸다가는 빠르게 상승하는 주식이나 부동산 가격을 따라잡을 수 없기 때문이다. 사람들이 큰 빚을 내서 수요에 가담하는 것은 미래 수요가 현재 수요로 이동했다는 것을 의미한다. 이렇게 미래 수요가 시간 이동을 해서 현재 수요와 합쳐지면 수요는 배가되고, 가격은 더욱 폭등한다. 이것이 '광기'가 필연적으로 발생하는 경제원리다. 2018년부터 2020년까지 3년 동안 우리나라에서 벌어졌던 부동산 투기 광풍은 그런 대표적인 사례 중 하나다.

넷째, 미래 수요가 현재 수요로 시간 이동을 하면, 머지않아 수요가 거의 사라지는 때가 닥친다. 이렇게 수요가 사라진 때가 닥치면, 부동산 등의 가격은 잠시 주춤거리다가 빠르게 하락하기 시작한다. 그러면 큰 빚을 내서 부동산 등을 매입한 사람들은 패닉(공황) 상태에 빠져든다. 이것이 '패닉'이 필연적으로 발생할 수밖에 없는 경제원리다. 다시 말해 수요의 시간 이동에 따른 수요의 공동화가 패닉을 발생시키는 원리인 것이다. 2021년에 우리나라 부동산시장에서 이른바 '영끌족'이 큰 곤욕을 치렀던 것은 그런 대표적 사례 중 하나다.

다섯째, 이와 같이 패닉이 실제로 벌어지면 부동산 등의 자산 가격은 더욱 빠르게 하락한다. 그러면 경제 내의 유동성이 축소되는 효과가 나타난다. 주식이나 부동산 등의 재산형 재화도 통화의 기본적 기능인 거래 수단과 가치저장 수단의 기능을 모두 가지고 있기 때문이다. 실제로 부동산시장이나 주식시장이 호조를 보일 때는, 은행에서 예금을 인출하는 것보다 주식이나 부동산을 팔아서 다른 용도로 흔히 사용한다(참고로, 통화의 다른 파생적 기능에는 회계단위의 기능, 거래단위의 기능, 지불수단의 기능 등이 있고, 이런 기능도 경제에서 매우 중요한 역할을 한다). 여하튼 경제 내의 통화량이 축소되는 일이 발생하면, 이 통화량의 축소가 신용창조(은행이 예금과 대출 업무를 수행하여 예금통화를 만들어냄으로써 돈을 불리는 과정) 원리의 역과정인 '신용파괴'의 경제원리를 작동시킨다. 그러면 경제 내의 유동성은 신용승수(신용창조 과정에서 불어난 통화량의 배수)의 배수만큼 줄어드는 압력을 받게 된다. 이 압력을 해소하지 못하면, 부동산시장과 주식시장에서 가격이 폭락하는 것뿐만 아니라 거래량도 크게 줄어드는 일이 벌어진다. 이것이 바로 '붕괴'가 필연적으로 일어나는 경제원리다. 신용파괴 원리의 작동이 붕괴를 필연적으로 일으키는 경제원리인 셈이다. 2022년에 우리나라 부동산시장에서 급매물이 쏟아졌던 것은 붕괴의 대표적인 사례에 속한다.

여섯째, 통화의 기본적 기능을 갖춘 주식이나 부동산 가격이 폭락하고 거래량이 급감하면, 주식시장이나 부동산시장은 붕괴된다. 주식시장이나 부동산시장이 붕괴되면, 경제 내의 유동성은 더욱 극단적으로 축소된다. 이처럼 유동성이 축소되면 생산, 고용, 투자 등의 경제활동이 위축되고, 결국 축소재생산의 악순환에 빠진다. 이렇게 축소재생산의 악순환이 일어나면, 경제의 순기능인 규모의 경제, 분업의 생산성 증가 효과, 비교우위의 교역 증대 효과 등이 역기능으로 바뀌어 반대 방향으로 작동한다. 그러면 심각한 '경기후퇴recession'나 '경기침체depression'가 벌어진다. 이것이 금융위기가 경제의 붕괴 위기로 발전하는 필연적인 경제원리다. 그다음에는 부동산시장이나 주식시장에 장기간의 정체기가 찾아오는데, 그 기간은 대개 5~6년 정도 지속된다.

일곱째, 금융위기가 얼마나 심각하게 벌어지는가는 금융위기 직전에 정부가 얼마나 과도한 경기부양 정책을 펼쳤느냐에 따라 결정된다. 만약 정부가 과도한 경기부양 정책을 실행했다면 아주 극심한 금융위기가 일어날 것이다. 대표적인 사례를 하나 들자면, 2008년 하반기에 미국에서 발생했던 금융위기를 꼽을 수 있다. 2000년 대통령 선거에서 공화당의 조지 부시George W. Bush는 '소유자 사회'라는 슬로건을 내걸었다. 무주택자에게 주택 550만 채를 공급하여 주택 보유 비율을 크게 높이겠다는 정책을 선거공약으로 내세운 것이다. 이 공약을 성공시키려면 무주택자가 주택을 매입할 수 있도록 충분한 금융 재원을 조달할 필요가 있었다. 그래서 우리나라의 주택금융공사와 비슷한 경제기구인 패니메이Fannie Mae(연방주택저당공사)와 프레디맥Freddie Mac(연방주택금융저당공사)을 동원하여 파생금융상품을 개발하도록 했다. 이렇게 개발된 파생금융상품이 재원을 충분하게 조달함으로써 무주택자의 주택 매입을 촉진했다. 그리고 주택 가격을 상승시켜야 무주택자의 주택 매입 수요가 증가할 수 있었으므로 부동산시장을 부양하는 조치까지 취했다. 결국 수요의 시간 이동이 일어났고, 수요가 배가되면서 미국 부동산시장에 거대한 거품이 형성되었다. 결국 이 부동산 거품은 꺼졌고, 대공황 때보다 더 심각한 금융위기가 터졌다. 당시의 가산금리인 스프레드는 대공황 때의 두 배에 달했다. 그렇지만 이처럼 심각하게 진행하던 금융위기는 대공황 때보다는 상대적으로 그 타격이 훨씬 덜했다. 경기후퇴의 깊이도 얕았고, 그 기간도 1년 반을 넘지 않았다. 그 이유는 금융위기가 터진 후에 미국의 정책당국이 신속한 정책을 과감하게 펼쳤기 때문이다.

지금까지 살펴본 것처럼, 금융위기는 필연적으로 발생할 수밖에 없다. '광기, 패닉, 붕괴'의 과정이 주식시장과 부동산시장에서 반복하여 일어날 수밖에 없는 것이 경제체의 운명이라는 의미이다. 그리고 금융위기의 진행 과정에서 '수요의 시간 이동, 수요의 공동화, 신용파괴 원리의 작동, 경제 역기능의 작동'이 순차적으로 일어나는 것도 경제체의 운명이다. 경제 상황에 따라 다르지만, 금융위기는 평균적으로 10년을 주기로 발생한다. 그렇기에 경제병리학을 수립하여 경제위기를 진단하고 대처하는 것은 매우 중요하다.

위에서 정리한 경제원리들은 누구나 비교적 쉽게 이해할 수 있는 내용이다. 현실에서 일어나는 다양한 경제 현상을 알기 쉽게 풀어내고 연구에 적용했기 때문이다. 하지만 복잡한 금융위기의 역사를 이같은 단순한 구조로 원리화하는 데 무려 42년이라는 시간이 소요되었다. 그러나 경제병리학이 아직도 세상에 널리 알려지지 않아 아쉬운 마음이 앞선다. 이 경제원리가 알려져 이번 관세전쟁으로 인한 금융위기의 심각성을 줄이고, 그 경제적 타격도 줄일 수 있게 되기를 간절히 바란다.

숨겨진 위험의 시작

물밑에서 잠복하여 장기간 진행되고 있는 최근의 금융위기는 그 직전에 미국이 과도한 경기부양 정책을 펼쳤기 때문에 발생했다. 따라서 그 전개 과정을 좀 더 자세히 다루어볼 필요가 있다. 사람들은 살얼음판 같은 현실에서는 더욱더 불편한 진실을 마주하기를 꺼린다. 하지만 그 진실을 드러내 낱낱이 파헤치지 않으면 지금의 관세전쟁으로 인해 발생하는 돌발적인 사태에 대처하지 못할 뿐만 아니라 혹독한 대가를 치르게 될 것이다. 이 숨겨진 위험의 시작을 이해하기 위해 5년 전으로 거슬러 올라가 보자.

2019년 말 코로나19의 출현으로 전 세계가 패닉에 빠졌다. 미국에서는 2020년 3월에 코로나19가 크게 확산되기 시작했고, 그 여파는 아주 심각했다. 당시 미국 정부는 즉각적으로 경제봉쇄 조치를 단행했다. 이러한 조치가 취해지면서 경제활동이 제대로 이루어지지 못했고, 결국 축소재생산이 일어났다. 경제활동이 부진해지면서 기업의 경영수지는 악화되었고, 그로 인해 생산, 고용, 투자 등의 활동도 부진해졌다. 결국 생산은 줄었고, 생산이 줄어들자 소득이 줄었으며, 소득이 줄어들자 생산이 줄어드는 악순환이 벌어진 것이다. 이런 악순환을 차단하기 위해 미국 재무부는 2020년에 재정지출을 42%나 증가시켰다. 중앙은행인 연준은 본원통화를 52%나 증가시켰고, 기준금리도 2.5%에서 0.25%로 꾸준히 낮추었다. 그 결과 2020년에 −2.8%를 기록했던 미국의 경제성장률은 2021년에는 6.1%까지 올라갔다. 하지만 이것은 심각한 경기과열이었다. 미국의 잠재성장률은 통상 3% 정도로 알려져 있는데, 그보다 거의 두 배나 더 높은 성장률을 기록한 것이다.

이와 같은 과도한 경기부양 정책은 심각한 부작용을 남긴다. 지나친 경기부양 정책이 경기과열을 일으키면 물가 불안과 국제수지 악화가 함께 뒤따르는 것이 일반적이기 때문이다. 미국에서도 이런 현상이 나타났다. 우선, 소비자물가 상승률은 1%대에서 계속 상승하여 2022년 6월에는 9%를 돌파했다. 경상수지 적자도 2020년 GDP(국내총생산) 대비 2.2%에서 2022년에는 3.8%까지 급증했다. 그 결과 달러 가치가 약세로 바뀌었다. 한마디로, 미국 경제가 심각하게 불안해졌고, 방치하면 경제 악순환이 벌어질 수도 있는 상황이었다.

경기과열이 가장 심각하게 나타난 곳은 주식시장이었다. 다우존스 산업평균지수의 경우, 코로나19 사태가 심각했음에도 불구하고 2020년 11월에 사상 최고 기록인 30,000을 돌파했고, 그 뒤로도 계속 상승하여 2022년 1월에는 36,800까지 돌파했다. 이는 심각한 거품이었다. 결국 이 거품은 꺼지기 시작했고, 이것이 신용파괴 원리를 작동시켜 금융위기를 일으켰다. 그 결과 미국의 국내 경기가 급속히 하강하면서 2022년 1분기에 이어 2분기에도 마이너스 성장률을 기록했다.

앞에서 설명했듯이, 미국의 경기가 급강하하자 연준은 3월부터 연속적으로 빅 스텝, 자이언트 스텝을 밟으면서 기준금리를 5.5%까지 인상했다. 달러 가치도 강세로 전환시켰다. 그 영향으로 다른 나라의 돈이 미국으로 몰려들었고, 미국 내 유동성이 풍부해졌다. 그러자 당시 진행되던 신용파괴 원리의 작동이 차단되었다. 실제로 미국의 2022년 하반기 경제성장률은 2.6%로 반전되었다. 하지만 다른 나라의 저축과 금융자본이 미국으로의 유입이 줄어들기 시작하면서 2023년부터 신용파괴 원리가 물밑에서 다시 작동하기 시작했다. 2023년 3월, 실버게이트와 실리콘밸리 은행을 비롯한 여러 은행이 연쇄적으로 파산한 것은 바로 그 때문이었다. 이런 연쇄적인 파산 사태가 금융 시스템 위기로 이어지는 것을 막고자 미국 정부는 예금 전액 보장이라는 파격적인 정책을 시행한 것이다. 그 덕분에 연쇄적인 예금인출 사태는 차단되었고, 금융위기도 안정되었으며, 주식시장 역시 강세로 전환하면서 지금에 이르렀다.

최근 들어 세계적인 금융위기가 머지않아 발생할 것이라는 경고의 목소리가 점점 더 커지고 있다. 특히 미국의 많은 경제전문가들이 금융위기에 대한 심각한 우려를 공개적으로 제기하고 있다. 세계적인 투자자 레이 달리오(Ray Dalio)는 세계 대공황급의 금융위기가 터질 것이라고 경고하고 있을 정도다. 그에 따르면 역사적으로 지나치게 과다해진 '국가 부채'가 금융위기를 초래했다고 본다. 그러나 그의 견해는 좀 더 주의 깊게 다룰 필요가 있다. 아래에서 살펴보겠지만, 경제전문가들의 잘못된 진단으로 말미암아 자칫 경제 재앙이 야기될 수도 있기 때문이다.

미국의 경제전문가 사회에서 거론하는 부채는 다음 두 가지를 포함한다. 하나는 '재정적자'에 따른 국내 부채이고, 다른 하나는 '경상수지 적자'에 따른 대외 부채이다. 그러나 이 두 가지의 부채는 엄격하게 분리해서 살펴야 정확한 진단이 가능하다. 그 원인이 서로 완전히 다르기 때문이다. 그렇기에 각각의 부채가 초래하는 경제위기도 서로 완전히 다르게 나타난다. 즉, 경상수지 적자에 따른 대외 부채는 외환보유고를 고갈시켜 외환위기를 초래하고, 재정적자에 따른 국내 부채는 성장잠재력을 떨어뜨려 경제위기를 초래한다는 뜻이다. 따라서 각각의 경제위기에 대한 정책 수단도 서로 다르게 집행해야 비로소 당면한 경제난을 효과적으로 해소할 수 있다.

금융위기 역시 마찬가지이다. 미국과 유럽의 경제전문가 사회는 재정위기와 외환위기를 흔히 금융위기에 포함시킨다. 하지만 금융위기와 재정위기, 외환위기는 그 원인이 서로 완전히 다르다. 먼저, 금융위기는 주식시장과 부동산시장의 거품 붕괴가 그 직접적인 원인이다. 재정위기의 경우는 재정적자의 누적이 원인이며, 외환위기는 경상수지 적자의 누적이 원인이다. 이처럼 각각 원인이 다르므로 정책 수단도 완전히 달라져야 각각의 경제위기를 효과적으로 극복해 낼 수 있다.

실제로 이 같은 용어의 혼란 때문에 경제적 재앙을 초래한 사례가 적지 않다. 대표적인 사례 중 하나가 그리스에서 2009년에 발생했던 경제위기이다. 당시 IMF(국제통화기금)와 유럽중앙은행은 그리스의 경제위기를 국가 부채 누적에 따른 금융위기로 진단하고, 그리스 정부에 강력한 재정긴축 정책을 요구했다. 구제금융이 시급했던 그리스 정부는 그 요구를 충실하게 따랐다. 하지만 불행히도 그리스는 2009년부터 2020년까지 10년 이상 심각한 경제난을 겪었다. 그리스 정부가 집행한 정책 수단이 틀렸던 것이다. 사실 그리스의 경제위기는 거대한 경상수지 적자가 초래한 '외환위기'였다. 경상수지 적자가 2008년에 GDP의 13.6%에 이르렀고, 이것이 외환위기를 일으킨 것이다. 물론 그리스는 유럽연합 소속으로 유로Euro를 사용하고, 유럽중앙은행이 유로를 충분히 공급해 온 것은 사실이다. 그러나 거대해진 경상수지 적자가 그리스 경제의 유동성을 끊임없이 해외로 유출시킴으로써 신용파괴의 원리를 작동시켰고, 이것이 심각한 경제위기를 터뜨렸다. 이처럼 경상수지 적자가 경제위기를 초래했다면, 당연히 경상수지 적자를 해소할 정책을 가장 우선적으로 집행했어야 했다. 그렇게 했다면 경제위기를 단기간에 극복할 수 있었을 것이다.

정리하건대, 우리 정부는 심각한 경제문제에 직면했을 때 권위 있는 전문가 집단의 견해를 무조건 맹신하지 말고, 신중하게 그 원인을 분석하는 것에서부터 초점을 맞춰야 할 것이다. 최근 들어 시장의 단기적 변동성이 커지고 있고, 더욱이 트럼프 정부의 관세전쟁에 따른 정책 변화가 각국 경제에 혼란을 주고 있는 실정이다. 기업 입장에서는 무엇을 결정하기가 어려운 불안정한 시기를 겪고 있다. 그에 따라 주식시장도 격변하고 있다. 발 빠른 대처도 중요하지만, 이런 시기일수록 신중한 분석에 따른 정책 조정이 필요하다. 그래야 정책의 악효과를 줄이고 순효과를 거둠으로써 금융위기를 방지할 수 있다.

미국 주식시장의 거품 붕괴 신호

현재 미국 주식시장은 과열 국면으로 그 거품이 지나치게 커졌다. 주식의 내재가치에 비해 시장가격이 과대평가되었다는 뜻이다. 이 거품이 꺼지면, 근래에 간헐적으로 벌어졌던 금융위기와는 차원이 다른 극심한 금융위기가 터질 가능성이 크다.

그 이유는 첫째, 주식투자를 하는 미국 가구의 비율이 과거의 수준인 30%대 초반에서 지금은 60%대를 돌파했다. 과거에는 주식투자에 관심이 없던 사람들이 그사이 새롭게 주식투자에 나선 것이다. 이것은 수요가 장소 이동을 했다는 의미이다. 그리고 미래 수요가 현재 수요로 시간 이동을 했음을 뜻한다. 전형적인 투기 장세가 벌어진 것이다. 이 거품은 결국 언젠가는 꺼지기 마련이다. 수요가 시간 이동을 했으니, 조만간 수요가 사라진 때가 닥치기 때문이다.

둘째, 기업의 경영수지 개선으로 주가지수가 올랐다기보다는 경제 내의 풍부한 유동성이 주가지수를 끌어올렸기 때문이다. 게다가 이 유동성은 미국에서 축적된 것이 아니라, 다른 나라에서 축적된 금융자본이 유입된 것이라는 점이 심각한 문제이다. 이러한 상황은 지속 가능성이 없다. 수요가 장소 이동을 하여 배가된 것이기 때문이다. 그렇게 배가된 수요가 미국 주식시장의 호황을 이끌었는데, 미국으로 장소 이동을 할 국제 금융자본은 한계가 있을 수밖에 없다. 실제로 미국으로 유입되는 국제 금융자본은 점점 줄어들고 있다. 그 결과 10년 만기 미국 국채금리는 관세전쟁이 벌어지기 전에도 이미 4.7%까지 올랐다.

셋째, 미국 주식시장의 10대 주식이 전체 시가총액의 38%에 달한다. 이것은 1930년대의 대공황 때와 비슷한 수준의 비율이다. 이 사실은 주식에 대해 잘 모르는 일반인이 주식투자에 나섰다는 것을 뜻한다. 미국 주식시장이 지속적인 호조를 보이지 못하고 주춤거리기 시작하면, 일반인의 경우 실망하여 주식시장에서 곧 이탈하는 경향이 있다. 그뿐만이 아니다. 미국의 경제 규모는 세계 전체의 4분의 1에 약간 못 미치지만, 미국 상장주식의 시가총액은 세계 전체의 4분의 3을 차지한다. 이것은 1980년대 말 일본에서 나타났던 주식시장 거품과 비슷하다. 이렇게 거대해진 거품이 꺼지면, 금융위기도 그만큼 심각하게 진행되는 양상을 보인다.

한때 각광받았던 테슬라의 PER(주가수익률)은 2024년 말을 기준으로 110에 이르렀다. 이는 경상이익을 110년 동안 모아야 하는 수준이다. 당시의 테슬라 시가총액은 도요타보다 네 배나 컸지만, 영업이익은 도요타의 2분의 1에 불과했다. 심지어 테슬라 시가총액은 약 1.2조 달러로 다른 자동차 회사 10개보다도 더 많았다. 테슬라만이 아니다. 일반 투자자에게 가장 큰 관심을 끌었던 시가총액이 큰 기업들도 거의 모두 비슷했다. 이 역시 심각한 거품 현상이다.

넷째, 미국 상위계층 10%가 전체 주식의 93%를 보유하고 있고,

심지어 상위계층 1%는 전체 주식의 50% 이상을 보유하고 있다. 이 것은 소득과 부의 '격차'가 그만큼 커졌다는 것을 의미한다. 이처럼 격차가 커지면 실제로 구매력이 있는 유효수요는 적어지기 마련이다. 미국의 소득 최상위계층 5분의 1의 소비 성향은 70%를 넘는 수준인 데 비해, 소득 최하위계층 5분의 1의 소비 성향은 98%에 이른다. 이러한 영향으로 유효수요가 부족해지면 대공황 같은 참사가 벌어질 수도 있다.

다섯째, 기업의 경영 실적이 아니라 각종 '테마'가 미국 주식시장의 호조를 이끌어왔고, 그에 따라 주가지수가 최고 기록을 경신해 왔다. 먼저, 2021년에는 가상화폐 열풍이 불었다. 이 열풍이 꺼질 때쯤인 2022년에는 전기차와 배터리 주식이 신기록을 경신한 바 있다. 이 테마가 꺼질 때쯤인 2023년 하반기부터는 AI 열풍이 불고 있다. 다음으로 AI를 잇는 큰 테마가 새롭게 나타나야 주식시장이 계속 호조를 이어갈 수 있을 텐데, 아직은 그런 테마가 뚜렷하게 보이지 않고 있다. 이런 가운데 트럼프 대통령이 가상화폐 시장에 대해 호의적인 입장을 취하며 가상화폐 열풍을 다시 일으키고는 있으나 성공하기 어려워 보인다.

중국·일본·유럽연합에서도 보이는 위기의 징후들

위에서 살펴본 내용보다 더 심각한 사실은, 미국이 아니더라도 다른 어느 나라에선가 금융위기가 터질 가능성이 아주 크다는 점이다. 이를테면 일본이나 중국, 혹은 유럽연합 국가 가운데 어느 한 곳에서 본격적인 금융위기가 발생할 수 있을 것으로 보인다. 우선 중국의 경우, 2021년에 부동산시장이 붕괴되었고, 그 여파로 금융위기가 이미 오래전에 시작된 것으로 판단된다. 다만, 중국은 강력한 통제경제 체제여서 금융위기의 급속한 진행을 억지로 막아내고 있는 상황으로 보인다. 금융위기라는 홍수를 강력한 통제경제 체제라는 거대한 댐을 쌓아서 막고 있을 뿐이다. 하지만 금융위기라는 홍수는 계속 몰려들고 있고, 지금은 그 댐 위로 물이 넘치고 있다. 그러면 댐은 무너질 수밖에 없다. 그 시기만이 문제일 뿐이다.

그다음으로 일본의 경우, 2023년 하반기부터 국내 경기가 급속하게 하강했고, 2024년의 경제성장률은 0.1%에 불과했다. 그럼에도 불구하고 일본 주식시장은 그동안 신기록을 경신했다. 2024년 4월에는 니케이지수가 1989년 이래 30여 년 만에 처음으로 사상 최고가를 경신하여 40,000을 돌파했다. 여기에 결정적인 역할을 한 것은 '엔케리 Yen carry trade' 자금이다. 엔케리 자금이란, 국제 금융자본이 일본에서 낮은 금리로 대출을 받아 상대적으로 고금리인 미국 등의 국가에 투자하는 것을 뜻한다. 그 규모는 무려 2조 달러에 이른다. 이런 대규모 엔케리 자금은 언젠가는 청산될 수밖에 없는 운명이어서 심각한 문제로 대두되고 있다. 그 이유를 좀 더 자세히 살펴보면 다음과 같다.

코로나19 사태가 일어났던 2020년 이후 일본 정부는 강력한 '엔저 정책'을 펼쳤고, 그로 인해 2024년에는 엔화 가치 하락의 현상이 더욱 심해졌다. 엔 환율은 2024년 하반기에 한때 달러당 160엔을 돌파하기도 했다. 하지만 일본의 경상수지는 지속적으로 대규모 흑자를 기록하고 있다. 2024년의 경상수지 흑자는 전년보다 30%나 증가했다. 경상수지가 대규모 흑자라는 것은 외환 공급이 그만큼 추가로 증가했다는 것을 뜻한다. 따라서 일본 환율은 시장의 힘에 의해 머지않아 낮아질 것이 분명하다. 최근의 역사를 살펴보더라도, 일본은 엔저 정책을 1990년대 이래 지금까지 1995년, 1998년, 2002년, 2004년, 2010년, 2013년, 2020년, 2023년, 2024년과 같이 모두 아홉 차례나 강력하게 펼쳤지만, 아무리 길어봐야 1년 반 이상을 버티지 못했다. 엔케리 자금을 조달한 국제 금융자본이 이런 사실을 모를 리가 없다. 조만간 엔 환율이 떨어지기 시작하면, 엔케리 자금은 환차손을 입는다는 사실을 말이다. 그렇기에 국제 금융자본은 엔케리 자금이 향후 일으킬 환차손을 상쇄시킬 대책을 미리 마련해 놓아야 했다. 전문용어로 '헤징 hedging'을 해둔 것이다. 즉, 엔케리 자금만큼 일본 주식시장에 투자하여 엔케리 자금의 환차손을 헤징해 둔 것이다. 앞으로 환율이 떨어져 엔케리 자금이 환차손을 입더라도, 일본 주식시장에 대한 투자는 환차익을 보기 때문에 서로 상쇄되도록 설계해 두었다.

따라서 머지않아 엔 환율이 떨어지면 엔케리 자금은 청산이 이루어지고, 일본에 대한 주식투자도 상쇄되어 소멸할 것이다. 그러면 주식시장이 붕괴되면서 일본에서 먼저 금융위기가 터질 수도 있다. 실제로 트럼프 대통령이 상호관세 포격을 시작한 뒤, 일본과의 협상을 진행하는 과정에서 일본의 고환율을 언급한 것이 엔 환율을 크게 떨어뜨렸다. 한때 160엔대까지 올랐던 환율이 2025년 4월 중순에는 140엔에 근접할 정도로 빠르게 떨어졌다. 그 결과 한때 40,000을 넘었던 니케이지수는 2025년 4월 중순에는 35,000선까지 하락했다.

한편 유럽연합 국가 가운데 어느 한 나라에서 금융위기가 먼저 터질 수도 있는 상황이다. 유럽연합 주요국의 경제는 2020년 코로나19 사태 이후 좀처럼 회복세를 보이지 못하고 있다. 특히 2023년 하반기부터는 각국의 국내 경기가 오히려 빠르게 하락했다. 유럽연합 주요국의 경제성장률을 보면, 독일은 2023년에 -0.3% 그리고 2024년에는 -0.2%를 기록했고, 프랑스는 각각 0.9%와 1.2%, 영국은 각각 0.4%와 0.9%를 기록했다. 이처럼 성장률이 낮아졌기에 경제난은 심각해졌고, 기업들의 경영수지도 악화되었다. 하지만 이들 주요국의 주가지수는 2024년 4월까지 사상 최고 기록을 경신했고, 2025년 4월 중순에도 여전히 높은 수준을 유지했다. 이것은 전형적인 거품 현상이므로 조만간 거품이 터질 것이라고 본다. 어쩌면 독일의 경우 금융위기가 이미 진행되고 있는지도 모른다. 독일의 상업용 부동산뿐만 아니라 주거용 부동산까지 무너지고 있기 때문이다.

물론 미국의 연준을 비롯한 유럽연합의 유럽중앙은행, 일본의 중앙은행, 우리나라의 한국은행 등이 힘을 합쳐 각국의 주식시장이 무너지지 않도록 온갖 노력을 기울이고 있다. 전 세계 주요국 가운데 어느 한 곳에서라도 주식시장이 붕괴되면 금융위기가 곧바로 발발하고, 이것이 세계 각국으로 전염된다는 사실을 이들 국가는 잘 알고 있기 때문이다. 여러 번 강조했듯이, 금융위기는 뇌관의 역할을 할 무엇인가가 먼저 나타난 후에 터지는 것이 일반적이다. 그동안에는 금융위기의 트리거 역할을 하는 예금인출 사태와 금융상품 환매 사태를 미국의 연준과 재무부가 힘을 합쳐 비교적 잘 막아왔다. 하지만 트럼프 정부가 세계적인 관세전쟁을 일으킴으로써 그런 치열한 노력이 물거품이 될 가능성이 점점 더 커지고 있다. 이 관세전쟁이 국제교역을 크게 위축시킬 것이 분명하고, 그 결과 각국의 성장률은 더 낮아질 것이기 때문이다. 그러면 기업의 경영수지가 더욱 악화되면서 주식시장도 약세로 전환할 것이다. 주식시장이 약세로 전환하면, 일반 투자자들은 주식시장을 이탈할 것이다. 그러면 주식시장의 거품이 꺼지면서, 결국 금융위기가 빠르게 진행할 것이다. 실제로 미국을 비롯한 세계 주요국의 주식시장은 변동성이 점점 더 커지고 있고, 투자자의 불안감도 고조되고 있다.

만약 대공황에 비견되는 세계적 금융위기가 발생한다면, 다른 어느 곳보다 가장 심각한 타격을 입을 국가는 미국이 될 것으로 판단된다. 미국 주식시장의 거품이 세계에서 가장 크게 부풀어 올랐기 때문이다. 물론 미국 정부와 연준이 강력한 재정확대 정책과 통화완화 정책을 펼치면, 금융위기의 발발을 차단할 수 있을지도 모른다. 그러나 이 경우에는 미국 경제가 스태그플레이션이라는 만성질환에 빠져들 가능성이 크다. 이 같은 만성질환을 치유하려면 적어도 5~6년은 거의 모든 사회 구성원이 그 경제적 고통을 견뎌내야 한다.

더욱이 그 고통의 무게는 양극화와 불평등의 편중으로 사회적 약자들에게 현저히 쏠릴 것이다. 실제로 1970년대 말부터 1980년대 초까지 지속되었던 스태그플레이션을 극복하기 위해 미국 국민은 오랜 기간 경제적 고통을 겪었다. 당시의 기준금리가 21.5%까지 상승했으니, 그에 따른 경제난이 얼마나 심각했을지는 쉽게 짐작할 수 있을 것이다.

  따라서 각국 정부는 우리 시대의 경제적 고통이 어디에서 출발하는지 그 경제 질환의 원인을 철저하게 분석하고, 극복을 위한 다각적인 노력을 기울여야 한다. 만약 스태그플레이션이 재발한다면 1980년대 초처럼 경제적 고통은 아주 심각할 것이고, 그것을 견뎌야 할 기간도 당시처럼 길어질 것이기 때문이다.

2장

관세의 무기화와 달러 패권

도전받는 미국의 정치·경제 패권

트럼프 대통령은 "관세는 좋은 것이다", "관세는 미국을 부자로 만들 것이다"라고 말하며 관세전쟁을 미화했다. 하지만 이는 다분히 미국 국민, 특히 자신의 지지자들에게 보내는 메시지일 뿐이라는 것이 나의 판단이다. 그는 대통령이기 이전에 사업가 출신으로 그동안 수많은 협상을 해왔고, 따라서 일방적인 관세폭탄 정책이 다른 나라들의 격렬한 반발을 불러일으킬 것을 모를 리가 없다. 이 같은 정책에 대외적, 정치적 의도가 상당 부분 반영되어 있을 것이라는 뜻이다. 그 숨은 의도는 과연 무엇일까? 크게 두 가지로 생각해 볼 수 있다. 하나는 관세전쟁을 통해 다른 나라 기업인에게 미국에서 사업을 하려면 미국에 제조시설을 건설하라는 것이다. 그리고 다른 하나는 미국의 경상수지 적자를 개선하려는 것이다.

만약 관세전쟁이 미국의 제조업을 부흥시킨다면, 먼저 고용이 증가할 것이고, 트럼프의 정치적 지지도가 크게 상승할 것이다. 그뿐만 아니라 경상수지 적자 역시 자연스럽게 개선되어, 미국의 경제 패권은 더욱 강화될 것이다. 그런데 미국의 제조업은 정말 부흥할 수 있을까? 트럼프 대통령이 다시 일으키고 싶은 산업인 자동차와 선박, 그리고 기타 제조업의 평균적인 부가가치 창출률은 최대 4~5만 달러에 불과하다. 반면에 미국의 1인당 국민소득은 2024년에 8만 6,000달러였다. 다시 말해 1인당 부가가치 창출률이 8만 6,000달러인 셈이다. 트럼프의 관세전쟁이 제조업의 부흥을 일으킨다고 해도, 미국의 평균적인 부가가치 창출률은 지금의 8만 6,000달러에서 5만 달러 수준까지 추락할 수 있다는 의미이다. 그러면 경제성장률은 마이너스를 기록하고, 실업률은 두 자리 숫자를 장기간 기록할 것이다. 이런 상황을 미국 국민이 감당할 수 있을까?

또한 제조업의 부흥이 트럼프 대통령이 관세전쟁을 시작한 의도의 전부가 아니라는 점을 기억해야 한다. 트럼프 대통령은 "미국을 다시 위대하게MAGA, Make America Great Again"라는 정치 구호를 내세워 승리했다. 미국의 정치 패권을 강화하려는 목적이 더 크다고 볼 수 있다. 중국은 시진핑이 집권한 이후 '일대일로一帶一路'라는 중국몽을 내세웠다. 세계의 모든 교역이 중국을 중심으로 이루어지도록 정책 역량을 집중하겠다는 것이다. 이것은 미국의 입장에서 볼 때, 미국이 장악하고 있는 세계적인 경제 패권에 대한 명백한 도전이다. 그뿐만 아니라 중국은 막강한 제조업을 등에 업고 군사력을 크게 키워 미국의 정치 패권에도 도전하는 모습을 자주 보여왔다. 특히 중국 해군의 군사력은 미국에 큰 도전으로 여겨졌을 것이다. 군함의 숫자 측면에서는 중국이 이미 미국을 추월했다. 물론 미국이 보유한 군함의 질적 우수성으로 여전히 제해권(무력으로 해상권을 장악)을 유지하고 있기는 하다.

그렉 클라이즈데일Greg Clydesdale이 저술한 《부의 이동Cargoes: How Business Changed the World》에 따르면, 해운업과 조선업의 발달이 한 나라의 정치 패권과 경제 패권까지 장악하게 했다고 설명한다. 트럼프 대통령은 부의 역학을 다루는 이 같은 문헌들에 큰 영향을 받은 것으로 보인다. 하지만 사회적 약자나 이념을 정치적으로 이용하는 잘못된 정책 방식을 답습하고 있기도 하다. 존 메이너드 케인스John Maynard Keynes는 "어떤 지적 영향력으로부터도 자유롭다고 생각하는 정책 실무자조차 죽은 경제학자의 노예에 불과하다"라고 말했다. 트럼프 정부는 자국의 정치 패권을 강화하려는 목적으로 세계를 위험에 빠뜨리는 과오를 저지르고 있다. 그들은 뼈아픈 역사적 경험을 기억해야 한다. 두 번의 세계대전이라는 참혹한 비극은 전쟁이 경제적·사회적 이익을 증진시킬 것이라는 '거대한 환상'이 일으켰다고 볼 수 있기 때문이다. 하지만 그 결과는 영국의 경제학자 노먼 에인절Norman Angell의 저서 《거대한 환상The Great Illusion》에서 예고했듯이 비극적일 수밖에 없을 것이다.[2]

세계적 혼란을 감수하면서까지 강행하는 트럼프 정부의 이와 같은 의도는 그나마 장기적인 것이다. 아무리 패권전쟁에서 승리하는 것이 중요하더라도 트럼프 대통령은 자신의 퇴임 후까지 이런 노선을 고려하지는 않을 것이다. '단기적'인 목적이 있다는 뜻이다. 즉, 자신의 임기 내에 미국의 경상수지 적자를 시급하게 개선하려는 목표가 그것이다. 이 점은 "관세는 좋은 것이다"라는 트럼프의 발언에서 확인할 수 있다. 실제로 미국의 경상수지 적자는 2019년 GDP의 2.1%에서 2024년에는 GDP의 3.9%까지 증가하여 위험수위의 목전에 도달했다.

이런 의미에서 보면, 2025년 2월에 시작한 관세전쟁은 그 원인이 이미 오래전에 발생했다고 볼 수 있다. 그렇기에 시간이 흐름에 따라 그 힘은 계속 축적되어 왔을 것이다. 바꿔 말해 오랜 시간 동안 그 힘을 축적한 만큼 트럼프의 관세전쟁은 더욱 공격적으로 펼쳐지는 결과를 빚었다는 것이다. 지금부터는 트럼프 정부가 관세전쟁을 시작한 근원을 파악하기 위해 좀 더 자세히 그 역사적 과정을 알아보고자 한다.

트럼프가 관세에 집착하는 이유

어제를 잊으면 오늘을 알기 어렵고, 미래는 더더욱 알 수 없다. 역사를 모르면 불행한 일은 반드시 반복된다는 말이다. 2025년 이후 미국이 세계 각국을 상대로 벌이고 있는 관세전쟁도 같은 맥락에서 이해할 수 있다. 앞에서도 언급했듯이, 미국은 1930년대의 대공황 때와 1970년대 초의 보호무역주의가 얼마나 미국 경제에 큰 타격을 입혔는지 그 역사를 잊었다. 물론 트럼프 정부가 관세전쟁을 일으킨 데는 다음과 같은 이유와 역사적 배경이 크게 작용했을 것이다.

　미국은 1960년대 말부터 1980년대 초까지 심각한 스태그플레이션에 시달렸다. 당시의 스태그플레이션은 미국의 국제경쟁력을 떨어뜨렸고 국제수지도 악화시켰다. 당연히 경상수지는 계속 적자를 기록했다. 그 결과 미국 경제는 독일과 일본 경제에 계속 뒤처지기만 했다. 미국 기업들 역시 독일과 일본 기업들과의 국제경쟁에서 패퇴하는 일이 연속적으로 이어졌다. 그런 가운데 결국 1971년에 '달러 위기'가 터졌다. 그뿐만이 아니다. 1970년대부터는 아시아의 '네 마리 용'이라 불리던 대한민국, 싱가포르, 홍콩, 대만까지 무서운 속도로 부상했다. 미국 경제는 심각한 도전에 직면한 것처럼 보였다. 이에 미국의 경제학계와 정치학계에서는 미국 경제가 장기적인 쇠락 국면에 빠져든 것은 아닌가 하는 우려가 제기되었다. 역사적으로 세계 문명과 경제 패권은 서진해 나갔다는 이야기도 떠올랐다. 향후 일본과 동아시아가 부상하여 세계적인 경제 패권은 물론이고 정치 패권까지 장악할 것이라는 주장도 나왔다.

이와 관련하여 학계에서 여러 연구가 활발하게 진행되었다. 폴 케네디Paul Kennedy가 1987년에 발간한 《강대국의 흥망The Rise and Fall of the Great Powers》은 그에 관한 대표적인 저서 중 하나다. 그는 '대외적 과잉 팽창'이 경제적 쇠락을 부른 가장 결정적 원인이라고 주장했다. 케네디의 이 연구는 국가 경제의 흥망성쇠에 대한 경제학계의 관심을 불러일으켰고, 이에 경제학계는 체제의 '경로 의존성Path dependence'에 주목하기 시작했다. 사람이 늙으면 각종 기관이 노쇠해지는 것처럼 국가 경제에도 비슷한 일이 일어난다고 보는 것이다. 그 영향으로 국가 경제의 생명주기와 제도에 대한 관심이 높아졌다. 이에 관한 가장 대표적인 저서를 꼽자면, 찰스 킨들버거가 1996년에 출간한 《경제 강대국 흥망사 1500~1990World Economic Primacy: 1500 to 1990》을 들 수 있다. 이 책에서 킨들버거는 세계적인 패권국가의 경제가 성장하고 쇠퇴하는 과정을 인간의 성장과 노쇠 과정에 비유하여 분석했다. 즉, 국가 경제에도 생명주기가 있어서 생명체처럼 태어나고 성장하고 성숙한 뒤에 자연스레 쇠락해 간다고 보았다.

한편 경제가 쇠락하는 좀 더 명확한 원인을 찾고자 했던 다른 경제학자들은 투자율과 저축률의 감소, 생산성의 저하, 국제경쟁에서의 패배, 경제구조가 제조업과 상업에서 금융업으로 이동하는 현상, 경제적 관심이 생산에서 소비와 재산으로 이동하는 현상 등을 꼽았다. 그러나 이것들은 경제 쇠락의 원인인지, 아니면 결과인지를 구분하기가 쉽지 않다.

또 다른 경제학자들은 국민성의 중요성을 거론하기도 했다. 그들은 성장하는 나라의 국민성으로는 환경 변화에 대한 적응력, 자원 배분의 전환 능력, 창의성과 발명, 역동성, 유연성, 회복력 등을 꼽았다. 그리고 쇠락하거나 정체하는 나라의 국민성으로는 변화에 대한 저항, 위험 회피, 무감각, 수동성, 태만 등을 들었다. 하지만 국민성 역시 성장과 쇠락의 원인인지, 아니면 결과인지를 좀처럼 구분하기 어렵다. 이를테면 과거에는 여러 동남아시아 국가들의 국민은 게으르고 무책임하다는 등의 평가와 편견이 있었지만, 최근에 이들 국가의 경제성장률이 높아지면서 어느 나라 국민 못지않게 부지런하고 성실하다는 인식이 높아졌다. 이렇듯 한 나라의 국민성을 단순한 잣대로 평가하는 것은 적절하지 않다. 오히려 국민성은 국가 경제의 성장과 쇠락에 더 큰 영향을 받는다고 보는 것이 좀 더 현실적이라고 생각한다.

21세기에 들어서도 국가 경제의 흥망성쇠에 대한 경제학계의 관심은 여전히 활발하게 이어졌다. 윌리엄 번스타인 William Bernstein은 2005년에 출간한 《부의 탄생 The Birth of Plenty》에서 '재산권의 확립, 과학적 합리주의, 자본시장의 활성화, 수송과 통신의 발달' 등을 경제성장의 전제조건으로 제시했다. 2008년에는 그렉 클라이즈데일이 쓴

《부의 이동》이 베스트셀러로 주목받았다. 앞에서 언급했듯이, 이 책은 다양한 역사적 사례를 들어 해운업과 조선업의 발달이 국가 경제의 흥망성쇠를 좌우한다고 강조했다. 그 밖에 대런 아세모글루Daron Acemoglu와 제임스 로빈슨James Robinson은 2012년에 발간한 《국가는 왜 실패하는가Why Nations Fail》라는 책에서 사유재산권을 보장하는 포용적인 정치제도와 중앙집권 체제가 경제를 발전시켰다는 것을 다양한 역사적 사례를 토대로 밝혔다.

이와 같은 다양한 연구 업적의 결과, 미국 경제가 심각한 도전에 직면했다는 인식이 미국 정부뿐만 아니라 국민 정서까지 지배했다. 특히 1980년대에 일본 경제가 급속히 부상한 것이 미국으로서는 중대한 도전으로 여겨졌다. 당시 일본 경제의 눈부신 성장과 일본 기업들의 뛰어난 경쟁력은 세계 각국에 경탄의 대상이 되었다. 이에 일본 경제와 기업의 경영 방식을 배우자는 식의 일본 열풍이 거세게 불기도 했다. 세계의 정치 패권과 경제 패권을 장악하고 있던 미국으로서는 이런 상황을 받아들이기 어려웠을 것이다.

무엇보다 일본에 대한 경상수지 적자가 심각한 문제로 떠올랐다. 경상수지 적자가 더 커지면 미국의 경제 패권이 흔들릴 수 있고, 달러가 기축통화로서의 위치를 잃을 수도 있다는 인식이 거세졌다. 이에 미국 정부는 일본 정부에 엔 환율이 국제수지를 반영해야 한다고 강력하게 촉구하면서 대책 마련에 나섰다. 그 결과 미국과 일본 정부는 환율 조정을 위한 합동위원회를 설립하기로 합의했다. 그러나 이 위원회가 구성되고 비교적 활발하게 활동했음에도 불구하고 뚜렷한 성과가 나타나지 않았다. 결국 미국 정부는 일본 정부와의 양자 협상에서 벗어나, 다자간 협상으로 외교 전략을 바꿨다. 독일의 경상수지 흑자 역시 큰 문제였기 때문이다. 그래서 세계 5대 주요 선진국 모임인 G5(미국, 영국, 프랑스, 독일, 일본) 회의에서 환율에 관한 다자간 협상이 시작되었다. 오랜 논의 끝에 1985년 9월에는 플라자협정Plaza Agreement이 체결되었다. 그 직후부터 독일과 일본의 환율은 줄기차게 떨어졌다. 일본 환율의 하락은 더 두드러졌다. 플라자협정이 체결된 이후 불과 2년 사이에 일본 환율은 달러당 240엔대에서 120엔대로 추락했다.

이렇듯 당시 일본 환율이 폭락했지만 일본의 경상수지는 여전히 대규모 흑자를 기록했고, 미국의 경상수지 적자는 크게 개선되지 못했다. 게다가 더 큰 문제가 나타났다. 달러의 가치가 폭락하면서 기축통화로서의 위상이 흔들리기 시작한 것이다. 만약 달러가 기축통화의 기능을 하지 못하는 상황이 벌어지면, 국제 결제 수단이 사라지면서 국제교역이 위축될 뿐만 아니라 세계 경제가 축소재생산의 악순환에 빠져들 수도 있었다. 이에 1987년 2월, G7 재무장관 회의에서 루브르합의Louvre Accord가 성립되었다. 각국의 환율을 현재 수준에서 안정시키자는 합의가 이루어진 것이다. 하지만 일본의 환율은 계속 떨어졌고, 여전히 대규모 경상수지 흑자를 유지했다.

이와 같은 경제 상황은 1990년대에 들어서면서 급변했다. 1980년대 말 일본의 주식시장과 부동산시장의 거품이 동시에 붕괴되면서 심각한 금융위기가 발생했고, 일본 경제는 추락을 거듭했다. 일본 경제가 정점에 이르렀을 때, 일본의 부동산 가치는 미국 부동산 가치의 두 배에 달했고, GDP 대비 부동산 가치의 비율은 미국의 네 배나 되었다.[3] 그렇게 전형적인 거품이 발생했고, 그 거품은 한순간에 꺼졌다. 일본 주식시장의 시가총액은 1989년에 611조 엔을 기록한 뒤 1990년부터는 감소로 돌아섰다. 1990년부터 1996년까지 6년 동안 주식 평가손실액은 약 434조 엔에 달했다. 또한 땅값이 하락을 시작한 1991년부터 1995년까지 5년 동안 부동산 평가손실액은 약 616조 엔에 달했다. 1990년대 전반에만 주식과 토지 자산이 1,000조 엔 넘게 줄어든 것이다. 당시 일본의 GDP는 약 500조 엔이었으므로 국민소득 2년분에 해당하는 자산이 1990년대 5~6년 사이에 사라졌다.[4] 그 여파로 심각한 금융위기가 발생했고, 일본 경제는 추락했다. 그 후로도 일본 정부의 경제정책이 실패를 거듭하면서, 결국 일본 경제는 지금껏 35년 동안이나 초장기 경기 부진의 늪에 빠져 헤어나지 못하고 있다.

그런 가운데 일본에서는 '미국 음모론'이 기세를 올렸다. 미국이 일본의 경제발전을 억제하기 위해 플라자협정을 강요하여 환율을 급락시켰던 것이, 결국 일본의 초장기 경기 부진을 초래했다는 것이다. 이런 음모론은 일본 경제가 심각한 경기 부진의 늪에 빠진 진짜 원인을 파악하지 못하게 했다. 그렇기에 일본 정부는 대증요법에 치중한 채 임시방편적 경제정책만 반복했고, 일본의 경기 부진은 더욱 장기화하는 결과를 빚었다. 대증요법이 급성질환을 만성질환으로 변질시킨 것이다. 만약 일본의 생각처럼 미국이 일본 경제의 발전을 막으려고만 했다면, 루브르합의는 이루어질 수 없었을 것이다. 이 합의 이후 일본 정부는 수출을 촉진하여 국내 경기를 회복시키고자 환율을 정책적으로 상승시키는 정책을 펼쳤다. 미국이 일본의 경제발전을 방해하려고 했다면, 당시 일본 정부의 환율 인상 정책을 용인하지 않았을 것이다.

　실제로 일본 정부는 앞에서 언급한 것처럼, 환율을 상승시키는 엔저 정책을 1990년대 중반 이후 2024년 말까지 모두 아홉 차례나 시행했고, 미국은 대부분 그에 대해 용인하는 태도를 보였다. 그러나 일본 정부는 경제를 한 번도 살려내지 못했다. 오히려 경기 부진의 기간을 계속 늘리는 결과를 빚었을 뿐이다. 일본 경제는 1990년부터 지금까지 거의 성장하지 못했다. 연평균 경제성장률이 지난 30여 년 동안 0.8%에 불과했을 정도다. 이처럼 초장기 경기 부진을 겪고 있음에도 불구하고, 일본의 경상수지는 지금도 대규모 흑자를 기록하고 있다. 이것은 일본의 산업 경쟁력이 여전히 뛰어나다는 것을 뜻한다. 국가가 산업 경쟁력을 보유하고 있음에도 초장기 경기 부진을 겪는 역사적 사례는 세계사를 뒤져봐도 좀처럼 찾을 수 없다. 따라서 일본이 국내 경기를 살려내려면 대증요법식 경제정책 처방에서 벗어나 그 근본 원인이 무엇인지를 정확하게 파악해 내는 것부터 시작해야 할 것이다.

　지금까지 살펴본 바와 같이 트럼프 대통령이 관세전쟁을 시작한 원인은 비교적 오래전에 발생했다. 그는 "미국을 다시 위대하게"라는 노선으로 대통령에 당선되었고, 강대국으로서의 위상을 더욱 강화하기 위해서는 무엇보다 '관세전쟁'이라는 전략으로 제조업을 부흥시키고, 경상수지 적자를 해소하는 일이 필수적이라고 판단한 것으로 보인다. 실제로 트럼프 대통령은 제조업의 부흥과 경상수지 적자 해소를 경제정책의 최우선 순위에 올려놓았다. 하지만 미국이 제조업을 부활시키는 일은 실현 가능성이 비교적 낮다. 미국 제조업의 생산원가가 지나치게 높아서 생산성이 낮기 때문이다. 또한 미국 노동자의 노동윤리 역시 상대적으로 열악한 편이다. 제조업 부흥이 가능하더라도 앞으로 1~2년 이내에는 어렵고, 장기적으로 봐야 가능할 것이다. 그러므로 트럼프 정부는 경상수지 적자 해소에 더 큰 정책적 비중을 둘 것으로 보인다.

그렇다면 경상수지 적자 해소를 위해 트럼프는 무엇을 할까? 관세전쟁만으로 미국의 경상수지 적자를 해소할 수 있을까? 단기적으로는 가능할 수도 있다. 하지만 장기적으로는 대공황과 같은 역사가 증명해 주듯이, 미국 경제에 더 큰 피해를 남길 가능성이 크다. 사실 단기적으로도 경상수지 적자가 해소되기 전에, 금융시장이 매우 큰 타격을 입을 것이다. 이미 관세 공격에 대한 중국의 거센 반발로 국채 가격이 급락한 바 있고, 그 여파로 주식시장을 포함한 금융시장 전체까지 불안해지는 등 부작용이 따르고 있다. 요동치는 국제 상황에 현재 트럼프 대통령은 한발 물러선 상태이다.

역사적으로 관세전쟁이 금융시장의 심각한 불안을 여러 차례 초래한 바 있음에도 불구하고, 트럼프 대통령이 관세전쟁을 포기하지 않는 이유는 무엇일까? 그것은 앞에서 언급했듯이 관세전쟁의 진짜 목적이 다른 데 있기 때문일 것이다. 실제로 백악관 경제자문위원회 위원장인 스티브 미란 Stephen Miran이 2024년 11월에 작성했다는 보고서가 2025년 4월 뒤늦게 알려지면서, 그 숨은 목적이 따로 있다는 사실이 드러났다. 그것은 바로 환율을 조작하는 국가에 관세폭탄을 터뜨려서 그 나라의 환율이 떨어지도록 유도하겠다는 것이다. 트럼프 대통령 본인도 4월 20일에 공정한 국제교역을 저해하는 비관세장벽 가운데 대표적인 것으로 '환율 조작'을 꼽기도 했다. 이러한 의미에서 다음에는 관세전쟁의 직접적인 원인인 경상수지 적자와 그에 따른 환율 문제와 국제분쟁에 관해 살펴보고자 한다.

미국의 경상수지 적자와 환율 문제
: 2010년 환율분쟁의 내막

2010년 10월, 우리나라에서 열린 IMF 연차총회는 미국과 중국이 환율을 둘러싸고 날 선 공방을 나누는 마당이 되었다. 미국은 중국에 위안의 가치를 상승시키라고 공개적으로 요구했고, 중국은 이를 단호히 거부했다. 환율과 관련하여 중국이 미국의 요구를 거부한 것은 환율분쟁이 자칫 본격적인 환율전쟁으로 발전할 수도 있음을 시사한 것이나 다름없었다. 그 직전에 미국 하원은 '공정무역을 위한 환율 개혁 법안'을 통과시킴으로써 환율 조작국에 대해 상호관세 부과 등 직접적인 보복 조치를 취할 법률 근거를 마련했다. 만약 이 법률이 상원마저 통과하면, 미국과 중국의 환율분쟁은 환율전쟁으로 발전할 것이 분명해 보였다.

그렇지 않아도 국제 금융기구들은 중국에 공개적인 압박을 가하던 시기였기 때문이다. 당시 로버트 졸릭Robert Zoellick 세계은행 총재는 "환율을 둘러싼 긴장이 분쟁으로 치닫고 보호무역주의를 초래할 경우, 1930년대의 대공황 같은 사태를 불러올 수 있다"며 경고했다. 또한 도미니크 스트로스칸^Dominique Strauss-Kahn IMF 총재도 "환율을 무기 삼아 수출을 늘리고 자국의 이익만을 챙기는 것은 세계 경제에 도움을 주지 못한다"고 강조했다. 장클로드 트리셰^Jean-Claude Trichet 유럽중앙은행 총재 역시 "중국이 위안화의 절상을 용인해야 한다"고 강하게 촉구했다. 당시 이런 압박에 중국의 원자바오^温家寶 총리는 "급격한 환율 변동으로 중국 경제가 위기에 처하면 세계 경제는 재앙을 맞을 것"이라며 위안에 대한 절상 압력을 단칼에 거부했다.

사실 중국의 속사정도 만만치 않았다. 지금껏 중국은 섬유산업과 전자산업 등 노동집약적인 수출 산업이 눈부신 성장을 지속함으로써 경제 번영을 누리며 충분한 일자리를 창출했는데, 그 산업의 경영수지가 한계에 근접해 가는 상황이라고 인식했기 때문이다. 따라서 위안의 가치가 빠르게 상승하면, 노동집약적 산업에서 도산 사태가 일어날 것으로 여겼다. 만약 이 같은 사태가 실제로 일어난다면, 그 산업이 밀집한 대도시의 경우 실업자 증가로 몸살을 앓을 것이고, 소요가 발생할 가능성도 배제하기 어려웠다. 중국이 위안의 절상이라는 국제적인 압력에 단호히 저항한 데는 이런 배경이 깔려 있었다.

환율 문제의 경우 그동안에는 조용한 외교적 압박 수준에 머물렀는데, 당시 환율분쟁이 공개적인 촉구와 직접적인 행동으로까지 이어진 까닭은 무엇일까? 왜 갑자기 공격적인 상황으로 발전했을까? 이는 2010년 9월 15일 일본 정부가 환율 방어를 위해 2조 엔을 투입한 것이 결정적인 계기였다. 일본의 이런 공격적인 환율 방어는 즉각 반발을 불러일으켰다. 당시 유럽연합의 재무장관회의 의장이던 장클로드 융커^Jean-Claude Junker 룩셈부르크 총리는 "일본 정부의 일방적인 외환시장 개입은 글로벌 불균형의 해소를 위한 적절한 방법이 아니다"라며 항의했다. 또한 미국의 하원에서도 자국 이익만을 추구하는 곳은 중국만이 아니며, 일본의 시장 개입이 매우 우려된다는 비판의 목소리가 제기되었다. 그 밖에 미국의 자동차 업계와 여타 산업계도 일본의 환율 방어 정책에 강력히 반발했다.

이렇듯 일본의 환율 방어가 국제 환율분쟁의 격화를 불러일으켰는데도, 정작 일본은 빠져나가고 중국이 환율 조작의 당사국으로 등장했던 이유는 무엇일까? 당시 중국의 경상수지는 매년 3,000~4,000억 달러의 흑자를 기록했음에도 불구하고, 2008년 세계 금융위기가 터지기 전까지는 주로 미국 국채를 매입함으로써 큰 문제를 일으키지 않았다. 그러나 2008년 금융위기 이후 달러 가치가 약세를 보이자, 중국은 환차손을 피하기 위해 금을 매집함으로써 금 가격을 폭등시켰다. 그뿐만 아니라 중국은 석유 등 각종 자원의 금융상품에도 대규모로 투자해 가격을 폭등시켰으며, 일본 국채를 매입하여 엔 환율을 급락시키기도 했다. 그로 인해 중국이 세계 경제 질서를 어지럽힌다는 인식이 강화되었다. 중국의 이런 행태가 지속된다면, 달러 가치는 더 떨어지고 국제 기축통화의 지위까지 잃을 수도 있었다. 결과적으로 일본보다 중국의 외환 정책이 미국과 세계 경제에 훨씬 더 위협적이었던 셈이다.

그러면 미국과 중국의 환율분쟁은 어떻게 발전했을까? '2010년 서울 G20 정상회의'가 폐막하던 날, 중국의 후진타오胡錦濤 주석은 "주요 기축통화 국가들은 책임 있는 정책을 실행해야 하며 환율도 상대적으로 안정을 유지해야 한다"라고 연설했다. 반면에 미국의 버락 오바마 대통령은 기자회견을 통해 "중국은 위안화의 저평가를 유지하기 위해 엄청난 돈을 쏟아부어 시장에 개입하고 있다. … 무역수지 흑자 국가들은 경제 현실을 환율에 반영해야 한다"라고 강조했다. 세계 경제를 조율하는 G20 정상회의가 끝나던 날, 이런 직설적인 발언이 파문을 일으키면서 환율분쟁이 언제든 극단의 상황으로 치달을 수 있다는 우려가 제기되었다. 만약 환율을 둘러싼 분쟁이 본격적으로 발전한다면, 당시 로버트 졸릭 세계은행 총재가 지적했듯이, 보복 조치의 악순환이 발생함으로써 경제공황으로 발전할 수도 있었다.

다행히 2010년의 환율분쟁은 장기화하지 않았고 시간이 흐르면서 잠잠해졌다. 그러한 데에는 여러 이유가 있겠지만, 가장 중요한 것은 악화일로였던 주요국 사이의 국제수지 불균형이 차츰 안정적으로 변했기 때문이다. 중국과 일본의 국제수지 흑자가 2011년부터 크게 줄었고, 그 반사작용으로 미국 등 다른 나라의 국제수지 적자는 개선되었다. 먼저, 중국의 경상수지 흑자는 2008년에 4,000억 달러를 넘었다가 금융위기의 여파로 2009년에는 2,400억 달러로 줄었지만, 2010년에 세계적인 불경기 속에서도 2,300억 달러 수준을 유지했던 것이 환율분쟁을 불러일으킨 주요 원인 중 하나였다. 그런데 중국의 경상수지 흑자가 2011년에는 1,361억 달러로 크게 줄었다. 다음으로, 일본의 경우는 세계 금융위기 이후 감소하던 경상수지 흑자가 2010년에 2,200억 달러로 급증하며 과거의 최고 수준을 회복한 것이 환율분쟁을 일으킨 주요 원인이었다. 그런데 2011년에 일본의 경상수지 흑자가 1,300억 달러로 큰 폭으로 줄었다. 이에 따라 미국의 경상수지 적자는 2006년에 사상 최대 규모인 8,000억 달러를 넘긴 후,

여러 곡절을 겪으며 감소하다가 2011년에 4,600억 달러를 기록했다.

이처럼 주요국 사이의 국제수지 격차가 크게 줄어든 것은, 그사이에 중국 위안과 일본 엔의 가치가 줄곧 상승했기 때문이다. 이것이 환율분쟁의 당사국들을 만족시켰다. 그럼 환율분쟁은 종식되고 '환율평화체제'로 전환되었을까? 그렇지 않다. 주요국 사이의 국제수지 격차는 여전히 큰 편이었다. 중국과 독일, 일본 등의 경상수지는 대규모 흑자였던 데 반해, 미국과 영국 등은 대규모 적자를 보였다. 따라서 환율분쟁은 비밀리에 진행된 외교 협상을 통해 일시적으로 휴지기에 들어갔다고 보는 것이 옳았다.

물론 중국 위안의 가치가 그동안 지속적으로 상승하여 환율분쟁의 위험성이 2013년까지는 많이 줄었다. 아래 그래프에서 보듯이, 2008년 이후 2010년 상반기까지 달러당 6.8위안 선을 상회하던 중국 환율은 계속 하락하여 2012년 2월에는 6.3위안을 기록했다. 이후 7월에 다

2008~2013년 위안의 환율 추이

출처: 한국은행 경제통계시스템, 2025년 6월 10일.

시 6.37위안으로 상승하기도 했으나, 그 뒤로 다시 지속적인 하락세를 보이다가 2013년 4월에는 6.13위안을 기록했다. 그러자 위안을 둘러싼 환율분쟁은 진정되었다. 그 후로는 어느 나라도 중국의 환율정책을 비난하지 않았다. 환율분쟁이 잠잠해지자, 2013년 중반부터 위안 환율이 더 이상 변동하지 않음으로써 새로운 환율분쟁 문제가 다시 고개를 들었지만, 다행히 하반기부터는 위안 환율이 작은 폭이나마 꾸준히 떨어졌다.

반면에 엔의 가치는 2012년 10월부터 하락을 거듭하여 일본의 환율정책이 새롭게 국제적인 비난의 표적이 되었다. 그럼 중국은 왜 일본과 다르게 위안의 가치 상승을 용인했을까? 그 이면에는 중국의 야심이 감춰져 있다는 게 일반적인 분석이다. 그 야심이란 중국이 위안을 세계적인 기축통화로 부상시키려 한다는 것으로, 이것은 이미 공공연한 비밀이었다. 위안이 국제 기축통화로 발돋움할 수 있을지에 대해서는 나중에 설명하기로 하고, 우선 2013년 초에 벌어진 일본 엔을 둘러싼 환율분쟁을 살펴보자.

'엔저' 쇼크: 2013년을 뒤흔든 환율분쟁

2013년 초반에 우리 경제를 뜨겁게 달궜던 화두는 일본의 '엔저' 현상이었다. 국내 언론은 엔저가 우리나라의 수출 산업에 미칠 악영향을 연일 주요 뉴스로 다루었다. 엔의 가치가 크게 떨어져서 원의 가치가 상대적으로 상승함에 따라, 일본과 경쟁관계인 우리나라의 수출이 큰 타격을 입을 것이라는 내용이었다. 엔 환율은 아래 그래프에서 보듯이, 2012년 4월부터 9월까지 하락세를 보였는데, 이런 기류가 그 후부터 갑자기 바뀌어 하락은 거의 없고 상승만 계속 거듭됐다. 9월에 달러당 평균 78.2엔을 기록했던 엔 환율은 3개월 후인 12월 말에는 86.6엔으로 상승했고, 해가 바뀐 뒤에도 상승 추세가 유지되어 2013년 5월에는 100엔을 훌쩍 넘어섰다.

이처럼 엔 환율이 빠르게 그리고 비교적 장기간 상승했으므로, 해외시장에서 일본과 경쟁해야 하는 우리나라로서는 경계심을 가질 만했다. 더욱이 일본의 경제성장률은 2013년 1분기에만 3.5%로 급등했다. 이는 근래에 보기 드문 높은 실적이었다. 당시 11년째 경기 부진에 시달리던 우리나라로서는 부러울 만한 기록이었다. 우리나라도 일본처럼 환율을 끌어올리면 국내 경기가 살아나지 않을까 하는 목소리도 나왔다. 엔저 정책이 일본의 경제성장률을 크게 높였다면, 우

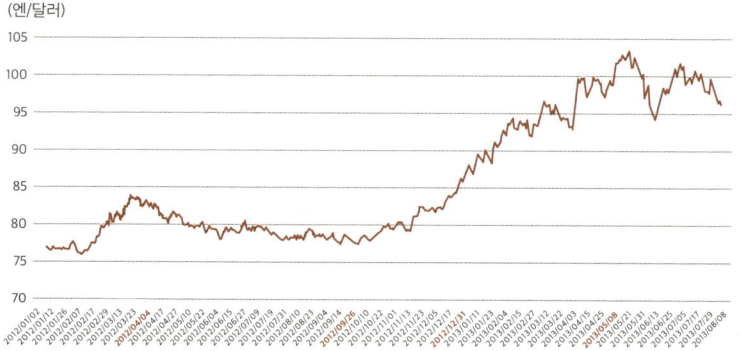

2012~2013년 엔 환율 추이

출처: 한국은행 경제통계시스템, 2025년 6월 11일.

리나라도 이 방법으로 경제를 살릴 수 있겠다고 기대하는 것은 무리가 아니었다. 무엇보다 일본 아베 신조安倍晋三 총리의 국민 지지율이 한때 70%를 넘어서기도 했으니, 우리나라 정부도 그 유혹이 매우 컸을 것이다. 그러나 엔저가 일본 경제를 살려낸 것은 아니었다. 디플레이션 완화가 일본 경제를 일시적으로 살렸을 뿐이다. 이미 1990년대와 2000년대에 여러 차례 엔저 정책을 펼쳤지만, 장기적으로는 국내 경기를 끝내 살려내지 못했다.

당시 엔저 현상은 우리나라만이 아니라 세계적으로도 뜨거운 화두였다. 엔 환율이 90엔을 돌파했던 때부터 세계 각국은 경계심을 나타냈다. 2013년 2월 중순, 모스크바에서 열린 G20 재무장관 및 중앙은행 총재 회의에서는 "국제경쟁을 목적으로 자국 환율을 정책 목표로 삼아서는 안 된다"라는 성명을 발표하기도 했다. 당시 프랑수아 올랑드François Hollande 프랑스 대통령은 같은 달 유럽의회 연설에서 "유로 환율이 현실 경제와 무관하게 시장에 의해 좌우되는 것을 내버려둬서는 안 된다"라며 일본을 겨냥했다. 그해 2월 20일에 열린 세계무역기구WTO 회의에서 한국과 중국도 일본의 엔저 정책을 문제 삼았다. 당시 아베 총리가 "환율 100엔을 목표로 삼고 있다"고 발표한 뒤에는 반발이 더 거세졌다. 이에 중국 정부는 "이웃 나라를 쓰레기 취급하는 것이나 다름없다"라며 목소리를 높였고, 프랑스 정부는 "엔저가 '환율조작'이라는 인식이 확산되고 있다"라며 가세했다. 그뿐만이 아니었다. 러시아 정부는 "환율전쟁의 문턱에 들어섰다"라고 우려했고, 영국 정부 역시 "엔 가치 절하가 선진국들의 통화가치 절하로 이어질 수 있다"라고 경고했다. 한마디로, 환율전쟁이 일어났다고 봐도 무방할 정도였다. 엔저가 다른 나라 경제에 타격을 줄 것처럼 여겨졌으므로 환율분쟁은 피할 수 없는 일이었다.

2013년 5월에 열린 동남아시아 국가연합 ASEAN과 한국, 중국, 일본의 재무장관 및 중앙은행 총재가 모인 '아세안+3 회의'에서도 회원국들은 엔저에 대해 심각한 우려를 표명했다. 당시 태국 재무장관은 "특정 국가의 통화정책에 대해 크게 걱정하고 있다. … 일본의 엔저가 세계와 아시아에 미치는 영향에 관해 연구할 필요가 있다"라고 말했다. 중국과 싱가포르, 필리핀 등의 관계자들도 "특정 국가의 통화정책으로 인한 통화과잉의 부작용을 심각하게 생각한다"라고 우려했다. 이에 대해 일본 정부는 재정확대와 통화완화, 성장전략과 같이 "세 개의 화살을 함께 쓰고 있으며, 통화완화는 내수 확대를 위해서일 뿐이다"라고 항변했지만, 회의 분위기는 냉랭했다고 언론은 전했다. 이 회의의 의장을 맡은 주광야오 朱光耀 중국 재무차관은 회의 직후 열린 기자 간담회에서 "일본은 내수를 위해 양적완화 정책을 펼치고 있다고 주장하지만, 우리는 다른 의견을 가지고 있다"라며 시각차를 드러냈다. 일본과 경쟁관계에 있는 우리나라의 반응은 다른 나라들보다 더 뜨거웠다.

아세안+3 회의 이전에 2013년 4월 미국 워싱턴에서 열린 G20 재무장관 및 중앙은행 총재 회의에 참석한 현오석 당시 경제부총리는 〈블룸버그〉 통신과의 인터뷰에서 "일본의 엔저가 스필오버 spillover(한 영역에서 일어난 사건이 다른 영역에 파급 효과를 일으키는 것)를 가져오고 있다"라며, "이것이 우리 금융시장에 끼치는 영향은 북한의 위협보다 더 심각하다"라고 강조했다. 김영배 한국은행 경제통계국장도

2013년 3월 국제수지를 발표한 직후 가진 기자회견에서 "엔저 효과가 아직 우리 수출에 크게 영향을 미치지 못했다"라면서도 "과거 패턴에 비춰볼 때, 2013년 2분기부터는 엔저 여파가 본격적으로 가시화할 수 있다"라고 우려했다.

당시 국내 경제연구소들의 반응은 더 뜨거웠다. 우리금융연구소는 엔 가치가 달러당 110엔 그리고 원 가치가 달러당 1,000원이 되면 조선, 자동차, 전자 등의 주력 산업을 중심으로 국내 기업의 이익이 21조 원 감소할 것으로 분석했다. 삼성경제연구소는 환율이 달러당 100엔과 1,000원이 되면, 적자 기업의 비중이 33.6%에서 68.8%로 늘어나고, 경상수지 흑자는 2012년보다 125억 달러 줄어들며, 경제성장률은 1.8%p 낮아진다고 전망했다. LG경제연구소는 사실상 엔저에 대한 뾰족한 대책이 없다며 크게 우려했다. 5월 13일 〈월스트리트 저널〉은 "엔저로 잃을 게 가장 많은 나라는 한국"이라고 지목하기도 했다.

환율을 경기부양 수단으로 이용해서는 안 된다는 것은 경제전문가들의 공통적인 견해이다. 만약 다른 국가들까지 경기부양을 위해 환율을 정책 수단으로 삼으면 경쟁적인 환율 인상을 피할 수 없고, 이 경우 세계적인 환율분쟁으로 확산될 수 있기 때문이다. 실제로 세계 대공황 때 이런 현상이 벌어져 국제교역이 크게 위축되었고, 세계적인 경제난이 10여 년이나 지속되었다. 그런데 왜 엔저에 대한 논란이 2013년 5월부터 갑자기 잠잠해졌을까? 왜 엔저가 세계적으로 더 이상 쟁점화되지 않았을까?

사실 이런 기류는 2013년 3월부터 미국에서 감지되기 시작했다.

벤 버냉키Ben Bernanke 당시 연방준비제도이사회FRB 의장은 런던 정치경제대학교 연설에서 "한 선진국의 양적완화는 이웃 나라를 거지로 만드는 것이 아니다"라며 일본을 변호해 주었다. 그해 5월 영국 에일즈베리에서 열린 G7 재무장관 및 중앙은행 총재 회의에서는 엔 약세에 대해 특별한 언급을 하지 않음으로써 암묵적으로 일본의 손을 들어주었다. 며칠 뒤에는 올리 렌Olli Rehn 유럽연합 경제통화 담당 집행위원이 "엔저 정책은 인위적인 환율 조작이 아니고, 일본은 내수 경기 부양을 위해 강력한 통화완화 정책을 펼치는 것일 뿐이다. … 엔저가 환율전쟁을 촉발한다는 것은 근거 없는 주장이다"라고 밝혔다. 상황이 이렇게 전개되면서 엔 환율은 5월 중순에 103엔을 돌파했다.

이처럼 기류가 돌변한 이유는 외교의 특성을 알아야 비로소 이해할 수 있다. 일반적으로 외교는 물밑 교섭을 원칙으로 한다. 타협의 여지가 있는 범위 안에서는 비공개로 이루어지는 것이 보통이며, 공개적인 공박은 타협이 이루어지지 않거나 협상이 어려움을 겪는 경우에 나타나곤 한다. 쉽게 말해, 엔 환율을 둘러싼 각국의 외교적 타협이 물밑에서 치열하게 전개되었고, 환율분쟁은 외교적 협상을 통해 당분간 휴전을 맞은 것으로 볼 수 있다. 무엇보다 중요한 사실은, 일본의 경상수지 흑자가 2011년에 약 1,300억 달러로 감소한 뒤, 2012년에는 약 600억 달러로, 2013년에는 464억 달러로, 그리고 2014년에는 364억 달러와 같이 계속 줄었다는 것이다. 이런 상황이 엔저를 둘러싼 분쟁을 종식시키는 데에 결정적인 역할을 했다.

하지만 2015년에 일본의 경상수지 흑자가 1,365억 달러로 3.6배나 급증했고, 2016년에도 1,970억 달러로 더 증가했다. 그래서 미국

일본과 중국의 경상수지 흑자 추이

(단위: 억 달러)

구분	2009년	2010년	2011년	2012년	2013년	2014년	2015년	2016년
일본	1,457	2,209	1,296	601	464	364	1,365	1,970
중국	2,433	2,378	1,361	2,154	1,482	2,360	2,930	1,913

출처: 한국은행 경제통계시스템, 2025년 5월 2일.

과 일본의 환율분쟁이 다시 초래될 가능성이 커졌다. 중국 역시 마찬가지로 2015년의 경상수지 흑자가 2,930억 달러로 전년도보다 24.2%나 급증했다. 트럼프가 처음 집권했던 2017년 이후에 중국과의 환율분쟁이 심각해진 이유가 바로 여기에 있었다. 비록 2016년 중국의 경상수지 흑자가 1,913억 달러로 감소했지만 말이다.

참고로, 2021년 시작된 조 바이든 정부에서도 중국에 대한 경제적 봉쇄는 트럼프 1기 정부 때보다 오히려 더 강화되었다. 하지만 중국 경제에 대한 경제적 봉쇄는 성공하지 못할 것으로 보였다. 역사적으로 다른 나라의 경제를 봉쇄해서 성공한 사례는 거의 찾아보기 어렵기 때문이다. 일례로 미국의 독립전쟁(1775~1783년) 때로 거슬러 올라가 보자. 당시 미국은 독립전쟁을 치른 직후 영국과 한 차례 더 전쟁을 벌였다. 그 뒤 영국은 미국의 해안을 봉쇄하여, 미국이 영국산 및 유럽산 기계를 비롯한 여러 선진 제품의 수입을 전면적으로 가로막았다. 유럽의 선진 제품의 수입이 불가능해지자, 미국 기업은 그 제품들을 스스로 개발하기 시작했다. 처음에는 품질이 낮았지만, 머지않아 품질도 향상되었다. 결과적으로 경제봉쇄는 미국 경제가 빠르게 성장하는 데 결정적인 계기를 마련해 주었다. 현재 미국의 중국 경제 봉쇄 정책도 마찬가지 결과를 보일 가능성이 크다. 중국 기업 역시 필사적인 노력을 기울일 것이기 때문이다.

다만, 중국 경제는 스스로 무너지고 있는 상황이다. 중국 정부가 자국 경제를 위험에 빠뜨리고 있다는 뜻이다. 그 이유가 무엇일까? 세계사에서 민주화 없이 경제성장을 지속한 나라는 좀처럼 찾아보기 어렵다. 독재국가이더라도 민주화가 진행하면 성장률은 높아졌고, 민주국가이더라도 민주화가 후퇴하면 경제는 쇠락했다. 중국 역시 덩샤오핑鄧小平이 집권한 이후 개혁개방 정책을 통해 최소한 경제민주화는 어느 정도 진행했고, 덕분에 중국 경제는 비약적으로 성장하기 시작했다. 중국의 경제적 번영은 이렇게 그 기틀이 마련되었다. 그러나 시진핑이 집권한 이후에는 정치민주화는 물론이고 경제민주화까지 후퇴하기 시작했다. 결국 경제성장률이 매년 낮아지면서 오늘날과 같은 경제난을 초래하고 말았다.

무역질서 교란의 배후

지금까지 살펴본 것처럼, 트럼프 대통령이 관세전쟁을 일으킬 수밖에 없는 여건을 조성한 것은 '중국'과 '일본'이었다. 이들 국가는 경상수지가 대규모 흑자임에도 불구하고, 두 나라의 환율은 2010년 이후 수년 동안 오히려 상승했던 것이 트럼프가 처음 집권한 2017년 이후 관세전쟁을 일으키도록 빌미를 제공한 것이다. 트럼프가 재집권한

2025년에도 마찬가지이다. 2024년부터 일본의 엔 환율과 중국의 위안 환율이 크게 상승했고, 이것이 트럼프가 관세전쟁을 일으키는 데 결정적인 역할을 했다고 볼 수 있다. 물론 독일도 경상수지가 대규모 흑자인 것은 사실이나, 중국이나 일본처럼 정부가 외환시장에 개입하여 환율을 조작하는 경우는 거의 찾아볼 수 없기 때문이다. 그리고 독일은 유럽연합 소속으로 유로를 사용하고 있으며, 유로는 시장에 의해 가치가 결정되고 있다.

반면에 중국 정부와 일본 정부는 여차하면 경기 부진을 극복해야 한다며 정책적으로 환율을 인상시키는 수법을 지금까지 여러 차례 저지르고 있다. 중국 정부와 일본 정부는 환율이 상승해야 수출이 호전되고, 그래야 경제성장률도 높아진다고 믿고 있는 것이다. 하지만 이런 믿음은 이론상으로만 맞을 뿐 현실에서는 틀렸다는 사실이 수차례 증명되었다. 우선 경상수지가 적자인 경우, 환율이 상승하면 수출은 증가하고, 그러면 국내 경기가 호전되는 상황이 나타나곤 했다. 장기적으로는 물가 불안과 금융시장 불안정 등 그 후유증이 더 크게 나타났지만 말이다. 반면에 경상수지가 흑자인 경우, 환율이 상승하면 수출 증가율은 중장기적으로 오히려 줄었고, 경제성장률은 낮아졌던 것이 일반적이다. 다만, 환율이 상승하면 수입 증가율은 항상 감소하고, 이에 따라 경상수지 흑자가 커지기는 했다.

중국 정부와 일본 정부는 경상수지 흑자가 커지면 성장률도 높아진다고 굳건히 믿고 있다. 경제학의 소득이론이 그렇게 가르치기 때문이다. 즉, 소득함수는 '$Y=C+(I-S)+(G-T)+(X-M)$'으로 구성되어 있는 것이다(Y는 소득, C는 소비, I는 투자, S는 저축, G는 재정지출,

T는 조세, X는 수출, M은 수입). 하지만 고환율 정책을 시행해서 성장률이 중장기적으로 높아진 사례는 역사적으로 극히 드물다. 오히려 고환율 정책을 펼치면 국내 경기는 부진해지고, 경기 부진은 장기화한 것이 일반적인 경험이다. 그렇다면 왜 이런 현상이 나타날까?

환율이 상승하면, 경상수지가 만성적인 흑자이든 적자이든 상관없이 수입은 크게 줄어든다. 환율이 상승하면 수입품의 가격이 상승하고, 가격이 상승한 만큼 수요는 줄어들고, 이에 따라 수입 총액은 줄어드는 것이다. 반면에 수출은 수입과는 다소 다르다. 경상수지가 만성적인 적자인 경우는, 환율이 상승하면 수출 증가율은 단기적으로는 분명히 증가한다. 하지만 경상수지가 만성적인 흑자인 경우는, 환율이 상승하면 수출 증가율은 중장기적으로 감소한다. 그래서 국내 경기는 더욱 부진해진다. 이는 경상수지가 흑자인 국가들, 즉 일본, 독일, 중국, 대만, 한국 등이 모두 여러 차례 겪은 일이다.

다시 말해 경상수지가 흑자인 국가의 경우, 정부가 고환율 정책을 시행하면 수출 증가율은 중장기적으로 감소하더라도, 수입이 항상 감소함으로써 경상수지 흑자는 더욱 커지는 것이 일반적이다. 이처럼 경상수지 흑자가 증가하면 환율은 하락 압력을 더 강하게 받고, 그러면 고환율을 유지하기 위해서는 더 많은 외환을 외환시장에서 매입해야 한다. 그리고 외환을 매입하려면 국고채권을 더 많이 발행해야 한다. 그러나 이런 조치는 금방 한계에 이른다. 고환율 정책이 경상수지 흑자를 더 많이 키우기 때문이다. 결국 경상수지가 만성적으로 흑자인 국가들은 경상수지 흑자를 해외투자라는 이름으로 즉각 해외로 유출시키는 정책을 시행하지 않을 수 없다. 하지만 이런 정책은 수출로 애써 벌어들인 소득을 해외로 즉각 유출시킨다는 것을 의미한다. 수출품은 국내에서 비용을 들여 생산했는데 수출로 벌어들인 소득은 즉각 해외로 유출되었으니, 국내 수요는 위축되고 성장률은 낮아지는 것이다. 앞에서 언급했듯이, 일본 정부가 1990년대 중반 이후 엔저 정책(즉 고환율 정책)을 아홉 차례나 실시했지만, 일본 경제가 경기 부진의 늪에서 아직까지 벗어나지 못하는 이유가 바로 여기에 있다.

정리하자면, 중국 정부는 일본 정부가 이미 여러 차례 실패했던 경제정책을 그대로 뒤따르고 있는 셈이다. 중국 경제도 경기 부진에 빠질 수밖에 없다는 뜻이다.

뒤의 표에서 보듯이, 중국의 연평균 환율은 2014년에 달러당 6.14위안에서 2015년에 6.23위안으로 상승했고, 그 뒤로도 매년 지속적으로 상승했다. 2017년에는 6.76위안까지 상승했다. 그 후에는 다른 나라들의 항의를 받아 2018년에 6.62위안으로 약간 떨어졌다. 그러나 2019년과 2020년에는 6.9위안대로 더 많이 상승했다. 2021년에는 다시 6.45위안으로 하락했으나, 2022년부터 상승을 시작하여 2023년에는 7.08위안으로 폭등했고, 최근 2024년 말에는 7.29위안까지 더 상승했다.

이 과정에서 중국의 경기가 호황이던 시기인 2016년과 2017년에는 환율이 상승했음에도 불구하고 경상수지 흑자가 감소했다. 수출보다는 국내 판매가 더 큰 이익을 남겼기 때문이다. 그러나 경기하강이 시작된 2018년부터는 경상수지 흑자가 급증했다. 2019년에는 환율이 급등하고 수출까지 부진해지면서 경상수지 규모가 반토막이 났다. 그러나 중국 부동산시장의 거품이 꺼지면서 국내 경기가 빠르게 하

중국과 일본의 경상수지 및 환율 추이(위안/달러, 엔/달러)

(단위: 억 달러)

구분		2014	2015	2016	2017	2018	2019	2020	2021	2022	2023	2024
중국	경상수지	2,360	2,930	1,913	1,887	2,413	1,029	2,488	3,529	4,434	2,530	4,239
	환율	6.14	6.23	6.64	6.76	6.62	6.91	6.90	6.45	6.74	7.08	7.29
일본	경상수지	364	1,365	1,970	2,032	1,773	1,766	1,500	1,965	902	1,592	1,943
	환율	105.9	121.0	108.8	112.2	110.4	109.0	106.8	109.8	131.5	140.5	151.6

출처: 한국은행 경제통계시스템, 2025년 4월 28일.

강했던 2020년부터는 경상수지 흑자가 다시 급증했다. 2022년에는 경상수지 흑자가 4,000억 달러를 돌파했다. 2023년에는 중국 내에서 금융위기가 진행하면서 경제활동이 부진해졌고, 경상수지 흑자도 다소 줄었다. 하지만 최근 2024년에는 환율이 급등함에 따라 경상수지 흑자가 다시 급증하면서 4,239억 달러를 기록했다. 경상수지 흑자가 크게 증가했음에도 불구하고, 2024년의 위안 환율은 7.29달러로 급등했던 것이다. 결국 미국과 중국 사이의 환율분쟁은 더욱 거세지고 말았다.

그나마 일본은 미국 등 주변국의 눈치를 살피는 편이다. 경상수지 흑자가 커지면, 환율을 다소 낮추어 경상수지 흑자가 대규모로 증가하지 못하도록 미리 대비했다. 그러나 성장률이 낮아지고 국내 경기가 부진해지면, 그때마다 환율을 인상시켜 수출을 촉진하는 정책을 시행했다. 그런데도 일본의 경제성장률은 높아지지 않았고, 경기 부진은 점점 더 장기화했다. 경상수지 흑자를 해외투자로 유출시킨 것이 국내 수요를 위축시켰고, 이것이 성장률을 낮추었다.

이와 같이 중국과 일본에 의해 무역 질서가 교란되었다고 하더라도, 트럼프 대통령이 최근 관세전쟁을 일으킨 것은 한마디로 미친 짓이다. 여러 번 강조하지만, 트럼프 대통령이 앞으로 관세 문제에 대해 절제하지 않고 공세적 태도로 일관한다면 대공황과 같은 경제 재앙을 불러올 것이 분명하다. 물론 그 원인을 제공한 것은 중국과 일본이므로, 이 두 나라의 정책 당국도 비난받아 마땅하다.

마찬가지로 경상수지 흑자국들이 국제수지의 불균형을 초래하여 세계 경제 질서를 어지럽힌 것도 비난받아야 하고, 동시에 자국의 경기를 부진하게 만든 것 또한 질타받아 마땅하다. 경상수지 흑자가 대규모인 국가들은 경쟁국보다 성장률이 매우 낮다는 사실만으로도 이들 국가의 정책 역량이 얼마나 취약한가를 알 수 있다.

게다가 현재의 경제학이 무능해서 그런 부정적인 결과를 더욱 키웠다. 경제 현상을 이해하는 데 이론은 그 틀을 제공하고 도움을 주지만, 이론이 현실에 앞설 수는 없다. 당연히 현실이 우선이다. 이론은 현실을 바탕으로 구축되어야 하기 때문이다. 그렇기에 현재의 경제학이 트럼프 정부의 관세전쟁에 이론적 당위성을 제공했다는 비판에서 결코 자유로울 수 없다. 다음에는 그 논란의 중심에 있는 트럼프 정부의 핵심 인물인 미국의 경제학자 피터 나바로[Peter Navarro]와 미국의 달러 패권에 대해 살펴보고자 한다.

관세전쟁의 설계자, 피터 나바로

피터 나바로는 하버드대학교에서 경제학 박사학위를 취득하고 UC어바인대학교에서 경제학 교수로 재직했다. 트럼프 1기 정부 당시에는 백악관에 신설된 국가무역위원회NTC의 초대 위원장을 지냈다. 그리고 이번 트럼프 2기 정부에서 다시 개설된 국가무역위원회에서 트럼프 대통령의 무역 및 제조업 담당 고문을 맡고 있다. 한마디로, 트럼프의 '경제 책사'로 불리는 인물이다.

나바로는 다른 나라의 경상수지 흑자가 미국의 국부를 약탈한다고 주장한다. 트럼프 대통령도 이런 주장을 확고하게 믿고 있으며, 그 신념을 바탕으로 관세전쟁을 시작했다. 무역수지 흑자국에 대해 그 규모에 따라 상호관세를 크게 부과하고 있다는 사실이 이를 증명한다. 그렇다면 정말로 다른 나라의 경상수지 흑자가 미국의 국부를 약탈하는 행위일까? 만약 이 주장이 옳다면, 미국의 달러가 기축통화의 역할을 하는 것도 다른 나라의 국부를 미국이 약탈하는 것이라고 봐야 할 것이다. 미국은 큰 비용을 들이지 않고 기축통화인 달러를 거의 무제한으로 발행하여 다른 나라의 국민과 기업이 힘겨운 노동과 큰 비용을 들여 생산한 재화를 공짜로 '빼앗는' 셈이니 말이다. 미국이 이처럼 다른 나라의 부를 약탈하는 부도덕한 행위를 하지 않으려면, 달러가 기축통화의 역할을 하는 지위를 포기해야 한다. 하지만 미국이 달러의 기축통화 지위를 포기하려 할까? 그렇지 않다.

트럼프 대통령과 나바로가 크게 비난받는 것은 미국만이 옳고, 그에 따라 기초적인 경제원리에 반하는 정책을 펼치고 있기 때문이다.

한 국가의 경제도 그렇지만, 세계 경제가 성장하고 국제교역이 증가하기 위해서는 국제통화가 꾸준히 증가해야 한다. 국제통화가 증가하지 못하면 국제교역은 위축되고, 결국은 악순환을 일으킴으로써 대공황과 같은 끔찍한 재앙이 닥칠 수 있기 때문이다. 지금은 달러가 기축통화의 역할을 하고 있으므로, 달러의 추가적인 공급이 세계 경제에 꾸준히 이루어져야 한다. 그래야 세계 경제가 순조롭게 성장하고, 국제교역 역시 원활하게 이루어져 교역 규모가 확대되며, 세계적으로 경제가 번영할 수 있을 것이다. 하지만 트럼프 대통령과 나바로는 이런 기본적인 경제 상식을 외면하고 있다. 미국의 경상수지 적자가 세계 경제와 국제교역에 통화를 추가로 공급하고 있다는 엄연한 사실을 말이다. 그 사실이 어떻든, 앞에서 언급했듯이 트럼프와 나바로를 비롯한 미국의 정치인들은 달러의 기축통화 지위를 앞으로도 결사적으로 지키려 할 것이다. 그동안에도 미국 정부는 기축통화라는 달러의 위상을 지키기 위해 모든 노력을 기울여 왔다.

이렇듯 미국의 달러 패권과 경제정책 간의 관계를 이해하려면, 달러가 어떻게 기축통화가 되었는지 역사적 배경을 살펴볼 필요가 있다. 우선, 역사를 되짚어 연합국의 제2차 세계대전 승리가 확실해진 1944년 7월로 돌아가 보자. 당시 44개 국가의 지도자들은 제2차 세계대전으로 혼란에 빠진 세계 경제 질서를 안정화하기 위해 미국 뉴햄프셔주 브레턴우즈에 모였다. 제2차 세계대전의 가장 큰 원인 가운데 하나였던 대공황이 보호무역주의 강화와 경쟁적인 환율 인상 등으로 발생했다고 판단한 미국을 비롯한 주요국들이 그 같은 사태가 다시는 벌어지지 않도록 하기 위한 취지에서였다. 이 자리에서 연합

국 44개국은 국제통화 금융에 관한 회의를 열어 합의를 도출하고 협정을 체결했는데, 그것이 바로 '브레턴우즈협정'이다.

세계대전 직후 세계 경제 질서를 확립한 브레턴우즈협정에 따르면, 미국은 금본위제를 실시하고, 다른 나라는 달러본위제를 실시하기로 규정했다. 그리고 금의 1온스 가격을 35달러로 설정했다. 하지만 1950년대 이후 미국의 경상수지가 적자로 돌아서고 그 규모가 계속 증가하자, 달러의 금에 대한 가격이 하락 압력을 크게 받았다. 그래서 달러 가치의 하락을 막기 위해 미국 등 주요 8개국은 1961년에 런던 골드풀London Gold Pool이라는 국제기구를 설립했다. 금 가격이 35달러보다 더 오르면 이 기구가 달러를 시장에 매각하고, 금 가격이 하락하면 금을 매입하는 제도였다. 국제 기축통화인 달러가 신뢰를 잃으면 국제교역이 급감하여 경제 재앙이 일어날 수도 있기 때문이다.

처음에는 런던 골드풀이 성공적으로 운용되는 듯했다. 소련이 곡물 수입을 위해 금을 국제시장에 매각했고, 남아프리카공화국이 경상수지 적자를 해소하기 위해 금을 공급했기 때문이다. 그러나 1960년대 후반부터 금의 시장가격이 다시 상승하기 시작했다. 이 기구에서 금을 시장에 풀었으나 금 가격의 상승을 막지 못했다. 오히려 손실 비용만 키웠다. 그 손실 비용의 지불을 거부한 프랑스와 이탈리아 등은 달러가 아닌 새로운 기축통화의 창설을 끈질기게 요구했다. 이런 요구에 대한 다른 나라의 지지가 강해지면서 미국도 그 요구에 응하지 않을 수 없었다. 그래서 IMF 이사회는 1968년에 IMF가 발행하는 'SDR Special Drawing Rights(특별인출권)'이라는 새로운 국제통화를 만들기로 합의했고, 1970년부터 시행하기로 했다. 하지만 SDR은 중앙은행

사이에서만 거래되도록 제한했을 뿐만 아니라 그 발행 규모를 증가시키려면 투표권의 85% 이상의 동의가 필요했다. 당시 미국은 투표권의 17.5%를 갖고 있었으므로, SDR의 추가 발행을 얼마든지 막을 수 있었다. 결국 미국은 SDR이 달러를 대체하여 기축통화의 역할을 하지 못하도록 끝끝내 막아냈다. 진실이 이러한데도 불구하고 다른 나라의 경상수지 흑자가 미국 국부를 약탈해 가는 것이라고 주장하는 것은 어불성설이다.

중국 정부도 자국 화폐인 위안을 기축통화로 격상시키기 위해 끈질긴 노력을 기울여 왔다. 이런 노력 덕분에 러시아와의 거래는 물론이고, 사우디아라비아와의 석유 거래에서도 위안을 사용할 수 있게 되었다. 다른 나라가 중국과의 거래에 위안을 사용하면 여러 혜택을 제공하기도 했다. 실제로 일부 제3세계 국가들은 중국과의 거래에 위안으로 결제하고 있다. 그렇다면 앞으로 중국 정부가 위안을 기축통화로 만들기 위해 계속 노력한다면, 그 가능성은 점점 더 높아지지 않을까? 언젠가는 중국 위안이 기축통화의 역할을 할 수도 있지 않을까? 그러나 최소한 가까운 기간 내에는 위안이 기축통화의 지위를 확보하기는 어려울 것이다. 중국 위안이 국제 기축통화로서 역할을 하기 위해서는 다음과 같은 몇 가지 전제조건을 충족해야 하기 때문이다.

첫째, 위안의 거래와 지불, 청산 등이 언제 어디서나 쉽고 자유롭게 이루어질 수 있어야 한다. 그래야 누구나 위안을 보유하려고 하기 때문이다. 둘째, 중국 정부의 환율 조작이 지금보다 훨씬 적어야 한다. 환율 조작이 언제든지 가능하다면, 마찬가지로 위안의 가치를 언제든지 떨어뜨릴 수 있기 때문이다. 셋째, 중국의 외환시장이 발달하여 지금보다 더 활성화되어야 한다. 그래야 언제든지 위안을 다른 통화와 쉽게 교환할 수 있기 때문이다. 넷째, 외환시장에 대한 중국 정부의 개입이 적어야 한다. 그렇게 되어야 외환시장의 기능이 제대로 작동하기 때문이다. 다섯째, 위안의 가치가 상대적으로 안정적이어야 한다. 여섯째, 중국의 정치가 안정적이어야 한다. 정치가 불안정해지면 위안의 가치가 폭락할 수도 있기 때문이다. 일곱째, 위안에 대한 국제적 신뢰가 굳건해야 한다. 일반적으로 경제 선진국이자 강대국일수록 그 나라의 화폐에 대한 신뢰가 크다.

결론적으로, 중국 정부는 위안을 국제 기축통화의 하나로 격상시키기 위해 다각적으로 끈질긴 노력을 기울이고 있지만, 이 같은 필수 조건들을 갖추기에는 아직 요원한 실정이다.

미국의 고금리와 강달러 정책의 한계

트럼프 대통령이 관세전쟁을 시작하기 직전까지, 미국은 선진국 중에서 유일하게 경제 호황을 누리고 있었다. 그렇다고 경제 여건이 다른 때보다 좋았던 것은 아니다. 나중에 살펴보겠지만, 미국 경제의 여건은 오히려 어느 때보다 좋지 않았다. 하지만 금융위기가 물밑에서 진행 중인 와중에 비교적 높은 성장률을 안정적으로 기록했다는 것은 매우 높이 평가할 만한 일이었다. 그런 성과를 가져올 수 있었던 이유는 미국의 정책 당국, 특히 중앙은행인 연준의 통화금융 정책이 결정적인 역할을 했다. 무엇보다 현재 경제학의 이론과는 배치되는 경제정책을 시행해 뛰어난 경제 성적을 거둔 것이 눈에 띈다.

아래 표에서 보듯이, 일본과 영국, 프랑스 등은 2020년부터 2024년까지의 연평균 성장률이 0%대에 불과하고, 독일은 -0.1%를 기록했다. 그중에서 독일의 경우는 2023년과 2024년에 두 해 연속 마이너스 성장률을 기록했을 정도로 경제 실적이 좋지 않았다. 반면에 미국은 연평균 성장률이 2.4%에 달했다. 코로나19 사태가 극복된 이후인 2022년부터 2024년까지 3년 동안의 성장률은 평균 2.7%를 기록했다. 이 성장률 기록은 2022년 상반기와 2023년 3월에 금융위기가 발생한 가운데 이룩한 성과였다. 이것은 미국의 경제정책이 얼마나 뛰어났는지를 여실히 보여준다. 그러면 미국의 경제가 어떤 과정을 거쳐 현재에 이르렀는지 최근의 상황을 바탕으로 한번 살펴보자.

2020~2024년 주요 선진국의 성장률 추이

(단위: %)

구분	2020년	2021년	2022년	2023년	2024년	평균
미국	-2.2	6.1	2.5	2.9	2.8	2.4
일본	-4.2	2.7	0.9	1.5	0.1	0.2
독일	-4.2	3.7	1.4	-0.3	-0.2	-0.1
영국	-10.3	8.6	4.8	0.4	1.1	0.9
프랑스	-7.4	6.9	2.6	0.9	1.2	0.8
한국	-0.7	4.6	2.7	1.4	2.0	2.0

출처: 한국은행 경제통계시스템, 2025년 4월 24일. 2024년 실적은 각국의 발표.

2020년 3월에 코로나19 사태가 갑자기 심각해지자, 미국 정부는 전면적인 경제봉쇄 조치를 취했다. 그 결과 정상적인 경제활동이 어려워졌고, 미국 경제는 축소재생산이 이루어졌다. 결국 2020년 1분기 성장률은 −1.4%를 기록했고, 2분기 성장률은 −7.9%로 더욱 떨어졌다. 그러자 미국 정부는 대대적인 경기부양 정책을 펼쳤다. 본원통화를 52% 증가시켰고 이자율도 계속 낮추었다. 재정지출도 42%를 증가시켰다. 이것은 과도한 경기부양 조치였다. 그 결과 미국의 경제성장률은 2020년 3분기에 7.8%까지 급증했다. 이런 경기 과속의 영향으로 4분기에는 1.1%로 다시 떨어졌다. 그래도 연간 성장률은 2020년에 −2.2%를 기록하며, 다른 선진국들에 비해 상대적으로 선방했다.

미국의 이 같은 과도한 경기부양 정책은 2021년에 들어서 심각한 경기과열을 일으켰다. 2021년에 성장률이 무려 6.1%를 기록한 것이다. 이것은 잠재성장률로 추정하는 것보다 두 배 이상 높은 실적이었다. 심각한 거품경기 현상이 벌어진 것이다. 그로 인해 물가는 불안해졌고 국제수지도 악화되었다. 소비자물가 상승률은 2019년에 1.8%에서 꾸준히 상승하여 2021년 상반기 말에는 6.1%를 기록했고, 2022년 6월 말에는 9.1%까지 상승했다. 경상수지 적자도 크게 증가하여 2019년 GDP의 2.1%였던 4,417억 달러에서 2020년에는 6,012억 달러, 2021년에는 8,680억 달러, 2022년에는 GDP의 3.9%인 1조 121억 달러로 계속 증가했다.

이처럼 경상수지 적자가 크게 증가하자, 달러 가치가 빠르게 하락했다. 달러 가치가 떨어지자, 미국에 투자되었던 국제 금융자본이 환차손을 피해 미국을 이탈하기 시작했다. 결국 미국 내 유동성은 위축되었고, 이것이 신용파괴의 경제원리를 작동시켜 2022년 상반기에 금융위기를 일으켰다. 금융위기의 영향으로 2022년 상반기에는 두 분기 연속 마이너스 성장률을 기록했다. 이처럼 연속적으로 마이너스 성장률을 기록하는 것은 금융위기가 진행하지 않으면 좀처럼 일어나지 않는 일이다. 물론 미국 정부는 적절한 정책을 신속하게 펼쳐서 더 이상 경기후퇴가 진행하지 않도록 차단했고, 그 결과 3분기에는 성장률이 3.1%를 기록하여 국내 경기가 급격하게 상승 전환했다. 당시 미국 정부는 어떤 경제정책을 시행했기에 이런 괄목할 만한 성과를 거두었을까?

2022년 1분기에 경기후퇴가 시작된 것을 확인한 미국 연준은 3월부터 갑자기 고금리와 강달러 정책을 펼치기 시작했다. 평상시에는 기준금리를 0.25%씩 미세 조정해 왔는데, 갑자기 0.75%를 인상하고 다시 0.5%를 인상하기도 했다. 이때 연준은 고금리와 강달러 정책이 물가 불안을 해소하기 위한 정책 수단이라고 강변했다. 하지만 이는 진짜 의도를 숨기기 위한 술책이었다. 만약 물가 불안을 해소하려고 했다면 경기를 하강시켜 국내 수요를 위축시켜야 했다. 하지만 경기는 상승으로 돌아섰다. 그해 3분기 성장률은 3.1%를 기록했고, 4분기에는 2.6%를 기록했다. 따라서 고금리와 강달러 정책은 물가 불안을 해소하기 위한 것이 아니라, 금융위기를 해소하기 위해 시행했다고 보는 것이 합리적이다.

고금리와 강달러 정책은 어떻게 국내 경기를 상승 전환시켜 성장률을 높였을까? 현재의 경제학은 고금리 정책을 시행하면 투자가 위축되어 국내 경기가 후퇴한다고 설명한다. 그리고 강달러 정책을 펼치면 수출이 축소되어 국내 경기를 더 후퇴시킨다고 설명한다. 그런데 왜 고금리와 강달러 정책은 경기를 후퇴시키기는커녕 오히려 급상승시켰을까? 2022년 1분기와 2분기에 각각 −1.6%와 −0.6%를 기록했던 성장률이 3분기에는 3.1%로, 그리고 4분기에는 2.6%로 급등했던 이유가 과연 무엇일까? 현재의 경제학은 이런 국내 경기의 급등을 해명할 수가 없다. 하지만 상식적으로 생각하면 그 의문은 다음과 같이 쉽게 풀린다. 미국의 기준금리가 다른 나라보다 월등하게 높아졌으니, 다른 나라의 저축이 더 높은 이자율을 지불하는 미국으로 몰려갔다. 그리고 달러 가치가 급등했으므로 미국에 대한 투자는 환차익을 누릴 수 있게 되었다. 그래서 다른 나라에 투자되었던 금융자본이 미국으로 빨려 들어갔다. 금융자본은 저축이 오랫동안 축적된 것이므로, 그 크기가 저축보다 월등하게 컸고 훨씬 더 중요한 역할을 했다. 다른 나라의 저축과 국제 금융자본이 미국으로 몰려가자, 미국 경제의 유동성은 풍부해졌고, 풍부해진 유동성은 당시에 진행되던 금융위기를 차단한 것은 물론이고 국내 경기까지 상승 반전시켰다. 다시 말해, 유동성이 풍부해졌으므로 생산과 고용, 투자 등의 경제활동이 더욱 활성화되었고, 당연히 성장률이 3분기부터 갑자기 크게 높아진 것이다.

하지만 미국의 고금리와 강달러 정책은 내 이웃을 거지로 만드는 정책이었다. 국내 저축과 국제 금융자본을 미국으로 빼앗긴 나라들은 유동성이 갑자기 감소하면서 부족해졌고, 부족해진 유동성은 생산, 고용, 투자 등의 경제활동을 위축시켜 성장률이 크게 낮아지는 결과를 빚었다. 일본, 독일, 영국, 프랑스, 그리고 우리나라 등의 성장률이 2022년 이후에 아주 낮았던 이유가 바로 여기에 있었다.

이러한 상황이 가장 심각한 곳은 경상수지가 만성적 적자였던 제3세계 국가들이었다. 국제 금융자본이 이탈하면서 외환보유고가 계속 고갈되었고, 50여 개 국가가 외환위기가 발생하거나 그 위험에 빠져들었다. 연준이 고금리와 강달러 정책은 물가 불안을 해소하기 위해서라고 굳이 해명했던 것은, 이른바 내 이웃을 거지로 만든 일을 숨기기 위해서였다.

왜 이러한 사실을 경제학자들은 외면했을까? 아니, 경제학자들은 그런 일이 벌어진 사실조차 몰랐다는 것이 더 타당하다. 현재의 경제학, 특히 통화금융이론이 매우 취약한 수준이기 때문이다. 통화는 가치를 창조하지 못한다는 인식이 경제학계에 너무 확고하게 굳어져 있다. 현실의 경제에서는 통화의 유동성이 풍부해지면 생산, 투자, 고용과 같은 경제활동이 활발해지고, 이것이 성장률을 높인다. 이런 측면에서라도 통화는 가치를 충분히 창조한다. 하지만 현재 경제학의 통화금융이론은 이런 사실을 외면하고 있다.

사실이 어떻든 미국 경제는 2022년 상반기에 진행되던 금융위기를 차단하고 비교적 높은 성장률을 기록했다. 하지만 금융위기는 수면 아래로 내려가 여전히 진행 중이었다. 고금리와 강달러 정책은 금융위기에 대한 근원 치료가 아니라 대증요법이었기 때문이다. 물밑에서 진행 중이던 금융위기가 다시 수면 위로 올라온 것은 2023년 3월이었다. 3월 8일에 실버게이트라는 은행 한 곳에서 예금인출 사태가 발생한 것이 그 계기였다. 당시 연준은 금융 시스템 위기, 즉 금융위기로 발전하지는 않을 것이라고 진단했다.

그러나 그 분석이 틀렸다는 것이 곧 증명되었다. 이 예금인출 사태가 곧바로 다른 은행들로 확산된 것이다. 3월 9일에는 시그니처 은행, 3월 22일에는 퍼스트리퍼블릭과 크레디트 스위스 등의 은행에서 연속으로 예금인출 사태가 터졌고, 은행은 파산 위기에 몰렸다. 금융위기는 이처럼 2023년 3월에 다시 본격적으로 진행했다.

그러자 앞에서 언급했듯이, 미국 정부는 즉각 예금 전액을 보장하겠다고 발표했다. 그리고 연준은 불과 한 달 동안에 3,910억 달러의 유동성을 금융시장에 추가로 공급했고, 3월 23일에는 기준금리를 0.25% 인상했다. 참고로, 예금 전액 보장은 금융위기가 터졌거나 그 위험성이 현저할 때만 할 수 있다는 것이 미국 법률의 규정이다. 사실 당시의 예금 전액 보장은 아주 위험한 구두 정책이었다. 예금보험기금은 1,800억 달러에 불과했지만, 예금 총액은 20조 달러가 넘었기 때문이다. 결과적으로 예금 전액 보장이라는 구두 정책은 예금인출 사태가 더 이상 다른 은행으로 확산되는 것을 차단했고, 금융위기가 본격적으로 진행하는 것도 막아냈다. 그래도 금융위기는 여전히 물밑에서 잠복하며 진행하고 있었다.

2024년 말경에는 다우존스 산업평균지수가 45,000을 넘어서면서 신고가를 기록하는 등 2024년 내내 주식시장이 호황을 기록했고, 미국 주식에 대한 세계적인 투자 열풍이 불었다. 그 덕택에 유동성은 풍부해졌고, 이것이 금융위기가 본격적으로 진행하려는 것을 겨우겨우 막아냈다. 하지만 미국 주식시장의 이런 호조는 지속 가능한 일이 아니다. 기업의 경영수지 호전으로 이루어진 성과가 아니라, 고금리와 강달러 정책이 유입시킨 다른 나라의 금융자본에 의해 이루어진 성과였기 때문이다. 실제로 미국으로 유입되는 국제 금융자본의 규모는 2024년 말 이후 계속 줄어들었다. 여기에다 2025년 2월부터는 트럼프의 관세전쟁이 시작되었고, 금융위기가 터질 가능성은 더욱 높아졌다.

3장

환율을 외면하면 벌어지는 일

환율은 국가 경제의 흐름을 좌우한다

1장과 2장에서 살펴보았듯이 트럼프 대통령이 관세전쟁을 시작한 이유는, 단기적으로는 미국의 '경상수지 적자'를 해소하려는 목적이 가장 크다. 그럼 어떤 경우에 경상수지 적자가 해소될 수 있을까? 현재의 경제학은 경상수지 흑자국의 환율이 떨어지면, 미국의 경상수지 적자가 해소된다고 말한다. 그렇다면 미국이 스스로 달러 가치를 먼저 하락시키면, 미국의 경상수지 적자가 해소될 수 있지 않을까? 이론적으로는 그렇다. 하지만 미국이 달러 가치를 먼저 하락시키면 여러 심각한 문제들이 발생한다.

앞에서 다룬 내용을 간략하게 짚어보자면 첫째, 수입품 가격이 상승하면서 소비자물가 상승률이 높아진다. 그러면 기업의 경영수지가 악화되고 생산과 고용, 투자가 위축된다. 그 결과 축소재생산의 악순환이 벌어질 수도 있다. 둘째, 달러 가치가 먼저 떨어지면 미국에 투자된 국제 금융자본은 환차손을 입는다. 그러면 국제 금융자본은 환차손을 피해 미국을 탈출할 것이다. 이런 상황이 벌어지면 미국 경제의 유동성은 축소되고, 축소된 유동성은 신용파괴 원리를 작동시켜 신용승수만큼 유동성을 더욱 수축시킬 것이다. 그러면 심각한 금융위기가 터질 수도 있다. 셋째, 금융위기의 영향으로 미국 경제가 심각한 경제난에 빠지면 달러 가치는 더욱 떨어질 것이다. 그러면 달러에 대한 신뢰도는 떨어지고, 기축통화의 지위마저 잃을 수도 있다.

트럼프 대통령과 그의 경제팀은 이와 같은 위험성을 충분히 인지하고 있을 것이다. 그래서 달러 가치를 먼저 떨어뜨리기보다는 '관세전쟁'을 통해 다른 나라 제품의 미국 수출을 줄이고, 미국의 경상수지도 개선하려는 듯하다. 특히 관세폭탄을 피하려는 무역수지 흑자국과 협상을 진행하는 과정에서 상대국에 환율 하락을 강력하게 요구할 것이 확실해 보인다. 실제로 트럼프 대통령은 일본 정부에 엔 환율을 떨어뜨려야 한다는 요구를 한 바 있다. 우리나라와의 협상 과정에서도 그 같은 요구가 있었던 것으로 알려졌다. 이후 계속적으로 다른 무역수지 흑자국과의 협상 과정에서 동일한 요구를 할 것이 분명하다.

물론 정태학靜態學 수준에 머물러 있는 현재의 경제학에서 이 같은 정책 집행의 시간 차이는 별로 중요하지 않다. 하지만 현실 경제에서 정책 집행의 시간 차이는 중요한 역할을 한다. 예를 들어 성장률과 고용률에 긍정적인 영향을 끼치는 경제 변수, 즉 생산성 향상, 잠재성장률과 국제경쟁력 강화 등을 위한 경제정책은 다른 나라에 비해 상대적으로 더 빨리 집행하는 것이 바람직하다. 반대로, 달러 가치의 하락처럼 국가 경제에 부정적인 영향을 끼치는 경제 변수를 위한 경제정책은 다른 나라에 비해 시차를 두고 더 늦게 집행하는 것이 바람직하다. 정책 집행에 따르는 부작용을 최소화할 수 있기 때문이다. 이런 의미에서 경제학이 동태학動態學으로 진화해야 할 필요성이 크다. 이처럼 경제 변수들 사이의 시차는 중대한 경제적 변화를 일으키는 데 핵심적인 역할을 한다.

트럼프 정부는 관세전쟁을 둘러싼 협상 과정에서 다른 나라에 국제수지를 환율에 반영하라는 요구를 강하게 밀어붙일 것이다. 따라서 3장에서 다룰 '환율의 경제적 기능'을 자세하게 살펴볼 필요가 있다. 트럼프가 관세전쟁을 시작한 배경을 좀 더 정확하게 파악하고, 관세전쟁의 향방이 어떻게 흘러갈지 내다보기 위해서는, 환율을 변동시키는 경제원리를 먼저 이해해야 한다. 환율은 수출과 수입, 그리고 국제수지에 결정적인 영향을 끼치지만, 당장 직면한 국내 경기 동향을 진단하고, 그 미래를 제대로 예측하려면 환율의 경제적 기능을 반드시 이해해야 한다. 세계사를 살펴보면 환율이 국가 경제의 번영을 이끌기도 했지만, 쇠락을 촉진하기도 했다는 사실을 쉽게 확인할 수 있다. 바꿔 말해, 국가 경제의 명운을 좌우할 정책을 수립하고 집행하는 데 환율은 매우 중요한 역할을 한다.

하지만 사람은 보이지 않거나 만질 수 없는 것은 아무리 중요해도 간과하는 경향이 있다. 마찬가지로 환율과 이해관계가 많지 않은 사람이 선뜻 환율에 관심을 갖기는 쉽지 않다. 자신과 직접적인 관계가 적은 문제에 관심을 갖는 사람은 극히 일부다. 환율처럼 사람들이 이해하기 어려운 문제라면 더욱더 그렇다. 하지만 환율은 국가 경제뿐만 아니라 기업과 가계의 경제적 성쇠를 가를 만큼 중요하다. 그렇다면 환율이 어떤 경제적 역할을 하기에 이처럼 중요할까? 비교적 근래 우리나라에서 벌어졌던 일들을 중심으로 환율 문제를 살펴보자. 참고로, 다음의 내용은 정책적으로 매우 중요할 뿐만 아니라 학문적으로도 중요하다. 개인과 기업의 경제활동 면에서도 두말할 필요 없이 중요하므로 꼭 알아두기를 바란다.

먼저, 이명박 정부는 2001년 이후 줄곧 성장률이 4%대일 정도로 경기 부진이 심각하고, 1인당 국민소득은 2만 달러를 갓 넘었던 때인 2008년에 출범했다. 이처럼 경제적으로 어려운 시기에 "성장률 7%, 국민소득 4만 달러, 세계 7대 경제 대국"이라는 꿈같은 정책 공약을 내세워 대통령 선거에서 승리했다. 당시 이명박 정부는 경제를 살리는 데 '올인' 하겠다고 선언했다. 당연히 그 첫걸음은 경제성장률을 높이는 일이었다. 이명박 정부는 성장률을 높이기 위해서는 수출을 늘려야 하고, 수출을 늘리려면 환율을 끌어올려야 한다고 믿었다. 그래서 정책 당국은 외환시장에서 달러를 거두어들여 환율을 상승시켰다.

구체적으로 당시 정부는 외환을 얼마나 사들였을까? 이명박 정부가 출범하던 2008년 2월의 국제수지를 살펴보면, 경상수지는 약 24억 달러의 적자를 기록했고, 자본수지는 약 4억 달러의 적자를 기록했다. 3월에 경상수지는 약 1억 달러의 적자를 기록했고, 자본수지는 약 4억 달러의 흑자를 기록했다. 2월과 3월의 종합수지(경상수지+자본수지)는 약 25억 달러의 적자를 기록한 것이다. 참고로, 매년 초에는 국제수지가 악화되는 것이 일반적이다. 그렇다면 외환보유고는 그만큼 줄어드는 것이 순리이지만, 외환보유고는 1월에 2,619억 달러에서 3월에 2,642억 달러로 오히려 23억 달러나 늘었다. 그 액수만큼(즉,

국제수지 적자액 25억 달러와 외환보유고 증가액 23억 달러를 합한 48억 달러에 해당하는 금액) 외환시장에서 빠져나간 셈이다.

그 결과, 2008년 1월 말에 937원이던 달러 환율이 3월 말에는 992원을 기록하며 두 달 사이에 5.9% 상승했다. 이 추세가 지속된다면 연간 상승률은 40%를 훌쩍 넘어설 정도로 달러 가치가 짧은 기간에 빠르게 상승한 셈이었다. 다른 경제 변수와 마찬가지로 환율 역시 관성을 갖기 마련이어서 이런 상승 추세는 상당 기간 지속되곤 한다. 실제로 달러 환율은 5월 말에 1,000원을 돌파했고, 9월에는 1,100원까지 돌파했으며 그 뒤로도 줄곧 상승했다.

이러한 환율 상승 덕분에 수출은 비록 일시적이었지만 증가했다. 2008년 1월에 약 15%였던 수출 증가율이 2월과 3월에는 각각 약 18%로 상승했고, 4월부터는 20%를 넘어섰으며, 7월에는 35%를 훌쩍 넘기도 했다. 수출업체가 이익을 더 많이 남길 수 있게 되었으므로

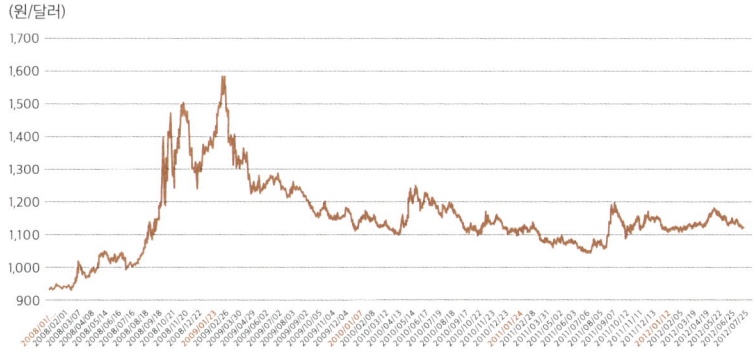

2008~2012년 한국의 환율 추이

출처: 한국은행 경제통계시스템, 2025년 6월 11일.

2008년의 월평균 환율(원/달러) 및 수출 증가율 추이

(단위: %)

구분	1월	2월	3월	4월	5월	6월	7월	8월	9월
환율	942.4	944.7	979.9	986.7	1,036.7	1,029.3	1,019.7	1,041.5	1,130.4
수출 증가율	14.9	18.9	18.4	26.4	26.9	16.4	35.6	18.1	27.7

출처: 〈조사통계월보〉, 2009년 1월 호, 한국은행.

더 열심히 수출한 것이다. 또한 국내 경기가 더 부진해지면서 수출에 매진할 수밖에 없던 것이 환율 상승보다 더 중요한 역할을 했다. 그 결과는 어떻게 나타났을까? 수출이 크게 증가했으므로 경기는 살아나야 마땅했고, 성장률은 이명박 정부가 공약한 것처럼 7%대로 올라가는 것이 당연해 보였다. 1990년대까지는 수출 증가율이 10%만 넘어도 성장률은 8%를 넘었던 것이 그동안의 역사적 경험이었다.

하지만 경기는 살아나지 않았다. 오히려 경기는 하강으로 돌아섰다. 이명박 정부가 출범하기 직전인 2007년 4분기의 성장률(연율)은 6.8%였는데, 2008년 1분기에 3.9%로 떨어졌고, 2분기에는 1.4%로 더 떨어졌다. 당시는 세계 경제가 전반적으로 나빴던 것도 아니었다. 물론 미국은 서브프라임 모기지 사태가 점점 심각해지고 있었지만, 2008년 상반기의 성장률은 전년도 4분기보다 더 높았다. 일본과 유럽도 2008년 초반까지는 성장률이 플러스를 기록했다. 무엇보다 우리나라 수출이 크게 늘었다는 사실은 해외 경제 여건이 국내 경기에 끼친 영향이 제한적이었다는 점을 보여준다. 불행하게도, 국내 경기의 하강은 거기에서 멈추지 않았다. 2008년 3분기에는 성장률이 0.7%로

2007~2008년의 분기별 전기대비 성장률 추이(연율)

(단위: %)

구분	2007 2/4	2007 3/4	2007 4/4	2008 1/4	2008 2/4	2008 3/4	2008 4/4
성장률	5.9	4.7	6.8	3.9	1.4	0.7	-17.3

출처: '2007년 및 2008년 국민계정'(연율 환산), 한국은행.

떨어졌고, 4분기에는 바닥을 알 수 없을 만큼 추락하여 무려 −17.3%를 기록했다. 만약 이 추세가 1년 동안 지속되었더라면, GDP의 6분의 1 이상이 한 해에 사라질 상황이었다. 외환위기 같은 경제 파국이 닥쳤을 때나 일어날 법한 급속한 경기하강이 당시에 발생했다.

무엇이 국내 경기를 이와 같이 빠르게 하강시켰을까? 많은 경제전문가들이 세계 금융위기를 경기하강의 원인으로 꼽지만, 이 분석은 틀렸다. 세계 금융위기가 본격적으로 진행하면서 전 세계적으로 경기후퇴가 일어난 것은 2008년 4분기부터인데, 국내 경기는 이미 2008년 1분기부터 줄곧 하강했기 때문이다. 실제로 세계 금융위기는 미국의 투자은행 리먼브라더스Lehman Brothers가 2008년 9월 14일에 파산신청을 함으로써 본격적으로 진행했다. 즉, 국내 경기는 2008년 4분기 이후부터 하강했어야 했지만, 그보다 훨씬 전부터 하강했다. 국내 경기를 하강시킨 근본 원인은 다른 데 있다고 보는 것이 옳다.

더욱이 세계 금융위기가 국내 경기에 영향을 끼치는 주요 경로는 수출이며, 특히 원화로 환산한 수출이 국내 경기에 직접적인 영향을 끼치는데, 국내 경기가 추락하던 때의 원화 수출은 오히려 크게 증가

원화 수출 증가율(전년동기대비)과 성장률(전기대비, 연율) 추이

(단위: %)

구분	'08 1/4	'08 2/4	'08 3/4	'08 4/4	'09 1/4	'09 2/4	'09 3/4	'09 4/4
수출 증가율	19.6	34.9	45.4	33.1	10.9	0.5	-3.1	-3.9
성장률	3.9	1.4	0.7	-17.3	0.4	10.4	14.5	0.7

출처: '2008년 및 2009년 국민계정'(연율 환산), 〈조사통계월보〉 각 호, 한국은행.

했다. 성장률이 1.4%로 떨어졌던 2008년 2분기의 원화 수출 증가율은 약 35%에 달했고, 성장률이 0.7%를 기록했던 3분기에는 그 증가율이 약 45%에 달했다. 성장률이 −17.3%를 기록했던 4분기조차 그 증가율은 약 33%나 되었다. 이렇듯 수출이 크게 증가했다면 경기는 빠르게 상승할 것처럼 보이는데, 왜 국내 경기는 계속 하강했을까? 경기를 하강시키는 다른 변수의 힘이 훨씬 더 강력하게 작용하지 않으면 이런 일은 벌어질 수가 없다. 우선, 당시 진행됐던 경제 상황을 좀 더 살펴본 후, 경기를 하강시킨 원인에 대해 알아보고자 한다.

상식적으로 이해하기 어려운 일은 그 뒤에도 벌어졌다. 원화 수출 증가율이 0.5%로 뚝 떨어졌던 2009년 2분기에는 성장률이 크게 상승하여 10.4%에 달했고, 수출 증가율이 −3.1%를 기록했던 3분기에는 성장률이 무려 14.5%를 기록했다. 이런 사실은 세계 금융위기가 국내 경기에 끼친 영향은 거의 없었다는 점을 여실히 증명한다. 한마디로, 국내 경기의 하강뿐만 아니라 상승조차 수출이나 해외 경제 여건과는 전혀 상관이 없었다. 그 이유는 내수 비중이 수출 비중보다 훨씬 크기 때문이다(이 문제는 아주 중요하므로 뒤에서 별도로 살펴볼 것

재정지출 증가율(전년동기대비)과 성장률(전기대비) 추이

(단위: %)

구분	'07 4/4	'08 1/4	'08 2/4	'08 3/4	'08 4/4	'09 1/4	'09 2/4	'09 3/4
재정지출 증가율	12.6	6.1	5.4	22.5	16.2	46.3	24.2	6.8
성장률	6.8	3.9	1.5	0.7	-17.3	0.4	10.4	14.5

출처: 기획재정부 홈페이지 2010년 12월 14일, '국민계정'(연율 환산) 각 호, 한국은행.

이다).

그럼 2009년에 들어선 뒤 국내 경기가 갑자기 상승으로 돌아선 원인부터 따져보자. 대부분의 경제전문가들은 재정지출을 늘린 정책이 경기를 상승시켰다고 분석했지만, 이것 역시 틀렸다. 만약 재정지출 확대가 경기를 상승시켰다면, 2008년 하반기의 경기하강은 일어나지 않았어야 했다. 재정지출 증가율은 2008년 3분기에 약 23%, 그리고 4분기에는 약 16%를 기록함으로써 예년의 두세 배에 달했기 때문이다. 더욱이 2009년에는 재정지출 증가율이 1분기에 약 46%에서 2분기에 약 24%로, 그리고 3분기에는 6.8%로 점점 작아졌는데, 국내 경기는 오히려 빠르게 상승하여, 놀랍게도 3분기 성장률은 14.5%를 기록했다. 이런 사실은 재정지출과 성장률 사이의 상관관계 역시 크지 않았음을 증명했다.

물론 경제학은 재정지출을 확대하면 성장률이 높아진다고 설명한다. 이것은 단기적으로는 틀림없는 사실이다. 하지만 재정지출을 확대하여 성장률을 중장기적으로 높인 일은 역사상 그 유례를 찾아보기 어렵다. 왜 경제학은 이런 점을 외면할까? 그것은 현재의 경제학은 수요 측면만을 고려하기 때문이다. 공급 측면은 외면하고 있다는 뜻이다. 그러나 어떤 경제문제이든 양면을 함께 살펴봐야 비로소 정확한 판단을 할 수 있다.

예를 들어 수요가 증가하면 가격이 오를 것 같지만, 공급이 더 많이 증가하면 가격은 떨어진다. 재정지출도 마찬가지이다. 수요 측면에서 보면 재정지출 확대가 성장률을 높이는 것은 틀림없다. 재정지출이 GDP에 포함되어 있기 때문이다. 하지만 공급 측면에서 보면, 재정지출 확대가 성장률을 낮추는 것도 분명한 사실이다. 그 이유가 무엇일까? 재정지출은 수익성과 생산성이 낮아서 민간 부문이 외면하는 분야에 주로 투입되는 것이 보통이다.

따라서 재정지출이 증가할수록 국가 경제의 평균생산성은 떨어지고, 한계생산성은 마이너스를 기록한다. 한계생산성이 마이너스라는 것은 성장률을 떨어뜨린다는 것을 뜻한다. 공급 측면에서 볼 때, 재정지출이 경제성장에 중장기적으로 부정적인 역할을 하는 이유가 바로 여기에 있다.

그렇다면 앞에 제시한 우리나라의 상황에서처럼 국내 경기가 하강했다가 상승으로 돌아선 원인은 과연 무엇이었을까? 그것은 '환율의 상승과 하락' 때문이었다. 당시 여러 경제 변수 중에서 가장 크고 이상한 변동을 보인 것은 환율이었으므로, 환율이 국내 경기의 급변에 가장 결정적인 원인으로 작용했다고 보는 것이 옳다. 실제로 2008년 초부터 환율이 상승하자, 수입 자원의 국내 가격이 크게 올랐다. 우리나라 경제는 석유나 석탄 등의 에너지 자원은 물론이고, 밀이나 옥수수 등의 식량과 사료, 원면이나 철광석 등의 공업용 원료도 거의 모두 수입에 의존하고 있다. 그런데 그 자원 가격이 크게 올랐으니 국내 물가는 급등할 수밖에 없었다. 그뿐만이 아니다. 수입에 의존하던 부품소재와 중간재, 시설재의 가격도 급등했다. 실제로 2008년 2월에 3.6%였던 소비자물가 상승률은 계속 올라서 7월에는 5.9%까지 상승했다. 소비자물가가 이렇게 계속 오르면 같은 소득으로 더 적게 소비할 수밖에 없으므로, 결국 경기는 부진해지고 만다.

더욱 심각한 것은 생산자물가 상승률이었다. 2008년 1월 그 수치는 4.2%에서 수직으로 상승하기 시작하여 7월에는 12.5%를 기록했다. 이처럼 생산자물가 상승률이 훨씬 더 높아져 소비자물가 상승률을 앞지르면 어떤 일이 벌어질까? 당연히 기업의 경영수지를 크게 악화시킨다. 판매가격보다 생산비용이 더 빠르게 상승하기 때문이다. 2008년 중반처럼 그 격차가 5~6%에 이르면, 기업의 경영수지는 더욱 크게 악화된다. 이처럼 경영수지가 악화되면, 기업은 생산을 줄이고 고용과 투자도 줄인다. 그러면 소득이 줄어 소비까지 줄어드는 악순환이 벌어지고, 국내 경기는 빠르게 하강한다. 2008년에 국내 경기가 급격히 하강했던 배경에는 이런 경제원리가 작동했다.

2008년 물가상승률 추이

(단위: %)

구분	1월	2월	3월	4월	5월	6월	7월	8월
소비자물가	3.9	3.6	3.9	4.1	4.9	5.5	5.9	5.6
생산자물가	4.2	5.1	6.0	7.6	9.0	10.5	12.5	12.3

출처: 〈조사통계월보〉 2009년 1월 호, 한국은행.

2008년에 물가상승률이 높았던 것은 국제 석유 가격이 폭등했기 때문이라는 것이 많은 경제전문가들의 분석이었다. 실제로 석유 가격(텍사스 중질유의 배럴당 가격)은 1월 평균 93달러에서 3월에 100달러를 넘어섰고, 6월 말에는 134달러까지 치솟았다. 따라서 경제전문가들의 분석이 옳은 것처럼 보였다. 그렇지만 그 영향은 제한적이었다. GDP 중에서 수출용을 제외한 석유 순수입이 차지하는 비중은 약 5%에 불과했기 때문이다. 더욱이 국내 총거래액 기준으로는 1%에도 미치지 못했다. 비중이 적은 석유 수입이 전체 물가를 이처럼 크게 올릴 수는 없다.

그 반증 사례들도 있다. 예를 들어 석유 가격이 2001년 말의 19달러에서 2007년 말에 91달러까지 약 다섯 배, 즉 연평균으로 30%나 올랐을 때는 소비자물가 상승률이 매년 2~3%대를 기록해 과거 어느 때보다 안정적이었다.

따라서 환율 상승이 물가를 결정적으로 상승시켰다고 보는 것이 옳다. 전체 수입은 GDP에서 차지하는 비중이 50%에 가깝고, 총거래액에서 차지하는 비중은 약 10%에 이르므로, 이것이 물가를 결정적으로 상승시켰다고 판단하는 것이 맞다. 다시 말해, 환율 상승이 수입 원자재는 물론이고 각종 시설재와 소비재 등 전체 수입품의 가격을 상승시켰고, 이것이 물가상승률을 높였던 것이다. 이처럼 물가가 크게 오르자, 소비자의 구매력은 위축되었고, 기업의 경영수지도 악화되어 경기는 하강으로 돌아서고 말았다.

환율은 신용경색과 경기 급상승도 일으킨다

더욱 심각한 사태는 금융시장에서 벌어졌다. 환율이 지속적으로 상승하자, 미래에 나타날 외환의 수요가 당시로 시간 이동을 했다. 두세 달 이후에 외환이 필요한 사람들까지 환율이 더 오르기 전에 외환을 서둘러 매입했던 것이다. 이처럼 미래 수요와 현재 수요가 합쳐지면서 수요가 배가되면 환율은 급등할 수밖에 없다. 그뿐만이 아니다. 외환위기가 또 터질지 모른다는 불안심리까지 외환시장에서 확산되기 시작했다. 당시 2008년 초여름부터 '9월 외환위기설'이 떠돌았다. 이런 분위기를 틈타 외국계 금융회사들이 국내 일부 불순세력과 결탁하여 환투기를 감행했고, 환율은 폭발적으로 상승했다. 그 결과 환율은 2008년 10월에 1,200원을 넘어섰고, 그 후로도 거침없이 오르면서 11월에는 한때 1,500원을 넘기도 했다. 환율이 이렇게 크게 오르면 어떤 일이 벌어질까? 단순히 물가에만 영향을 끼치고 말까? 그렇지 않다. 금융시장에 더 큰 타격을 입힌다.

환율이 크게 상승하면, 외국에서 돈을 빌려온 국내 금융회사와 일반 기업은 그만큼 환차손을 입는다. 예를 들어 환율이 1,000원일 때 1억 달러를 들여왔다면 1,000억 원을 빌린 셈이지만, 환율이 1,500원으로 상승하면 이자를 제외하고도 1,500억 원을 갚아야 한다. 환차손만 따져도 500억 원을 추가로 부담해야 하는 것이다. 2007년 말까지 국내 은행과 기업이 빌려온 외채는 각각 약 1,000억 달러로 총 2,000억 달러에 달했으므로, 가만히 앉아서 우리 돈으로 100조 원 이상을 추가로 부담해야 하는 상황이 벌어졌다.

기업은 돈을 쉽게 구하지 못해 외채를 당장 갚지 못하는 상황이었기에 사정이 상대적으로 조금이나마 더 나았다. 반면에 국내 은행은 돈을 충분히 보유하고 있어서 서둘러 외채를 갚았다. 환율이 본격적으로 상승하기 시작했던 2008년 3분기에는 약 38억 달러의 외채를 순상환(외채 상환액이 도입액보다 크다는 뜻이다)했고, 폭등으로 바뀐 4분기에는 약 241억 달러를 순상환했다. 그 합계는 우리 돈으로 무려 약 33조 원이었다. 이것은 본원통화의 85%에 달하고, 협의통화(M1: 가장 단기적으로 현금화할 수 있는 통화로, 현금과 단기성 예금 등을 포함한다)의 거의 10%에 이르는 엄청난 규모였다. 그 결과 국내 금융시장은 극심한 신용경색에 시달렸다. 당시 대통령이 직접 나서서 "책임을 묻지 않을 테니, 은행은 기업에 대출하라"고 강권할 정도였다. 금융시장이 이렇게 신용경색을 일으키면 생산, 고용, 투자 등의 경제활동이 둔화되면서 국내 경기는 빠르게 하강한다. 그래서 2008년 4분기 성장률이 −17.3%를 기록했던 것이다.

이와 같이 금융시장의 신용경색은 왜 그토록 급격한 경기하강을

국내 은행의 대외 채무 증감액과 평균 환율 추이(원/달러)

(단위: 억 달러)

구분	2006년	2007년	2008년 1/4	2008년 2/4	2008년 3/4	2008년 4/4
채무 증감	237.3	268.5	129.9	53.6	-38.3	-240.8
평균 환율	956	929	956	1,018	1,064	1,364

출처: 〈조사통계월보〉 2009년 6월 호, 한국은행.

불렀을까? 그 원인을 알아내려면 통화금융이론을 간단하게나마 살펴볼 필요가 있다. 금융기관은 우리 몸의 혈관계와 비슷하다. 화폐를 발행하여 유통시키는 중앙은행은 우리 몸에서 피를 생산하는 심장이자 중추이고, 은행 등의 금융기관은 우리 몸의 정맥과 동맥으로 이루어진 핏줄의 역할을 한다. 그리고 금융시장에서 유통되는 통화는 경제에서 우리 몸의 혈액과 같은 역할을 한다. 그렇다면 우리 몸을 순환하는 혈액이 크게 줄어들면, 어떤 일이 벌어질까? 손발과 내장을 비롯한 여러 신체조직은 필요한 영양분을 충분히 공급받지 못해서 활동력이 떨어지고, 신체의 모든 기능이 약화되어 목숨을 잃는 일도 발생할 수 있다.

경제에서 금융시장은 우리 몸의 혈관계보다 훨씬 더 결정적인 역할을 한다. 통화는 신용창조를 하기 때문이다. 신용창조가 일상적으로 일어난다면, 신용파괴도 언제든 일어난다고 보는 것이 타당하다. 실제로 외채를 갚으려면 금융시장에서 돈을 회수해야 하고, 돈을 회수하면 대출이 줄어들고, 그러면 시중의 돈이 줄어들고, 예금도 따라서 줄어드는 일이 반복하여 벌어진다. 간단히 말해, 신용파괴의 경제원리가 작동하는 것이다. 그 결과 시중의 돈은 바짝 마르고, 투자와 거래가 줄면서 국내 경기는 급강하한다. 실제로 2008년 4분기에 이런 신용파괴 현상이 우리 경제에서 벌어졌다.

그렇다면 2008년에는 추락하기만 했던 국내 경기가 2009년부터는 빠른 속도로 상승했는데, 그 원인은 무엇일까? 이것 역시 '환율' 때문이었다. 환율이 하락으로 돌아서자, 외국자본의 도입은 환차익을 누릴 수 있게 되었고, 이에 외국자본이 대거 국내에 유입되었다. 외국 자본의 유입은 해외 소득의 국내 이전을 의미했다. 이처럼 해외 소득이 국내에 이전되면서 국내 수요를 키웠고, 이것이 구매력을 증가시킴으로써 국내 경기를 상승시켰다.

아래 표에서 보듯이, 2008년 3분기에 자본수지가 약 63억 달러의 적자를 기록하자 성장률은 0.7%를 기록했고, 4분기에는 자본수지가 약 426억 달러의 대규모 적자를 기록하자 성장률은 −17.3%로 뚝 떨어졌다. 다행히 2009년 1분기에는 자본수지 적자가 크게 줄면서 경기하강은 멈췄고, 곧 상승 전환하여 성장률은 0.4%를 기록했다. 그 뒤 2분기와 3분기에는 자본수지가 각각 약 87억 달러와 144억 달러의 대규모 흑자를 기록했다. 그 결과 성장률은 높아져 각각 10.3%와 14.5%라는 놀라운 실적을 기록했다.

2009년 4분기에는 성장률이 0.7%로 뚝 떨어졌는데, 이것은 환율과는 상관없다. 그 이유는 2분기와 3분기에 각각 기록했던 10.3%와 14.5%라는 성장률이 우리 경제의 잠재성장률보다 훨씬 높았기 때문이다. 이처럼 짧은 기간에 경기상승이 과속을 보이면, 경제는 탈진 증

2008년 하반기 이후의 자본수지와 성장률(전기대비) 추이

(단위: 억 달러, %)

구분	'08 3/4	'08 4/4	'09 1/4	'09 2/4	'09 3/4	'09 4/4	'10 1/4	'10 2/4
자본수지	-62.9	-426.3	-14.0	86.8	144.0	47.7	57.1	-41.3
성장률	0.7	-17.3	0.4	10.3	14.5	0.7	9.2	5.8

출처: 자본수지는 〈경제통계연보〉 2012년, 성장률은 '국민계정'(연율 환산) 각 호, 한국은행.

상을 보이고 성장률은 떨어지고 만다. 마치 평소 5킬로미터 구간을 15분대에 뛰는 기록을 가진 마라톤 선수가 13분대로 뛰어서 금방 탈진하는 것과 같은 일이 벌어진 셈이다. 마찬가지로 성장률이 3분기에 14.5%에서 4분기에 0.7%로 떨어진 것은 시속 145킬로미터로 달리던 자동차가 속도를 시속 7킬로미터로 낮춘 것이나 마찬가지였다. 그만큼 충격이 컸다.

다행히 2010년 1분기에도 자본수지가 약 57억 달러의 흑자를 기록하자, 성장률은 9.2%로 다시 높아졌다. 그러나 2분기에 자본수지가 약 41억 달러의 적자를 기록하자, 경상수지가 103억 달러의 흑자를 기록했음에도 불구하고 성장률은 5.7%로 낮아졌다. 2010년에 들어서 이처럼 성장률이 들쭉날쭉했던 원인 역시 환율이 급등과 급락이 반복해서 벌어졌기 때문이다. 당시 환율을 안정적으로 유지했더라면 경기상승 추세가 2분기와 그 후에도 계속 이어질 수 있었으나, 정책 당국이 환율을 공격적으로 방어하여 다시 상승시켰던 것이 자본수지를 적자로 돌아서게 했다. 이것이 2010년 2분기 이후의 경기하강을 초래한 결정적인 원인이다.

2009년 이후의 성장률(전기대비)과 평균 환율 추이(원/달러)

(단위: %)

구분	'09 1/4	'09 2/4	'09 3/4	'09 4/4	'10 1/4	'10 2/4
성장률	0.4	10.4	14.5	0.7	9.2	5.7
평균 환율	1,413	1,286	1,239	1,168	1,143	1,165

출처: '국민계정'(연율 환산) 각 호, 〈조사통계월보〉 2010년 9월 호, 한국은행.

수출보다 중요한 것은 내수

일반적으로 우리나라의 수출의존도는 GDP의 50%에 육박한다고 보고 있다. 우리 정부도 그렇게 믿고 있다. 그러나 이 분석은 틀렸다. 만약 수출의존도가 이처럼 높다면 2008년 성장률은 15%를 넘는 것이 정상이었다. 당시 우리 돈으로 환산한 수출 증가율은 34%에 달했기 때문이다. 하지만 현실의 성장률은 2.8%에 불과했다. 수출에 대한 이런 잘못된 믿음이 환율을 '상승'시켜 수출 증대를 도모하게 했고, 이것이 장기간의 경기 부진을 초래한 것이다.

    정부의 이와 같은 믿음은 왜 틀렸을까? 수출은 거래액이고, GDP는 부가가치의 총액이기 때문이다. 이 둘을 비교하려면 거래액이든 부가가치든 하나로 환산해 기준을 일치시켜야 한다. 최신 통계에 입각하여 수출을 부가가치로 환산해 보면 다음과 같다. 통계청이 발표한 '2020년 경제총조사'에 따르면, 매출 총액은 6,711조 원이고, 한국은행이 발표한 '2020년 국민계정'에 따르면 부가가치 총액은 2,041조 원이었다. 따라서 부가가치가 매출 총액에서 차지하는 비율은 약 30%이다(2,041조/6,711조=30.4%). 이 비율로 환산하면, 2020년의 수출 총액인 5,125억 달러의 부가가치 총액은 1,483억 달러($5,125억×30.4%=$1,558억)였다. 2020년의 GDP는 1조 7,440억 달러였으므로, 수출 비중은 GDP의 8.9%에 불과했다($1,558/$17,440=8.9%). 물론 2020년의 우리나라 수출은 코로나19 사태로 인해 급격하게 감소했다. 하지만 고환율 정책 때문에 성장률이 최근에 크게 낮아진 것 역시 사실이다. 이러한 점들을 모두 고려하면, 우리나라 수출이 GDP에서 차지하는 비중은 평균적으로 10%를 약간 밑도는 것으로 보인다. 간단히 말해, '환율 인상' 정책은 GDP의 10%에도 미치지 못하는 수출을 위해 90% 이상의 내수를 희생시킨 것이다.

현실적으로, GDP의 90% 이상에 이르는 내수는 환율이 하락하는 경우 호조를 보이는 것이 일반적이다. 그러면 환율 하락이 내수 증가에 도움이 될까? 그렇다. 환율이 하락하면 우리나라가 수입에 전적으로 의존하는 석유와 석탄 등의 에너지 자원은 물론이고, 각종 공업용 자원과 부품소재, 중간재, 자본재, 소비재, 그리고 식량과 사료 등의 수입 가격까지 떨어진다. 이에 따라 물가가 안정되면, 설령 소득이 증가하지 않더라도 물가가 상승할 때보다 더 많은 소비를 할 수 있게 되어, 결과적으로 국내 경기가 상승하게 된다. 기업의 입장에서는 주요 자원과 부품소재, 중간재, 시설재 등을 값싸게 수입할 수 있어서 경영수지가 크게 호전된다. 이처럼 기업의 이익이 커지면, 기업은 더 많은 이익을 위해 생산과 고용, 투자를 증가시키고, 그 결과로 국내 경기는 빠르게 상승한다.

하지만 내수가 살아나더라도 환율이 하락하여 수출이 부진해지면 국제수지가 악화되거나 더 심각한 문제를 일으키지 않을까? 환율이 상승하여 수출이 호조를 보이면 내수 부진을 이겨낼 수 있지 않을까? 아니다. 환율이 하락하면 수출이 감소한다는 것이 일반적인 믿음이지만, 이 믿음이 틀렸다는 것은 이미 역사가 여러 차례 증명했다. 중장기적으로는 환율이 상승할 때 수출은 오히려 줄었고, 환율이 하락할 때는 수출이 중장기적으로 증가했다. 그렇다면 그 이유는 무엇일까?

첫째, 환율이 상승하면 수출 기업의 이익은 단기적으로 증가한다.

그런 경우 기업으로서는 도전적인 투자와 힘거운 신제품 개발 등과 같은 노력을 비교적 적게 하는 경향이 나타난다. 환율 상승으로 이익이 보장되었으니, 기업은 굳이 위험하고 힘거운 일에 도전할 필요성을 크게 느끼지 못하는 것이다. 그래서 환율이 상승하거나 높은 수준을 유지하면 수출 증가율은 중장기적으로 떨어지는 것이 일반적이다.

둘째, 환율이 상승하면 달러로 표시되는 수출은 감소한다. 같은 물량을 수출하더라도 달러 수출액은 감소하는 것이다. 예를 들어 1만 원짜리 수출품 9,000개를 수출할 경우, 환율이 900원이라면 10만 달러를 수출한 것으로 표시되지만, 환율이 1,200원으로 상승하면 7.5만 달러를 수출한 것으로 표시된다. 이처럼 환율이 33% 상승하면, 수출은 25%가 줄어드는 셈이다.

셋째, 환율이 상승하면 통상 해외 바이어는 수출 가격 인하를 요구하고, 우리나라 수출업체는 그 요구에 응하는 것으로 거래한다. 그 결과 수출액은 더욱 줄어든다. 그런 요구가 없더라도 수출업체가 스스로 수출 가격을 인하해 주기도 한다. 수출 가격을 인하하면 수출을 더 늘릴 수 있고, 해외시장 점유율을 더 높일 수 있어서 시장 독점력을 키울 수 있기 때문이다. 이런 방식을 경제학에서는 '풀코스트 원리^{Full-cost principle}'라고 부른다. 기업은 생산비용과 정상이윤을 합하여 가격을 결정한다는 것으로, 영국의 경제학자 로버트 홀^{Robert Hall}과 찰스 히치^{Charles Hitch}가 실증 연구를 통해 밝힌 바 있다. 간단히 말해, 제조 원가뿐만 아니라 유통비, 관리비, 광고비 등 모든 비용을 고려하여 가격을 정하는 방식을 말한다.[5]

그럼 앞으로도 환율이 떨어지면 수출이 증가하고 내수도 살아날까? 그렇다. 만약 정책 당국이 수비적으로 환율을 방어하면, 환율은 점진적인 하락 추세를 보일 것이다. 우리나라 경상수지는 대규모 흑자를 계속 기록하고 있기 때문이다. 경제정책이나 다른 경제 변수가 경기를 하강시키는 압력으로 작용하지만 않으면, 이 경우에 우리나라의 성장률은 최소한 6%까지 오를 것이 분명하다. 성장률이 이처럼 상승하면 소득이 그만큼 증가하고, 저축은 더 많이 증가할 것이다. 그러면 투자도 증가하고, 주식과 부동산의 수요도 증가하여 주식시장과 부동산시장 역시 지금과 같은 부진에서 벗어나 머지않아 상승세로 돌아설 것이다. 이것이 다시 국내 경기를 더욱 상승시킬 것이다.

흔히 환율은 '화폐의 대외 가치'라고 말한다. 하지만 이 의미만으로는 충분하지 않다. 이런 단순한 정의만으로는 환율이 국가 경제에서 차지하는 위상을 충분히 표현하지 못한다. 개인적으로 환율을 한마디로 정의한다면, '국가 경제의 체력과 건강의 척도'라고 말하고 싶다. 환율이 상승하면, 즉 화폐의 대외 가치가 떨어지면 국가 경제의 건강과 체력은 그만큼 나빠진 것을 뜻한다. 반대로 환율이 하락하면, 즉 화폐의 대외 가치가 상승하면 국가 경제의 건강과 체력이 양호해진 것을 의미한다. 환율은 어느 경제지표에 못지않게 중요하다는 말이다. 건강을 잃으면 생명을 잃을 수도 있는데, 생명을 잃으면 모든 것이 의미가 없어지기 때문이다. 마찬가지로 경제 체력을 잃으면 경제활동이 약화되고, 그러면 결국 경제위기나 경제 파국이 초래될 수 있다.

물론 경제의 건강과 체력은 환율에 의해서만 결정되지 않는다. 환율 이외에도 물가상승률과 정부의 재정수지, 기업의 경영수지 같은 경제 변수에 큰 영향을 받는다. 만약 물가와 환율이 불안해지면 경제의 건강과 체력은 훼손되고, 기업수지와 재정수지가 악화돼도 마찬가지로 경제의 건강은 나빠진다. 반면에 물가와 환율이 안정적이고, 정부의 재정수지와 기업의 경영수지가 양호할수록 더 높은 성장률을 지속할 수 있다. 그런 상태라면 경제위기 같은 뜻밖의 상황이 닥쳐도 비교적 쉽게 극복할 수 있다. 즉, 앞에서 열거한 요소들도 경제의 건강과 체력을 진단하는 기초적인 경제지표라고 할 수 있다.

그중에서도 제일 중요한 것은 역시 '환율'이다. 환율이 점진적으로 떨어지면 물가 안정에 기여하고, 경기를 상승시키며, 정부의 재정수지와 기업의 경영수지도 호전시키는 효과를 발휘하기 때문이다. 한마디로, 환율이 점진적으로 떨어진다는 것은 국가 경제의 건강과 체력, 그리고 경제 실적이 다른 나라에 비해 상대적으로 양호해진다는 것을 뜻한다. 한편 환율은 국내 재화의 대외 가치를 뜻하기도 한다. 국내 재화의 대외 가치는 환율로 표시되는 것이다. 그런데 물가는 재화의 대내 가치를 의미한다. 따라서 물가와 환율은 대외 가치의 측면에서 보면 동의어나 마찬가지이다. 국내 물가가 높다는 것은 대외적으로 국내 재화의 가치가 낮다는 것을 뜻한다. 따라서 환율정책은 물가정책을 포함하며, 환율과 물가는 경제의 건강을 진단하는 가장 기초적인 지표이다.

이렇듯 환율과 물가가 경제의 기초 지표로 꼽히는 또 한 가지 이유는, 물가와 환율이 국제경쟁력과 성장잠재력에 미치는 영향 때문이다. 간단히 말해, 물가와 환율이 국제경쟁력과 성장잠재력을 근본적으로 제약하는 관계라는 뜻이다. 국제경쟁력이 향상되면 환율은 하락하고, 국제경쟁력이 악화되면 환율은 상승하는 경향을 보인다. 또한 성장잠재력이 높아지면 물가는 상대적으로 더 안정되고, 성장잠재력이 떨어지면 물가는 상대적으로 더 불안해지는 경향을 나타낸다. 정말로 그럴까? 역사적인 사례들을 살펴보면 이 의문은 쉽게 해결된다. 일례로 일본 경제는 다른 나라와의 국제경쟁력과 성장잠재력의 경쟁에서 이겼을 때는 초장기 경제 번영을 누렸고, 그 결과 1인당 국민소득이 미국보다 1.5배나 많았던 적이 있었다. 1980년대까지 환율이 점진적으로 하락했던 것이 이런 결과를 가져왔다. 그러나 1990년대 이후에 일본 정부의 환율정책이 실패한 뒤부터는 일본 경제가 초장기 경기침체의 늪에 빠졌다.

우리나라 역시 예외는 아니었다. 국제경쟁력과 성장잠재력을 외면한 환율정책을 펼침으로써 1997년 말에는 '단군 이래 최대의 환란'이라 불리던 외환위기를 당했고, 그로 인해 우리 국민은 극심한 경제난을 겪었다. 멀쩡하게 잘 다니던 회사에서 정리해고를 당한 노동자가 약 110만 명에 달했으며, 길거리에는 노숙자가 증가했다. 흑자를 기록하던 기업들까지 부도를 내는 등 약 3만 개의 기업이 도산했다. 안타깝게도, 이런 비극적인 사태를 초래한 원인에 대한 분석은 아직도 충분히 이루어지지 않았다. 사실 당시의 외환위기는 정부의 과도한 경기부양 정책이 일으킨 재앙이었다. 즉, 1993년 말에는 화폐 발행액을 42%나 증가시키고 1995년에는 재정지출을 43% 증가시켰던 정책이 경기과열을 일으켰고, 이것이 수입을 급증시켜 경상수지 적자가 외환위기 직전 4년 동안에 435억 달러를 기록하게 했다. 이 규모는

1990년대 중반 외환보유고의 약 두 배에 달했으므로 외환보유고가 고갈되어 갈 수밖에 없었고, 결국 환율이 폭등하면서 외환위기가 터지고 말았다. 이러한 문제에 대해서는 나의 또 다른 책《경제병리학》에서 깊이 있게 다루었으므로 관심 있는 독자는 이 책의 내용을 참고하기를 바란다.

환율정책의 투명성을 높여라

지금까지 우리 정부는 외환시장에 개입하지 않는다고 주장해 왔다. 하지만 미국 정부는 우리나라를 '환율관찰 대상국'으로 지정하고 있다. 미국은 우리 정부가 환율을 조작하고 있다고 여기는 것이다. 누구의 말이 옳을까? 경제전문가로서 분석해 보면, 미국이 옳다고 생각한다. 우리나라가 환율을 조작한다는 사실은 국내 외환시장이나 역외 외환시장의 거래를 면밀히 살펴보면 쉽게 알아챌 수 있다.

예를 들어 국내 외환시장을 보면 1,400원의 매도주문이 있음에도 불구하고, 1,410원의 매수주문이 대규모로 발생하는 경우가 있다. 이것은 정부가 외환시장에 개입하고 있다는 증거 중에 하나다. 개인이나 기업은 이런 행위를 하지 않기 때문이다. 더 값싸게 살 수 있는데, 더 비싸게 사겠다는 매수주문을 어느 누가 하겠는가.

더욱 심각한 것은, 우리 정부가 역외시장에서 차액결제 선물환 NDF, Non-Delivery Futures 거래를 통해 환율을 조작하고 있다는 사실이다. NDF 거래의 레버리지는 20배에 달하므로, 적은 재원으로 큰 거래를 할 수 있어서 환율 조작의 효과가 아주 크다는 점을 활용하고 있는 것이다.

내가 오래전부터 이러한 주장을 하자, 외환 당국은 나를 적대시하며 강하게 압박하기도 했다. 하지만 정부가 NDF 거래로 1.8조 원의 손실을 봤다는 보고서를 2000년대 말에 내가 작성했다는 것을 외환 당국이 확인한 후로는 그런 비난이 사라졌다. 그 보고서는 외환시장에서 오랜 기간 경력을 쌓아온 전문가도 쉽게 해낼 수 없는 분석이라고 여겨졌기 때문이다. 한편 우리나라가 심각한 경제난을 겪고 있는 근본적인 이유가 '고환율' 정책 때문이라는 나의 주장도 많은 비난을 받아왔다.

참고로, 당시에는 NDF 거래가 불법이었지만, 지금은 관련 법령을 개정하여 합법으로 바꿨다. 이것이 무엇을 의미하는지는 쉽게 짐작할 수 있을 것이다. 일례로 어느 정치인이 NDF 거래로 2조 원의 손실이 발생했다고 폭로한 바 있는데, 알고 보니 나의 보고서를 허락도 없이 사용하여 주장한 것이었다. 시간이 한참 지난 뒤, 그 보고서를 전달한 사람이 내게 그렇게 자백했다.

물론 우리나라만 환율 조작을 하는 것은 아니다. 환율 조작을 가장 오랫동안, 그리고 가장 치열하게 해온 나라가 일본이다. 앞에서 설명한 것처럼, 일본 정부는 1990년대 중반 이후 지금까지 여러 차례 엔저 정책, 즉 고환율 정책을 펼쳤다. 구체적으로는 1995년, 1998년, 2002년, 2004년, 2010년, 2013년, 2020년, 2023년, 2024년과 같이 모두 아홉 차례나 거침없이 환율을 조작했다. 하지만 환율 조작으로 끌어올린 환율은 길어야 1년 반을 버티지 못했다. 일본 정부가 외환시장 개입으로 미리 책정한 어느 수준까지 환율을 끌어올려 놓으면,

대규모 경상수지 흑자라는 시장의 힘이 환율을 다시 끌어내리곤 했다. 예를 들어 일본 정부가 환율을 힘겹게 100엔대로 끌어올리면, 1년 안에 환율이 70엔대까지 떨어진 사례가 있었을 정도다. 일본 정부가 다시 환율을 끌어올리기 위해서는 매번 더욱 강력한 외환정책이 필요했다. 특히 2020년과 2023년, 2024년에는 거의 전례를 찾아볼 수 없을 만큼 일본 정부의 환율 조작은 치열했다. 그 영향으로 엔 환율이 한때 160엔을 돌파하기도 했다.

일본 정부는 정책적인 환율 조작이 아홉 차례나 실패했음에도 불구하고, 환율이 떨어지면 수출의 가격경쟁력이 떨어지고, 그러면 수출이 줄어들면서 국내 경기가 부진해진다고 여전히 믿고 있다. 이처럼 거듭된 경제정책의 실패는 일본 경제가 초장기 경기 부진의 늪을 좀처럼 벗어나지 못하는 결과를 빚었다. 경제학의 환율이론은 외환에 대한 수요와 공급이 환율을 결정한다고 설명하지만, 정작 현실에서는 정부의 환율정책이 외환시장의 가격 기능을 제대로 작동하지 못하도록 방해하고 있다.

일본의 사례에서 알 수 있듯이, 정부가 과도하게 외환시장에 개입하는 것은 결코 바람직하지 않다. 지금도 일본은 대규모 경상수지 흑자를 기록하고 있지만, 경제성장률은 미국을 비롯한 경쟁국들에 비해 매우 낮기 때문이다. 일본 정부의 고환율 정책 때문에 성장률이 상대적으로 낮은 것이다. 이런 사실은 일본 정부가 아홉 차례나 충분히 증명했다. 일본 경제의 국제경쟁력은 대규모 경상수지 흑자를 기록할 정도로 여전히 뛰어나지만, 일본 정부의 과다한 외환시장 개입이 일본 경제를 초장기 경기 부진의 늪에 빠뜨린 것이다. 실제로 1990년부터 2024년까지 일본의 연평균 성장률은 0.8%에 불과했다. 그만큼 일본 경제의 경기 부진은 심각한 수준이다.

여러 번 강조하건대, 환율에 가장 결정적인 영향을 끼치는 것은 정부의 환율정책이다. 그렇다고 시장 기능의 힘이 무력하다는 것은 아니다. 정부의 환율정책은 단기적인 효과만 있을 뿐이다. 중장기적으로는 외환시장의 기능이 환율 변동에 더 큰 영향을 끼친다. 일본의 경우처럼 정부가 환율을 정책적으로 끌어올리더라도, 이러한 환율은 최대한 1년 반을 버티지 못했다. 중장기적으로는 시장의 힘이 정부 정책의 힘보다 훨씬 더 강력했다.

2025년 6월 5일에는 미국 재무부가 우리나라를 환율관찰 대상국으로 다시 지정했다. 미국 정부는 우리나라 정부가 환율을 조작하고 있다고 판단한 것이다. 그렇기에 우리 정부는 공격적인 환율 방어 정책을 지속할 수 없을 것이고, 우리나라 환율은 시장의 힘에 의해 지속적으로 떨어질 것이 거의 확실하다. 물론 우리 정부는 환율이 과도하게 떨어지지 않도록 수비적인 환율 방어 정책을 지속할 것이다. 하지만 수비적인 정책으로는 환율 하락을 막지 못할 가능성이 크다. 실제로 우리나라 환율은 그 후 계속 떨어졌다. 따라서 환율이 시장에서 어떻게 결정되고, 변동하는가를 자세히 살펴볼 필요가 있다. 그 전에 환율을 둘러싼 정부의 경제정책이 과연 올바른가를 과학적으로 분석해보고자 한다.

우리 경제의 역동성을 높이려면

경제학은 환율이 상승하면 수출의 가격경쟁력이 높아져 수출은 증가하고, 환율이 하락하면 수출의 가격경쟁력이 떨어져 수출은 감소한다고 설명한다. 하지만 앞에서 살펴보았듯이, 현실에서는 이런 원리와는 반대의 경우가 종종 나타나곤 한다. 그 이유가 무엇일까? 현실에서는 어떤 경제원리가 작동하기에 이 같은 이상한 현상이 벌어질까? 뒤에서 다룰 환율 변동의 과학적 경제원리를 좀 더 쉽게 이해하기 위해서도, 이 문제를 종합적으로 검토해 볼 필요가 있다.

먼저, 환율이 수출에 어떤 영향을 끼치는가는 경상수지가 만성적인 흑자인가, 아니면 만성적인 적자인가에 따라 크게 달라진다. 경상수지가 만성적인 적자인 경우는 환율이 상승하면 수출 증가율은 증가하고, 환율이 하락하면 수출 증가율은 감소한다. 하지만 경상수지가 만성적인 흑자인 경우는 환율이 상승하면 수출 증가율은 중장기적으로 줄어들고, 환율이 떨어지면 수출 증가율은 중장기적으로 오히려 더 크게 증가한다. 앞에서 밝힌 것처럼, 환율이 하락하면 수출 기업은 경영수지 악화에 시달리고 도산 위기에 직면할 수 있다. 이 경우 수출 기업은 어떻게 대응할까? 당연히 도산하지 않기 위해 몸부림치며 모든 방법을 동원한다.

예를 들어 환율이 1,500원일 때 100달러짜리 제품을 수출하던 기업은 15만 원의 매출을 올릴 수 있다. 그런데 환율이 1,000원으로 떨어지면 10만 원의 매출밖에 올릴 수 없다. 이 경우 수출 기업은 도산 위험에 맞닥뜨리게 된다. 수출 기업의 평균적인 부가가치 창출액은

5%에 불과하기 때문이다. 따라서 수출 기업은 1,500달러짜리 수출품을 새롭게 개발해야 한다. 이것만으로는 부족하다. 그 사이에 노동비용 등 생산원가가 올랐을 것이기 때문이다. 결국 기업은 망하지 않기 위해 필사적인 노력을 기울여 200달러짜리 수출품을 기어이 개발해 낸다.

한편 수입의 경우에는 경상수지가 만성적인 흑자인가, 아니면 적자인가 등과는 거의 상관이 없다. 환율이 하락하면 수입 증가율은 증가하고, 환율이 상승하면 수입 증가율은 감소하는 것이다. 그래서 경상수지가 만성적 흑자인 경우에 환율이 상승하면, 수출은 줄어들더라도 경상수지 흑자는 더욱 커지곤 한다. 거듭 강조하건대, 경상수지가 흑자인 경우에 환율이 상승하면, 수출은 중장기적으로 오히려 줄어들고, 수입은 더욱 크게 감소하기 때문이다. 이처럼 경상수지 흑자가 더욱 커지면, 경상수지가 만성적인 흑자국은 환율 방어를 위한 부담이 더더욱 커진다. 그 부담은 국가 경제에 쌓여 경제성장률을 낮추는 결과를 빚는다. 결국 그 부담을 완화하려고 경상수지 흑자를 즉각 해외투자로 유출시키는 정책을 펼치게 된다. 하지만 이는 수출로 애써 벌어들인 소득을 즉각 해외로 유출시키는 것을 의미한다. 이렇게 소득이 즉각 해외로 이전되면, 국내 수요는 위축되고 성장률은 낮아진다. 그러면 고용과 투자는 더욱 크게 줄어들고, 결국 일본 경제처럼 초장기 경기 부진에 빠지고 만다. 경상수지가 만성적 흑자인 독일뿐만 아니라 대만과 한국도 마찬가지였다. 중국도 경상수지를 해외투자로 유출시킨 뒤부터는 앞에서 예로 든 여러 나라와 비슷한 상황으로 내몰렸다.

하지만 현재의 경제학은 경상수지 흑자가 즉각 해외투자로 유출되더라도 경제성장에는 긍정적인 영향을 끼친다고 설명한다. 수출 기업은 수출대금을 국내 금융기관을 통해 회수하기 때문이라는 것이 그 이유다. 하지만 현실은 이 이론과는 정반대로 나타나고 있다. 실제로 경상수지가 만성적인 흑자국들은 경상수지가 만성적 적자인 경쟁국들보다 경제성장률이 훨씬 더 낮다. 예를 들어 일본의 성장률은 미국보다 훨씬 더 낮고, 독일의 성장률은 영국의 성장률보다 더 낮다. 그 이유가 무엇일까?

이 현상을 쉽게 이해하려면 과학적 분석, 즉 운동에너지와 위치에너지의 개념을 적용하여 살펴보면 도움이 된다. 예를 들어, 내가 은행에서 100만 원을 빌리면 이자를 지불해야 하지만, 내 지갑의 100만 원을 은행에 예금하면 이자를 받을 수 있다. 이처럼 같은 100만 원이라도 그 돈이 은행에 있느냐, 아니면 내 지갑에 있느냐에 따라 그 가치는 달라진다. 위치에너지가 작동하기 때문이다. 은행에 있는 돈이나 내 지갑에 있는 돈은 위치에너지를 가지고 있다는 것이다. 은행에서 돈을 빌리는 것은 위치에너지가 운동에너지로 바뀌는 것을 의미하고, 그 운동에너지만큼 이자를 지불해야 한다. 반대의 경우, 마찬가지로 반대의 논리가 성립한다.

운동에너지의 관점에서 보면, 수출 기업이 수출대금으로 금융기관에서 인출한 돈은 운동에너지가 없다. 금융기관에서 인출한 돈은 경제의 순환 과정에서 획득한 것이 아니기 때문이다. 따라서 운동에너지가 없는 수출대금은 경제의 순환 과정에 들어가기 위해 이미 순환 과정에 들어 있는 다른 재화의 운동에너지를 빼앗을 수밖에 없다. 경제에는 이런 운동원리가 작동한다. 비유하자면, 물레방아를 돌리고 떨어진 물은 그 자리에서는 운동에너지를 상실하는 것과 마찬가지인 셈이다. 반면에 해외에 유출된 경상수지 흑자는 경제의 순환 과정에서 획득된 것이므로 운동에너지를 충분히 갖추고 있다. 이것이 국내 경제의 순환에 들어와 기여해야 하는데, 해외투자로 유출되면 그런 역할을 하지 못하게 되는 것이다.

이 기회에 근래 우리나라 역대 정부의 환율정책과 환율 동향을 간략하게 정리하면 다음과 같다(환율정책을 포함한 경제정책의 전반적인 실패에 대해서는 5장에서 자세하게 살펴볼 것이다). 먼저, 우리나라에서 '고환율 정책'이 본격적으로 시행된 것은 이명박 정부 때부터였다. 그래서 2002년 2월에 평균 945원이었던 환율이 2009년 3월에는 평균 1,462원까지 상승했다. 앞에서 살펴본 것처럼, 그 결과는 경기 부진의 심화였다. 뒤이어 박근혜 정부에서는 그 반성으로 공격적인 환율정책을 펼치지는 않았다. 그래도 1,200원대의 고환율을 유지하기 위해 무던히 애를 썼다. 이후 외환시장에서의 외환 매입이 한계에 이르자, 정부는 경상수지 흑자를 해외투자로 유출시키는 정책을 펼쳤다. 하지만 이 정책이 성장률을 더욱 떨어뜨리는 역할을 했다. 문재인 정부에서는 2017년 4월에 평균 1,130원이었던 환율을 2022년 4월에 1,233원으로 끌어올리는 정책을 시행했다. 그렇지만 국내 경기는 더욱 부진해지기만 했다. 윤석열 정부는 공격적인 환율 방어 정책을 두 차례로 나눠서 펼쳤다. 첫 번째는 2022년 4월에 1,233원이었던 환율을 2022년 10월에 1,427원까지 끌어올려 15.7% 인상시켰다. 하지만 국내 경기는 살려내지 못했다. 이렇게 끌어올린 환율은 끈질긴 정책적 노력에도 불구하고 시장의 힘에 의해 2024년 10월에 1,335원으로 떨어졌다. 그러자 윤석열 정부는 더욱 공격적인 환율 인상 정책을 펼쳤고, 그 결과 환율이 한때 1,480원을 돌파하기도 했다. 이후 2024년 연말에는 1,434원을 기록했다. 전체적으로 환율이 16.4% 상승한 셈이다. 결국 경기 부진은 최악으로 치달았고, 2025년 1분기에는 성장률이 −0.2%를 기록했다. 이것은 경상수지 흑자를 해외투자로 유출시킨 정책의 결과였다.

위의 같은 환율 동향과 경제성장률의 추이에서 알 수 있듯이, 환율 정책이 성공하려면 정책 당국의 역량이 시장 기능보다 월등하게 뛰어나야 한다. 그래야 정책의 힘이 시장 기능의 힘을 이겨낼 수 있다. 하지만 불완전한 인간이 자연의 섭리인 시장 기능을 이겨낼 수는 없는 법이다. 섭리를 이겨보겠다는 인간의 오만은 언제나 반드시 보복당하는 모습으로 인류의 역사가 수차례 증명한 바 있다. 그럼에도 불구하고 우리나라를 비롯한 일부 국가의 정책 당국자는 자신의 역량이 자연의 섭리인 시장 기능보다 뛰어난 것으로 착각하고 있다.

결론적으로, 국가 경제의 지속적인 성장을 위해서는 환율의 점진적인 하락이 필수적이다. 다른 나라의 어느 기업인가는 머지않아 더 좋은 재화를 생산하기 위해 치열하게 노력하고 있기 때문이다. 만약 국내 수출업체가 더 좋은 제품을 만들려는 노력을 게을리하면, 국제 경쟁에서 뒤처져 결국은 해외 기업에 패퇴당하고 말 것이다. 우리 기업의 역동성과 성장성을 키우려면 새로운 방식으로 판을 바꾸는 '창조적 파괴' 과정이 필요하다는 의미이다. 따라서 정부가 환율을 점진적으로 떨어뜨려 기업이 필사적인 노력을 기울이도록 촉진하는 것은 반드시 필요한 정책 과제이다. 그래야 국가 경제가 지속적인 성장을 할 수 있고, 국민은 경제 번영을 누릴 수 있다.

환율은 어떻게 결정되는가

재화의 대내 가격이 '화폐'로 표시된다면, 국내 재화의 대외 가격은 '환율'로 표시된다. 즉, 화폐가치가 국내 재화에 대한 구매력을 나타낸다면, 환율은 해외 재화에 대한 구매력을 나타낸다. 이러한 기능을 하기에 환율은 일종의 '가격'이라고 볼 수 있다. 따라서 환율도 가격과 똑같은 경제원리의 지배를 받는다. 하지만 현재 경제학의 가격이론으로는 환율을 있는 그대로 해명하기 어렵고, 환율의 진단과 예측은 더 힘들다. 실제로 현재의 가격이론은 수요와 공급의 상호작용이 가격을 결정한다고 설명하지만, 수요와 공급의 상호작용은 가격의 변동만을 결정할 뿐이다. 이를테면 수요가 더 많이 증가하면 가격은 오른다는 것이다. 이런 수요와 공급의 상호작용으로는 특정 재화의 가격은 물론이고, 재화 사이의 거래 비율을 파악할 수도 없고 예측은 더더욱 할 수 없다. 마찬가지로 특정 국가의 환율 수준뿐만 아니라 각국 사이의 화폐가치 비율을 파악할 수도 없다.

하지만 내가 정립한 이른바 'K-경제학'은 현재의 가격이론을 한 단계 더 진화시킨다. '가격 결정원리, 가격 변동원리, 가격 카오스원리', 이 세 개의 경제원리가 함께 작동하여 환율을 결정하고 변동시킨다는 것이다. 하지만 이 원리들을 구체적으로 살펴보는 것은 일반 독자들에게는 어려운 일이므로, 우선 현실적인 방법을 통해 쉽게 접근해 보고자 한다. 즉 외환의 수요와 공급을 무엇이 결정하는지 계속 역추적하면서, 현실에서 나타나는 환율의 수준과 변동을 파악하자는 것이다. 그럼 지금부터 이런 역추적 방법을 통해 환율 변동의 원리를 살펴보자.

환율은 앞에서 살펴본 것처럼 정부의 환율정책이나 해외 금융시장의 영향을 받기도 하지만, 근본적으로는 국내 '외환시장'에서 결정된다. 그리고 환율 변동은 국내 외환시장에서 벌어지는 공급과 수요의 상호작용으로 일어난다. 물론 해외 금융시장의 동향과 정부의 환율정책도 국내 외환시장의 공급과 수요에 반영되어 환율에 영향을 끼친다. 경제학이 설명하듯이 수요가 공급에 비해 더 많이 늘면 가격은 오르고, 공급이 수요에 비해 더 많이 늘면 가격은 내린다. 이것은 만고의 진리로 환율도 이 경제원리의 지배를 받는다. 다만, 이것만으로는 환율의 결정과 변동을 충분히 읽어내기가 쉽지 않다. 수요와 공급을 작동시키는 근원이 무엇인지를 추가로 고찰해야 한다. 현재 경제학의 환율이론은 이런 추가적인 고찰을 하지 않기 때문에 환율의 결정과 변동을 제대로 파악하지 못하고 있다. 안타깝게도, 현재 경제학의 환율이론이나 가설들은 현실적인 유용성이 거의 없다. 만약 수요와 공급의 근원이 무엇인지 밝혀낸다면 환율 변동을 좀 더 정확하게 파악할 수 있을 것이다. 그러면 외환에 대한 수요와 공급은 무엇이 결정할까?

환율 변동을 일으키는 가장 직접적인 변수는 '국제수지'이다. 만약 국제수지가 적자이고 다른 변수가 크게 작용하지 않으면, 외환의 공급이 수요에 비해 더 적어짐으로써 환율은 상승한다. 반면에 국제수지가 흑자이면, 외환의 공급이 수요에 비해 더 많이 증가함으로써 환율은 하락한다. 그런데 국제수지는 하나가 아니라 크게 두 가지로 나뉜다. 하나는 '경상수지'이고, 다른 하나는 '자본수지'이다. 이 둘을 합하여 종합수지라 부른다.

국제수지의 두 종류인 경상수지와 자본수지에 대한 논의를 다루기에 앞서 밝혀둘 점이 있다. 그것은 한국은행이 2009년에 국제수지를 '경상수지'와 '자본·금융 계정'으로 재분류했다는 사실이다. 이 분류는 미국의 새로운 분류 방법을 따른 것이다. 이 분류는 외환시장의 수급 상황을 살피는 데는 편리하다. 하지만 미국은 달러가 기축통화이므로, 국제수지 악화가 외환위기를 일으키는 일은 좀처럼 일어나지 않는다. 그러나 다른 나라는 미국과 완전히 다르다. 국제수지 적자가 지나치게 커지면 외환위기가 터질 수 있다. 따라서 다른 나라에서는 국제수지를 경상수지와 자본수지로 구분하는 것이 훨씬 합리적이다. 우리나라는 외환위기를 1956년, 1962년, 1968년, 1971년, 1974년, 1979년, 1982년, 1998년과 같이 모두 여덟 차례 겪었으니, 나는 이런 개편을 이해하기 어렵다.

이 기회에 밝혀둘 점이 하나 더 있다. 그것은 가장 기본적인 경제지표인 '성장률'에 관한 것이다. 1998년에 한국은행의 한 고위 관리자가 나를 찾아와 한국은행 관계자들과 경기 변동에 관한 세미나를 하면 어떻겠느냐고 물었다. 그리고 발표할 주제도 나에게 맡겼다. 나는 흔쾌하게 그러자고 답했다. 그 세미나에서 나는 성장률 지표를 전년동기대비 성장률이 아니라, 미국처럼 '전기대비 성장률'로 변경해서 발표하는 것이 좋겠다고 제안했다. 그래야 경기 동향을 더 정확하게 진단할 수 있다는 것이 그 이유였다. 당시 한국은행 국장단과 관계자들은 그렇게 하는 것이 좋겠다고 동의했지만, 한국은행이 성장률을 전기대비로 바꾼 것은 내 제안이 있은 지 8년이 지난 2006년이었다. 그뿐만이 아니다. 분기 성장률이 아니라 '연간 성장률'로 바꿔야 한다는 제안은 2024년이 되어서야 특별한 발표도 없이 슬그머니 개편했다. 이처럼 반드시 개편해야 할 것은 미루고, 시급하지도 않은 국제수지 개념을 서둘러 개편한 것은 나로서는 더욱 이해하기 어렵다.

본론으로 돌아와, 경상수지는 상품과 용역(서비스)의 교역에서 나타난 격차를 뜻한다. 상품과 용역의 수출이 수입보다 더 많아지면 경상수지는 흑자를 기록하고, 반대로 수입이 수출보다 더 많아지면 경상수지는 적자를 기록한다. 그리고 자본수지는 자본의 유출과 유입의 격차를 뜻한다. 국내 자본이 해외로 더 많이 유출되면 자본수지는 적자를 기록하고, 해외 자본이 국내에 더 많이 유입되면 자본수지는 흑자를 기록한다. 환율 변동은 이 두 가지의 국제수지가 상호작용을 하여 결정한다. 경상수지가 적자이더라도 자본수지 흑자가 그보다 더 크면 종합수지는 흑자를 기록하는데, 이 경우에는 외환의 공급이 증가하여 환율은 하락 압력을 받는다. 반대로 경상수지가 흑자이더라도 자본수지 적자가 더 크면 종합수지는 적자를 기록하는데, 이 경우에는 외환의 수요가 공급보다 더 커져서 환율은 상승 압력을 받는다.

물론 자본수지 흑자가 경상수지 적자보다 더 커서 종합수지가 흑자를 기록하고, 그래서 외환의 공급이 더 많이 증가하더라도 환율이 오히려 상승하는 경우도 가끔 벌어진다. 경상수지 적자가 지속되면 외채를 들여오거나 외국인 투자를 유인하여 그것을 메워야 한다. 그런데 외채나 외국인 투자가 지나치게 많아지면 경제적 부담이 커지고, 이에 따라 외채와 외국인 투자의 추가 유입이 어려워질 수 있다는 우려가 생겨나기 때문이다. 현실적으로 외환위기가 예견될 때는 외채의 도입과 외국인 투자의 유치가 갑자기 어려워지면서 환율이 폭발적으로 상승한다. 이 경우에는 외채와 외국인 투자는 환차손을 입는다. 그러면 내국인은 외채를 서둘러 상환하고, 외국인은 투자를 서둘러 회수한다. 결국 환율은 더 폭등하고, 외환보유고가 고갈되면서 외환위기가 발생한다.

이런 의미에서 경상수지는 환율 변동의 주변수이고, 자본수지는 종속변수라고 할 수 있다. 장기적인 관점에서 보면 경상수지 흑자는 거의 예외 없이 환율 하락을 주도하고, 경상수지 적자는 환율 상승을 주도하기 때문이다. 이에 비해 자본수지 흑자나 적자는 환율 변동을 추종하는 경향이 있다. 환율 변동에 따른 환차익이나 환차손이 자본수지에 중대한 영향을 끼치기 때문이다. 실제로 환율이 하락함에 따라 환차익이 기대될 때는 자본수지가 흑자를 기록하고, 환율이 상승함에 따라 환차손이 우려될 때는 자본수지가 적자를 기록하곤 한다. 그러므로 환율 변동의 추이를 정확히 파악하기 위해서는 자본수지에 앞서 경상수지의 추이를 먼저 살피는 것이 바람직하다. 그 이후에 자본수지의 동향을 함께 살피면 환율 변동을 비교적 정확하게 파악할 수 있다.

현실에서는 이와 같은 경제원리의 작동이 정책 당국에 의해 종종 방해받기도 한다. 정책 당국은 국내 외환시장에서 외환을 사들이는 정책을 시행함으로써 외환의 수요에 가세하기도 하는데, 이에 따라 수요가 상대적으로 더 커지면 경상수지와 자본수지가 모두 흑자이더라도 환율은 상승한다. 이처럼 정책 당국은 환율을 적극적으로 방어하여 환율 변동 원리의 작동을 교란하곤 하는데, 이런 개입은 큰 비용이 따른다. 화폐를 발행하여 외환을 대거 매수할 경우는 통화가 급증하여 물가 불안을 야기하고, 정부채권을 발행하여 외환을 매수할 경우는 이자를 지불해야 한다. 그러므로 정부의 외환 매입은 어느 때인가는 한계에 봉착한다.

이처럼 외환 매입이 한계에 이른 경우에는 정책 당국이 외환의 해외 유출을 유도하는 정책을 시행하기도 한다. 하지만 이것은 수출로 애써 벌어들인 국내 소득의 해외 이전을 유발하여, 국내 수요의 부족과 그에 따른 국내 경기의 부진을 초래한다. 이런 사실을 알지 못하고 그 정책을 줄기차게 펼침으로써 장기간에 걸쳐 경기 부진을 겪는 나라가 꽤 있다. 앞에서 언급했듯이 일본, 독일, 대만, 한국 등이 대표적이다. 2014년부터는 중국도 이런 부류의 나라에 가세함으로써 성장률이 지속적으로 하락해 왔다.

경제성장이 지속 가능한 범위 안에서는, 그리고 지속 가능한 최대의 성장률을 추구하는 정책이 시행될 경우에는 국제수지(즉 경상수지와 자본수지의 합계)가 환율 변동을 결정하므로, 경상수지와 자본수지가 어떻게 결정되는가를 알면 환율 변동을 비교적 정확히 파악할 수 있다. 그럼 경상수지는 무엇이 결정할까? 무엇이 경상수지를 흑자나 적자로 만들까? 무엇이 상품과 용역의 수출보다 수입을 더 많게 하거나, 수입이 수출보다 더 적게 할까? 그리고 무엇이 자본수지를 흑자나 적자로 만들까? 무엇이 국내 자본의 해외투자보다 외국자본의 국내 유입을 더 크게 하거나 더 적게 할까?

한마디로, 자본수지와 경상수지를 정확하게 이해하는 것은 환율 변동을 알아내는 데 무엇보다 중요하다. 정책 당국의 외환시장 개입을 배제하면, 이 둘의 상호작용이 환율 변동을 근원적으로 결정하기 때문이다. 지금부터 이 둘을 무엇이 결정하는지 차례로 살펴보자.

자본수지에 영향을 미치는 요인들

자본수지는 무엇이 결정할까? 당연히 '자본 수익률'이 결정한다. 우리나라에 대한 투자 수익률이 다른 나라에 비해 상대적으로 더 높으면, 자본수지는 흑자를 기록한다. 돈이란 더 많은 이익을 찾아 이곳저곳을 자유롭게 떠돌아다니는 속성을 지녔기 때문이다. 그럼 투자 수익률은 무엇이 결정할까? 이것은 복잡한 문제이지만 간단히 밝히자면 '성장률, 환차익, 금리' 등 세 가지 변수가 주로 결정한다. 그 밖에 외채 도입이나 해외투자 같은 정책 변수와 정치적·경제적 위기가 초래하는 자본의 해외 탈출 등 다른 변수도 부차적으로 자본수지에 영향을 끼친다. 하지만 내생적으로는 위 세 가지 변수의 영향력이 가장 크고 결정적이다. 이 세 가지 변수를 차례로 살펴보자.

첫째, 성장률이 높으면 자본 수익률이 높아지는 것은 당연하다. 성장률이란 부가가치의 증가율을 의미하고, 부가가치의 증가는 소득의 증가를 의미하며, 소득의 증가란 이익의 증가를 의미하기 때문이다. 현실적으로 성장률이 높아져 경기가 호조를 보이면 기업들 대부분은 이익의 증가를 누린다. 이처럼 성장률이 높으면 수익률이 높아지므로, 외국자본의 국내 투자가 늘어나 자본수지는 흑자를 기록한다. 실제로 이머징 마켓emerging market이라 불리는 신흥공업국에서는 성장률이 높은 수준을 장기간 유지할 때, 외국인 투자가 큰 폭으로 증가했다. 성장률이 상대적으로 더 높으면 수익률이 높아지고, 수익률이 높으면 외국자본은 더 많이 유입되므로 이런 일이 흔히 벌어진다. 다만, 외국자본이 지나치게 많이 유입되면 유동성이 과다해져 국내 수요가 급증함으로써 국내 경기가 과열로 치닫는다. 그러면 경상수지가 악화되고, 국제수지 전체도 적자로 돌아서곤 한다. 이 경우에는 환차손이 발생하여 자본수지가 극단적으로 악화되기도 한다. 이에 따라 종합수지 적자가 지나치게 커지면, 외환보유고가 고갈되어 외환위기가 터지곤 한다. 하지만 종합수지 적자가 지나치게 크지 않고 성장률이 다른 나라에 비해 더 높으면, 외국자본을 지속적으로 유입시켜 경상수지 적자가 빚는 문제를 이겨내기도 한다.

미국도 마찬가지였다. 성장률이 일본이나 유럽에 비해 상대적으로 더 높았을 때, 외국인 투자가 늘어나면서 자본수지가 흑자를 기록했다. 다만, 미국은 다른 나라와는 다르게 고려해야 할 점이 하나 있다. 투자는 수익률뿐만 아니라 안정성도 중요하다는 점이다. 미국의 경상수지가 매년 대규모 적자를 기록했음에도 불구하고 외국인 투자가 왕성했고, 이에 따라 달러 가치가 유지된 것은 투자의 수익성은 물론이고 안정성에 영향을 받았기 때문이다. 미국 달러가 국제 기축통화의 역할을 하는 데에도 투자의 안정성은 중요한 역할을 했다.

둘째, 환율이 점진적으로 떨어지면 환차익이 생긴다. 이 경우에는 외국자본이 환차익을 기대하고 국내에 유입됨으로써 자본수지는 흑자를 기록한다. 예를 들어 환율이 1,500원일 때 1억 달러를 외국에서 국내로 들여오면, 우리 돈으로 1,500억 원을 바꿀 수 있다. 이 경우에 환율이 1,000원으로 떨어지면, 1,000억 원으로 들여온 자금을 모두 회수하거나 갚을 수 있다. 원금을 갚거나 회수하고도 500억 원의 이익이 남는 것이다. 이것을 '환차익'이라고 한다. 이처럼 환차익이 기대되면 누구나 외국자본을 빌리려 하고, 외국인도 국내에 투자하려 한다.

아래 표에서 보듯이, 우리나라 환율이 지속적으로 떨어지던 때는 자본수지가 대체로 흑자를 기록했다. 연평균 환율이 1999년 1,190원에서 2000년에 1,131원으로 떨어지자, 2000년의 자본수지는 약 121억 달러의 흑자를 기록했다. 2002년에 환율이 1,251원에서 2003년에 1,192원으로 떨어질 때도 2003년의 자본수지는 약 139억 달러의 흑자를 기록했으며, 2005년에 환율이 1,024원에서 2006년에 956원으로 떨어질 때 역시 2006년의 자본수지는 약 180억 달러의 흑자를

1998~2009년의 연평균 환율(원/달러)과 자본수지 추이

(단위: 억 달러)

구분	'98	'99	'00	'01	'02	'03	'04	'05	'06	'07	'08	'09
환율	1,399	1,190	1,131	1,291	1,251	1,192	1,145	1,024	956	929	1,102	1,276
자본수지	-32.0	20.4	121.1	-33.9	62.5	139.1	76.0	47.6	179.7	71.3	-509	264.5

출처: 〈경제통계연보〉 2010년, 한국은행.

기록했다. 이런 대규모의 자본수지 흑자는 경상수지 흑자보다 더 크거나 비슷했다. 한마디로, 경상수지 흑자가 환율의 하락을 불렀고, 이것이 자본수지의 흑자를 가져옴으로써 환율을 더 큰 폭으로 하락시킨 것이다. 다만, 2012년 이후에는 경상수지가 대규모 흑자이고 환율이 떨어졌음에도 불구하고 자본수지는 적자를 기록했다. 가장 결정적인 원인은 정부가 환율 하락을 방어하기 위해 외환의 해외 유출을 유도하는 정책을 적극적으로 시행했기 때문이다. 그러나 이 정책은 성장률을 낮췄고, 경제난을 더욱 심화시켰다.

반면에, 환율이 지속적으로 상승할 때는 대체로 자본수지가 적자를 기록했다. 앞에 표에서 보듯이, 1998년에는 연평균 환율이 전년도의 951원에 비해 47% 상승한 1,399원을 기록하자, IMF 등이 189억 달러나 구제금융을 제공해 주었음에도 불구하고, 자본수지는 약 32억 달러의 적자를 기록했다. 2001년에도 연평균 환율이 전년도의 1,131원에서 1,291원으로 상승하자, 자본수지는 약 34억 달러의 적자를 기록했고, 2008년 역시 환율이 전년도에 비해 19% 상승하자, 자본수지는 약 509억 달러라는 대규모 적자를 기록했다. 다만, 2009년에는 평균 환율이 1,276원을 기록하여 2008년에 비해 상승했지만, 자본수지는 약 265억 달러의 흑자였다. 그 이유는 그해 3월 초에 1,597원까지 상승했던 환율이 계속 하락하여 연말에는 1,165원까지 떨어졌고, 그 사이에 외국자본이 환차익을 누릴 수 있었기 때문이다.

셋째, 이자율이 상대적으로 높을 때도 대체로 자본수지는 흑자를 기록한다. 이자율이 높으면 자본 수익률이 높아지고, 이에 따라 외국자본이 국내로 유입되는 것이다. 경상수지가 적자를 기록하는 경우

이자율이 평균적으로 높은 이유 중 하나가 바로 이것이다. 경상수지 적자를 메우기 위해서는 자본수지 흑자를 늘려야 하는데, 이를 위해서는 이자율을 높여서 외국자본을 끌어들여야 하는 것이다. 현실적으로 경상수지가 적자인 나라는 대부분 이자율이 상대적으로 높은 편이다. 다만, 달러가 기축통화인 미국은 예외이다. 미국은 경상수지가 대규모의 적자를 기록함에도 불구하고, 자본수지가 흑자를 기록함으로써 이자율이 상대적으로 낮은 수준을 유지하고 있다.

우리나라는 다른 대부분의 나라들과 마찬가지로 국제수지, 특히 경상수지가 적자였던 과거에는 이자율이 비교적 높았다. 가까운 과거만 보더라도 1994년부터 1997년까지는 경상수지가 적자를 기록했는데, 이때는 콜금리, CD 수익률, 회사채 수익률, 국채 수익률 등 모든 시장금리가 두 자릿수를 유지했다. 반면에 경상수지가 흑자를 기록하면 이자율은 떨어진다. 우리나라 금리가 지금처럼 한 자릿수로 떨어진 것은 경상수지가 대규모 흑자를 기록하기 시작한 1998년 하반기 이후의 일이다. 경상수지가 흑자를 기록하면 유동성이 그만큼 풍부해지므로 이자율은 떨어진다.

다음 표에서 보듯이, 경상수지가 악화되거나 적자였던 1990년대 중반까지는 이자율이 대체로 10%를 훌쩍 넘었다. 1997년 말에 외환위기까지 닥치자 기준금리가 1998년 1월에는 무려 25%까지 폭등하기도 했다. 물론 이때의 높은 이자율은 IMF가 우리 정부에 강력한 긴축정책을 요구한 결과였다. 이자율을 높여야 외국자본의 유입이 더 활발해지고, 이 경우 IMF가 우리나라에 구제금융을 제공해 주었던 자금을 쉽게 상환받을 수 있었기 때문이다. 그리고 이자율이 높으면

1996~2012년의 연평균 이자율(콜금리)과 경상수지 추이

(단위: 억 달러)

구분	'96	'97	'98	'99	'00	'01	'02	'03	'04	'05	'06	'07	'08	'09	'10	'11	'12
이자율	12.4	13.7	14.9	4.9	5.1	4.6	4.2	4.0	3.6	3.3	4.2	4.8	4.6	2.0	2.2	3.1	3.1
경상수지	-230	-82	426	245	148	84	75	156	323	186	141	218	32	328	294	261	431

출처: 〈조사통계월보〉 각 호, 한국은행.

경기가 빠르게 후퇴하고, 이에 따라 구조조정이 진행되면 총공급이 총수요보다 더 적어지는 일이 벌어진다. 그러면 공급자 시장이 형성되고, 불경기 중에도 기업의 이익은 급증한다. 기업의 이익이 급증하면 생산, 고용, 투자가 증가하면서 경제가 빠르게 회복되어 외환위기에서 비교적 빨리 벗어날 수 있다.

고금리 정책은 IMF가 우리나라에만 요구한 것이 아니다. 외환보유고가 고갈되어 외환위기에 처했던 다른 나라에도 모두 마찬가지였다. 그 이유는 당연히 외국자본을 더 많이 유치하기 위해서였다. 외국자본을 더 많이 유치하면 외환보유고의 고갈 사태에서 단기간에 벗어날 수 있다. 또한 금리를 높이면 국내 경기가 위축되고, 국내 경기가 위축되면 수입이 줄어 경상수지가 개선되며, 이에 따라 외환보유고의 고갈 사태를 극복하는 데 도움이 된다. 고금리가 급속한 경기후퇴를 초래해서 경제적 고통은 커지지만, 외환보유고가 확충되지 않으면 외환위기는 더 오래 지속되고, 경제난은 더 극심해지며 장기화하기 마련이다. 실제로 1980년대에 중남미 국가들은 외환위기가 터진 뒤 10년 이상 경제난을 겪었다.

외환위기 직후, 우리나라의 경상수지가 1998년에 매월 30~40억 달러대의 흑자를 기록하자, 이자율도 꾸준히 낮아져서 그해 연말에는 7%까지 떨어졌다. 그 이듬해인 1999년에는 경상수지가 245억 달러의 대규모 흑자를 기록하자, 이자율은 연평균 4.9%로 떨어졌다. 그 후로도 경상수지 흑자가 지속되고 2003년부터 그 규모가 매년 100억 달러를 훌쩍 넘어서자, 2005년에는 이자율이 연평균 3.3%까지 떨어졌다. 그 직후 경상수지 흑자가 크게 줄어 2006년에는 141억 달러를 기록하자, 이자율도 다소 상승으로 돌아섰다.

2008년에는 경상수지 흑자가 32억 달러로 줄었지만 이자율은 4.6%로 오히려 떨어졌는데, 그 이유는 한국은행이 정책적으로 금리를 인하했기 때문이다. 이후 2008년 하반기에 들어서 국내 경기가 갑자기 빠르게 하강하자, 정책 당국이 국내 경기를 부양하기 위해 인위적으로 이자율을 대폭 인하했다. 실제로 연초에 약 5.0%였던 이자율이 8월에는 5.2%로 올랐는데, 한국은행은 10월부터 기준금리를 꾸준히 낮췄고, 연말에는 3.0%까지 떨어뜨렸다. 그래도 경기가 살아나지 않자 2009년 2월에는 이자율을 2.0%로 낮췄다. 그 뒤로도 한국은행은 경기부양을 위해 기준금리를 낮은 수준으로 유지했다.

넷째, 경상수지가 대규모 적자일 때는 정책적으로 더 큰 규모의 외채를 도입함으로써 자본수지가 흑자를 기록하기도 한다. 경상수지가 적자라면 그만큼의 외환이 외국으로 이탈하고 결국은 외환보유고가 고갈되기 때문에 외채를 정책적으로 도입하지 않을 수 없다. 대표적인 예로 1996년에는 경상수지가 230억 달러의 적자를 기록했는데, 자본수지는 233억 달러의 흑자를 기록했다. 외채를 대규모로 들여와 경상수지 적자를 메운 것이다. 이런 경우에는 외채가 누적되면서 더 큰 문제를 일으킨다. 먼저 외채가 지나치게 누적되면, 언젠가는 외채 상환이 불가능해질지 모른다는 불안감을 조성한다. 이에 따라 환율이 상승하면서 환차손을 발생시켜 외채를 서둘러 상환하거나 상환받으려는 움직임을 일으킨다. 이런 움직임이 결국은 외환보유고를 고갈시킨다. 1997년 말에 우리나라가 겪었던 외환위기는 이렇게 터졌다. 이것은 외환위기를 겪은 나라들에서 공통적으로 벌어졌던 현상이다.

그 밖에 정치가 불안해질 때나 경제가 파국적 위기로 치달을 때는 국내 자본이 해외로 탈출하곤 하는데, 이것도 자본수지에 악영향을 끼친다. 1960년대에 개발도상국에서 군사 쿠데타가 빈발했을 때는 국내 자본의 해외 탈출이 흔하게 벌어져서 경제가 파국적 외환위기에 자주 직면했다. 정치적 격변과 함께 경제적 위기를 자주 맞았던 1970년대부터 1980년대까지의 중남미 국가들에서는 국내 자본의 해외 탈출이 외환보유고의 고갈을 가속시켜 심각한 외환위기를 종종 일으켰다. 무엇보다 정치 불안이 국내 자본의 해외 탈출을 조장하여 국제수지에 절대적인 영향을 끼친다는 점을 강조하고 싶다. 이런 의미에서 정치적 안정을 이룩하는 전제조건 중 하나인 민주적인 정치 풍토의 정착은 국가 경제의 장래를 좌우할 정도로 중요하다.

환율 변동이 경쟁력에 미치는 영향

이제 경상수지에 대해 살펴보자. 경상수지가 흑자라는 것은 상품과 용역의 수출이 수입보다 더 많다는 것을 뜻하고, 이는 국제경쟁력이 다른 나라에 비해 상대적으로 더 뛰어나다는 것을 뜻한다. 바꿔 말해, 국제경쟁력이 뛰어나야 수출이 수입보다 더 많아져 경상수지는 흑자를 기록한다. 이 국제경쟁력은 크게 두 가지로 구성된다. 하나는 '가격경쟁력'이고, 다른 하나는 '품질경쟁력'이다. 가격경쟁력과 품질경쟁력이 모두 높거나, 둘 중 하나가 더 높으면 국제경쟁력이 높다는 것을 의미한다. 이 둘을 구분하는 것은 경제를 분석하는 데 아주 중요하다. 현재의 경제학이 그 구분을 외면해 왔기 때문에 더욱 중요하다. 그러면 가격경쟁력과 품질경쟁력은 무엇이 결정할까?

우선, 가격경쟁력은 국내 '물가상승률'이 다른 나라에 비해 상대적으로 낮을 때 높아지며, '생산성의 향상 속도'가 다른 나라에 비해 상대적으로 빠를 때도 높아진다. 이 둘의 상호작용이 가격경쟁력을 결정한다. 물가상승률이 높더라도 생산성의 향상 속도가 상대적으로 더 빠르면 가격경쟁력은 향상되고, 반대로 물가상승률이 낮더라도 생산성의 향상 속도가 상대적으로 더 느리면 가격경쟁력은 떨어진다. 그런데 생산성의 향상 속도가 느릴 때, 즉 경제성장이 정체해 있을 때는 물가상승률이 가격경쟁력을 결정적으로 좌우한다. 이 사실은 우리나라의 경제사가 여실히 증명했다.

해방 이후 극심한 경제난에 시달리던 우리 경제가 도약의 기반을 다졌던 것은 폭발적인 물가 불안을 잠재운 1957년 이후부터였다. 1950년대 중반까지는 물가상승률이 천문학적인 수준이었다. 예를 들어 쌀 한 가마의 가격은 1946년의 3.6원에서 1952년에 465원으로 6년 사이에 130배 상승했고, 1957년에는 1,591원까지 상승하여 11년 사이에 무려 440배 이상 폭등했다.⁶ 쌀값 이외의 물가 역시 폭발적으로 상승했다. 당시의 물가상승률은 숫자로 표현하는 것이 의미가 없을 정도였다. 물가가 이렇게 불안하면 경제성장은 기대하기 어렵다는 것이 역사적인 경험이다.

해방 이후 우리 경제가 크게 의존했던 미국의 무상원조는 1950년대 중반부터 차츰 줄어들었다. 이제 자력으로 갱생을 도모해야만 했다. 국민의 삶에 필수적인 자원과 상품을 우리 돈으로 해외에서 사와야 했으며, 이를 위해서는 외화가 필요했다. 외화를 획득하려면 수출을 촉진해야 했고, 수출을 촉진하려면 가격경쟁력을 확보해야 했으며, 이를 위해서는 물가 안정이 필수적이었다. 그래서 우리 정부는 재정긴축과 통화긴축에 나섰고, 이 정책은 폭발적인 물가 불안을 잠재우는 효과를 발휘했다. 그동안 매년 수백 퍼센트씩 오르던 소비자물가 상승률이 1956년과 1957년에는 각각 20%대로 떨어졌다. 물가가 이처럼 다소 안정되자, 1957년에는 성장률이 이례적으로 높은 7.7%를 기록했다. 이런 높은 성장률은 국내 경기를 과열시켜 수출을 감소시켰지만, 국내 경기는 과거에 볼 수 없던 활황을 보였다. 그러자 더 강력한 긴축정책이 펼쳐졌고, 1958년 말에는 소비자물가 상승률이 −3.1%를 기록했다. 이런 물가하락이 기업의 경영수지를 악화시켜 경기를 잠시 하강시켰다. 그로 인해 투자가 축소되고 비관적인 분위기가 조성되면서 수출까지 일시적으로 감소했으나, 성장률은 비교적 양호한 5.2%를 기록했다.

이와 같이 물가가 안정되면서 국제경쟁력이 살아남에 따라 1959년부터는 수출이 비약적으로 증가하여 우리나라 경제는 본격적인 성

1956~1965년의 성장률, 소비자물가 상승률, 수출 증가율 추이

(단위: %)

구분	1956년	1957년	1958년	1959년	1960년	1961년	1962년	1963년	1964년	1965년
성장률	0.4	7.7	5.2	3.9	1.9	4.8	3.1	8.8	8.6	6.1
물가 상승률	22.5	23.1	-3.1	4.3	8.3	8.0	6.5	20.7	26.5	13.6
수출 증가율	36.7	-9.8	-25.7	20.0	65.7	24.7	34.0	58.4	37.2	47.0

출처: 〈조사통계월보〉 1975년 7월 호, 한국은행.

장 가도에 들어섰고, 경상수지도 흑자를 기록했다. 물가 안정이 수출의 급증에 결정적인 계기를 마련해 준 것이다. 1960년에는 부정선거의 여파로 사회 불안이 심각해져 성장률이 1.9%로 떨어졌다. 1961년에는 4.19혁명이 터졌음에도 불구하고 4.8%라는 비교적 높은 성장률을 회복했다. 5.16쿠데타가 발생한 직후에는 정부의 경제정책들이 줄지어 실패하면서 성장률이 뚝 떨어졌지만, 다행히 1963년부터는 수출이 다시 급증하면서 성장률도 크게 높아졌다.

앞에서 살펴본 것처럼 생산성 향상이 정체해 있을 때는 물가 안정이 가격경쟁력을 향상시킬 뿐만 아니라 경제성장의 기폭제로 작용한다. 물가가 안정되면 경제활동이 활발해짐과 동시에 수출의 가격경쟁력은 향상되고, 가격경쟁력이 향상되면 수출은 증가하여 경제의 안정적인 성장을 불러온다. 반면에 생산성 향상이 상대적으로 빠르게 이루어질 때는 물가상승률이 지나치게 높지만 않으면 국제경쟁력을 향상시키기도 한다.

1966~1975년의 성장률, 소비자물가 상승률, 수출 증가율 추이

(단위: %)

구분	1966년	1967년	1968년	1969년	1970년	1971년	1972년	1973년	1974년	1975년
성장률	12.7	6.6	11.3	13.8	7.6	8.6	5.1	13.2	8.1	6.4
물가 상승률	11.4	10.2	11.0	12.4	15.4	14.0	11.7	3.0	24.3	25.4
수출 증가율	42.9	27.9	42.2	36.7	34.2	27.8	52.1	98.6	38.3	13.9

*1973년 소비자물가 상승률은 지표 구성의 조작을 통해 인위적으로 낮춘 실적임을 밝힌다.
출처: 〈경제통계연보〉 1991년, 한국은행.

    실제로 우리 경제가 본격적인 성장 가도에 들어선 후인 1963년과 1964년에는 물가상승률이 20%를 다시 넘었다. 그렇지만 수출 증가율은 각각 약 58%와 37%를 기록했으며, 성장률 역시 각각 8.8%와 8.6%라는 뛰어난 실적을 기록했다. 물론 이런 높은 물가상승률이 가격경쟁력을 떨어뜨려 경상수지를 악화시킨 것도 사실이다. 1963년의 경상수지는 1억 4,000만 달러의 적자를 기록했는데, 이것은 당시 수출액보다 1.6배나 더 큰 규모였다. 당연히 외환보유고는 고갈 직전에 이르러 외환위기가 발생하고 말았다.

    그 직후에는 외환위기를 극복하기 위해 경제 안정화 정책이 적극적으로 펼쳐졌다. 물가상승률은 1965년에 10%대로 다시 떨어졌다. 물가가 이렇게 다소 안정을 찾아가자, 수출 증가율은 1970년대 초반까지 매년 30~40%를 기록하며 우리 경제가 장기간 도약하는 데 디딤돌 역할을 했다. 특히 1966년부터 1975년까지 10년 동안의 연평균 성장률은 9.3%에 달할 정도로 기적적인 실적을 이룩했다. 그동안 소비자물가 상승률은 연평균 13.9%에 이르러 비교적 높았지만, 이런 물가 불안을 이겨내고도 놀라운 경제 기적을 일구어냈다. 이처럼 물가가 불안하더라도 그 수준이 지나치지 않고 생산성 향상 속도가 빠르면 국제경쟁력은 유지된다. 생산성 향상과 그 속도는 경제성장에 매우 중요하다는 뜻이다. 실제로 1960년대 중반 이후 우리나라는 산업고도화를 통해 생산성을 획기적으로 향상시키며 발전했다.

국제경쟁에서는 가격경쟁력도 중요하지만 '품질경쟁력'은 더욱 중요하다. 가격경쟁력이 다소 떨어지더라도, 품질경쟁력의 향상 속도가 가격경쟁력의 약화보다 상대적으로 더 빠르면 국제경쟁력은 높아진다. 실제로 환율이 2002년부터 2007년까지 장기간 지속적으로 떨어져서 수출의 가격경쟁력은 그만큼 떨어졌지만, 수출은 오히려 더 크게 증가했고 경상수지도 대규모 흑자를 기록했다. 그 주요 원인은 품질경쟁력이 높아져 국제경쟁력을 충분히 유지할 수 있었기 때문이다. 이 문제는 우리 경제의 앞날을 위해서 아주 중요하므로 다음과 같이 구체적으로 살펴볼 필요가 있다.

연평균 환율은 2001년에 1,291원에서 2007년에는 929원으로 28%나 하락했고, 수출의 가격경쟁력도 그만큼 계속 떨어졌다. 하지만 수출은 그 6년 사이에 약 2.5배 증가하여 평균적으로 매년 17%씩 증가했다. 이 기간에 경상수지는 최소 75억 달러, 최대 323억 달러라는 대규모 흑자를 기록했다. 왜 이처럼 이해하기 어려운 일이 벌어졌을까? 환율이 지속적으로 떨어져 수출 가격을 상승시킬 수밖에 없었는데, 어떻게 수출은 크게 증가하고, 경상수지는 대규모 흑자를 기록했을까? 그 이유는 품질경쟁력의 향상 속도가 그만큼 빨랐기 때문이

1998~2012년의 연평균 환율(원/달러)과 수출 추이

(단위: 억 달러)

구분	'98	'99	'00	'01	'02	'03	'04	'05	'06	'07	'08	'09	'10	'11	'12
환율	1,399	1,190	1,131	1,291	1,251	1,192	1,145	1,024	956	929	1,103	1,276	1,156	1,108	1,127
수출	1,323	1,437	1,723	1,504	1,625	1,938	2,538	2,844	3,255	3,715	4,220	3,635	4,664	5,552	5,479

출처: 〈조사통계월보〉 2013년 2월 호, 한국은행.

다. 품질경쟁력 향상이 수출 가격의 지속적인 인상을 가능하게 했고, 이것이 수출을 증가시켜 국제수지도 대규모 흑자를 기록할 수 있었다.

그렇다면 품질경쟁력은 왜 그토록 빠르게 향상되었을까? 그동안 환율이 크게 하락했기에, 수출 기업의 수익률은 크게 떨어졌고, 심지어 수많은 기업이 도산 위기에 처했다. 당시 수출 기업은 도산 위기에서 벗어나기 위해 생산성 향상과 품질 향상, 그리고 신제품의 개발 및 신기술의 개발에 적극적으로 나서지 않을 수 없었다. 경쟁력을 향상시키지 않으면 기업은 살아남을 수 없었기 때문이다. 이런 사실은 위의 표에서 쉽게 확인할 수 있다. 환율이 하락할 때, 수출은 중장기적으로 더 크게 증가했던 것이다. 반대로 환율이 상승할 때는 수출이 중장기적으로 오히려 줄거나 그 증가율이 낮아졌는데, 이런 때는 이익이 충분하게 증가했기에 기업은 기술 개발이나 생산성 향상을 위해 굳이 위험한 투자를 감행할 필요가 없었기 때문이다. 이런 현상은 1980년대 중·후반과 2000년대 이후에 두드러지게 나타났다.

물론 환율의 하락 속도가 국제경쟁력의 향상 속도보다 더 빠르면, 경상수지는 적자로 돌아선다. 따라서 환율의 하락 속도가 국제경쟁력의 향상 속도보다 지나치게 빠르지 않도록 유지하는 것이 국가 경제의 지속적인 안정과 번영을 위한 필수조건이다. 역사적으로 국제경쟁력의 향상 속도가 비교적 빠르게 높아질 때는 환율이 지속적으로 하락하곤 했다. 반면에 국제경쟁력의 향상 속도가 상대적으로 더 느려질 때는 환율이 머지않아 상승으로 돌아서곤 했다. 그러므로 환율이 지속적으로 하락하고 있으면, 국제경쟁력의 향상 속도가 상대적으로 더 빠르다고 판단해도 무방하다.

정리하자면, 환율 변동은 국제수지가 결정하고, 국제수지는 자본수지와 경상수지로 구성된다. 그중 자본수지는 근본적으로 성장잠재력이 결정하고, 경상수지는 국제경쟁력이 결정한다. 그런데 성장잠재력과 국제경쟁력은 동의어나 마찬가지이다. 어찌 보면 국제경쟁력은 성장잠재력의 일종이라고 부르는 것이 타당하다. 왜 그럴까? 다음 주제에서 이 문제를 구체적으로 살펴보고자 한다.

환율과 국가의 흥망성쇠

잠재성장률은 지속 가능한 최고의 성장률을 뜻한다. 다시 말하자면, 성장의 지속을 불가능하게 하는 일이 벌어지지 않는 과정에서 기록한 최고의 성장률을 의미한다. 그러면 어떤 경우에 성장의 지속이 불가능해질까? 일반적으로 물가가 불안하면 성장은 지속할 수 없는 것으로 알려져 있지만, 사실 이것은 미국에만 해당할 뿐이다. 다른 나라에서는 중요한 변수가 하나 더 추가된다. 그것은 바로 '경상수지 악화'이다. 미국 달러는 국제 기축통화이므로 경상수지 악화가 미국 경제의 성장을 제약하는 일은 좀처럼 나타나지 않는다. 오히려 미국의 경상수지 적자는 국제교역에 필요한 국제 통화를 세계 경제에 공급하는 역할을 한다. 미국은 경상수지가 적자여도 달러 가치가 하락하지 않거나, 도리어 상승하기도 한다. 세계 경제의 성장에 필요한 달러의 수요와 국제교역의 확대에 필요한 달러의 수요가 함께 증가하기 때문이다. 그뿐만 아니라 국가 경제의 안정을 위해서는 일정 수준 이상의 외환보유고가 필요한데, 그 축적을 위한 달러 수요까지 여기에 가세한다. 그래서 미국은 국제수지 적자가 지나치게 크지만 않으면 경제성장이 제약받지 않는다.

실제로 미국은 2008년 금융위기 직전까지 매년 수천억 달러의 경상수지 적자를 기록했으나, 달러 가치는 비교적 안정적이었고 성장률은 일본이나 유럽에 비해 상대적으로 더 높았다. 유럽연합의 통화인 유로도 마찬가지로 최소한 유럽과 유럽과의 교역에서는 국제 기축통화의 역할을 한다. 그래서 유럽연합에 속한 국가는 경상수지가 대규모 적자를 기록하더라도 경제성장이 제약받는 경우는 드물었다. 예를 들어 스페인은 경상수지 적자가 2008년에 GDP의 9.6%를 기록했지만 파국적인 외환위기는 일어나지 않았다. 물론 그리스에서 금융위기가 터진 후에는 그 사태가 스페인에 전염되어 극심한 경제난을 겪은 것 역시 사실이다.

이처럼 미국 이외의 다른 나라들은 사정이 전혀 다르다. 경상수지 적자가 지속적으로 누적되면 경제성장의 지속은 불가능해지고 만다. 경상수지가 적자일 때는 자본수지 흑자를 통해, 즉 외채 도입으로 비교적 높은 성장률을 유지할 수는 있지만, 이것은 지속 가능한 일이 아니다. 외채는 무한정 증가할 수 없으며 언젠가는 갚아야 한다. 그렇다고 외국자본을 국내에 유입하는 것이 불필요하다거나 나쁘다는 것은 아니다. 국가 경제가 감당할 수 있는 수준의 외채 도입이나 외국자본의 국내 투자는 경제성장을 촉진하는 역할을 한다. 외채의 도입과 외국자본의 유입은 해외 소득의 국내 이전을 의미하고, 이것은 국내 수요를 증가시켜 성장률을 높이는 역할을 하기 때문이다. 하지만 지나치게 큰 경상수지 적자는 외환보유고를 고갈시키거나, 환율을 단기간에 크게 상승시키기도 한다.

만약 외환보유고가 고갈되면, 우리나라가 1998년에 겪은 것처럼 극심한 경제난을 동반하는 외환위기에 처할 수 있다. 혹여 외환보유고가 고갈되지 않더라도 환율의 급등은 막을 수 없다. 외채의 누적은 지속 가능하지 못하므로 앞으로 환율이 상승할 것이라는 전망을 낳고, 이것이 환차손을 일으켜 자본수지를 적자로 돌아서게 하여 환율을 급등시키는 작용을 한다. 이처럼 환율이 크게 상승하면, 석유와 같은 에너지는 물론이고 각종 공업용 자원과 식량 자원 등의 수입 가격을 크게 올림으로써 물가를 불안하게 한다. 물가가 불안해지면 아무리 낮은 성장률이라도 지속할 수 없게 된다.

사실 우리나라가 1997년 말에 외환위기를 당했던 가장 직접적인 원인은 '잠재성장률'을 해석하는 미국식의 정의 때문이었다. 당시 미국 경제학에 몰입했던 정책 당국은 물가만 불안해지지 않으면 성장률은 높을수록 좋다고 여겼다. 그래서 통화팽창과 재정팽창을 통해 성장률을 크게 높였다. 실제로 화폐발행 증가율은 1993년 말에 42%

에 이르렀고, 재정지출 증가율은 1995년에 43%에 달했다. 이런 적극적인 경기부양 정책에 힘입어 1994년과 1995년의 성장률은 각각 9.2%와 9.6%를 기록했다. 당시 김영삼 정부는 '세계화'를 내세워 수입 개방을 지속적으로 확대했고, 그 영향으로 물가 불안은 일어나지 않았다. 값싼 수입품이 국내 물가를 안정시켜 주었던 셈이다. 그래서 정책 당국과 경제전문가들은 그런 높은 성장률이 지속될 것으로 여겼다. 하지만 이것은 지속 가능한 일이 아니었다. 경상수지 적자가 지나치게 큰 규모로 누적되었고, 결국은 외환보유고가 고갈되면서 외환위기가 발생했다. 미국 경제학을 무분별하게 도입한 결과가 외환위기를 불러온 것이다.

결론적으로, 경제성장을 지속할 수 없도록 만드는 가장 결정적인 변수는 '물가 불안'과 '경상수지 악화' 두 가지라고 볼 수 있다. 경상수지가 지속적으로 악화되면 결국 외환위기를 겪고, 이 경우에는 우리나라가 겪었던 것처럼 성장률이 추락하고 만다. 실제로 외환위기가 발생했던 1998년에 우리 경제는 −5.5%의 성장률을 기록했다. 이처럼 경상수지는 지속 가능한 성장에 매우 중요한 역할을 한다. 더욱이 경상수지 악화는 환율을 상승시켜 수입 물가를 상승시킴으로써 물가 불안을 심화시킨다. 이러한 물가 불안은 구매력을 위축시켜서 성장률을 떨어뜨리는 작용을 한다. 어떤 식으로든 경상수지 악화는 성장을 지속할 수 없도록 만든다. 이렇듯 국제경쟁력이 약화되면 성장잠재력도 떨어지므로, 국제경쟁력은 성장잠재력의 일종이라고 봐도 무방하다.

이 지면을 빌려, 앞으로 용어의 혼란을 피하기 위해 국제경쟁력과 성장잠재력이 현실에서 구현된 지속 가능한 성장률을 '잠재성장률'로 정의하고자 한다. 그럼 잠재성장률은 무엇이 결정할까? 현재의 경제학은 생산요소인 노동, 자본, 자원(토지), 기술 등이 잠재성장률을 결정한다고 설명한다. 생산요소가 증가하면 잠재성장률도 커진다고 보는 것이다. 이때 기술을 제외한 생산요소들은 주어진 여건이나 다름없다. 하지만 주어진 경제 여건이 비슷하더라도 성장률은 나라와 시대에 따라 큰 차이를 보이는 것이 현실이다.

무엇이 그런 차이를 초래할까? 간단히 말하자면, 생산요소의 생산성이 그 차이를 초래한다. 노동, 자본, 자원 등의 수량이 상대적으로 더 느리게 증가하더라도 생산성의 향상 속도가 더 빠르면 성장률은 더 높아진다. 경제성장이란 산출의 증가를 의미하고, 산출의 증가는 생산요소의 수량과 그 생산성이 곱해져서 현실에 나타나므로, 이것은 당연한 이치이다. 그렇다면 생산요소의 생산성은 무엇이 결정할까? 크게 두 가지를 들 수 있다. 하나는 과학적 기술 수준이고, 다른 하나는 경제적 기술 수준이다. 이 둘을 구체적으로 살펴보자.

먼저, 과학적 기술 수준이란 어떤 특정 재화를 생산할 수 있는 과학적 능력을 의미한다. 과학기술의 발전은 높은 부가가치를 창출하는 새로운 재화를 생산할 수 있게 하고, 품질을 제고하여 높은 가격을 받게 함으로써 생산성을 근본적으로 향상시킨다. 이것은 잘 알려진 사실이므로 더 이상 자세히 언급할 필요는 없다. 그런데 경제성장에 기여할 과학기술의 발전은 정책이 앞장서서 이끌기 어렵기에 뒤에서 지원하는 것이 더 효과적이다. 어느 과학기술이 경제성장에 더 크게 기여할지를 미리 판단하기가 어렵기 때문이다. 또한 정책 당국의 역량이 시장의 기능보다 더 유능하지 못한 것도 중요한 원인이다. 그러므로 과학기술의 발전은 경제정책의 변수라고 보기는 어렵다. 오히려 과학기술의 발달은 경제성장의 원인이 아니라 결과라고 보는 것이 타당하다. 경제성장은 이익을 키우고, 이익은 자본을 더 많이 축적시켜서 과학기술의 발달을 촉진하는 것이 일반적이다. 더욱이 과학기술에 대한 투자는 이익이 증가할 때 비로소 이루어지는 특성을 지녔다. 만약 경기가 부진하여 이익이 감소할 때 과학기술에 대한 투자를 무리하게 감행하면 도산할 수도 있다. 따라서 과학기술의 발달은 잠재성장률 향상의 결과로 보는 것이 옳다.

다음으로, 경제적 기술 수준이란 어떤 특정 재화를 얼마나 싼값에 생산할 수 있느냐를 뜻한다. 현실에서는 과학적 생산능력을 갖추고도 경제적 기술 수준이 낮아서 생산이 이루어지지 못하는 경우가 허다하다. 예를 들어 러시아는 과학적 기술 수준에서 한때 세계 최고의 위치에 있었지만, 각종 전자제품이나 기계제품, 화학제품 등의 생산은 뒤처졌다. 경제적 기술 수준이 낮았기 때문이다. 다시 말해, 최신 전자제품이나 기계제품, 화학제품 등을 생산하는 비용이 지나치게 높아서 가격경쟁력을 확보할 수 없었던 것이다.

그렇다면 경제적 기술 수준은 무엇이 결정할까? 여러 변수가 작용하겠지만 그중에서도 가장 결정적인 역할을 하는 것은 '공공 부문'의 비중이라는 것이 경제사를 연구하면서 내가 얻은 결론이다. 참고로, 피터 터친 Peter Turchin 은 《제국의 탄생 War And Peace And War》에서 "사회 상층부가 지나치게 무거워지면 제국은 그 부담을 이겨내지 못해 경제난을 초래하고, 이것이 빈부 격차를 키움으로써 사회적 결속력을 떨어뜨리며, 결국은 이것이 내란이나 붕괴 위기를 초래한다"라고 여러 역사적 사례를 들어 반복적으로 주장했다. 그가 지적한 사회 상층부는 체제의 관리 부문을 구성하는 공공 부문이라고 봐도 무방하다. 실제로 공공 부문의 비중이 상대적으로 적어질 경우는 생산요소의 생산성, 즉 잠재성장률은 더 커지고, 공공 부문의 비중이 상대적으로 더 커질 경우는 생산요소의 생산성은 더 작아진다. 그렇다고 노동, 자본, 자원 등의 생산요소가 중요하지 않다는 것은 아니다. 노동, 자본, 자원의 양이 증가하는 것도 중요하고, 그 질이 향상되는 것은 더 중요하다. 하지만 노동, 자본, 자원의 생산요소는 기술과 마찬가지로 경제가 상대적으로 더 빠르게 성장할 경우에 그 양과 질이 향상되곤 한다. 노동의 경우는 소득이 높아질수록 출산율이 낮아지는 경향이 나타나 그 공급이 줄기도 하지만, 노동의 질이 향상됨으로써 성장을 촉진하며, 노동의 대체를 위한 기계화, 자동화, 정보화, 인공지능화 등도 촉진된다. 따라서 잠재성장률을 좌우하는 결정적인 변수는 공공 부문의 비중이라고 할 수 있다.

 환율 변동에서도 공공 부문의 비중은 결정적인 역할을 한다. 환율을 결정하는 것은 성장잠재력과 국제경쟁력이기 때문이다. 실제로 세계 경제의 패권을 둘러싼 역사를 살펴보면 이 점은 확연히 드러난다. 공공 부문이 크게 확장할수록 국제경쟁력과 성장잠재력은 떨어지면서 국제경쟁에서 패배했고, 결과적으로 경제가 쇠락의 길로 들어서곤 했다. 폴 케네디가 그의 저서 《강대국의 흥망》에서 '대외 팽창의 과잉'을 국가의 쇠락을 결정하는 근본적인 변수로 여겼던 이유가 여기에 있을 것이다. 역사적으로도 이것은 증명된 사실이다.

경제에는 독립적인 변수가 아무것도 없다고 해도 틀린 말은 아니다. 모든 경제 변수는 서로 영향을 주고받으며 크든 작든 관련을 맺고 있다. 그중에서도 어떤 변수들은 서로 밀접한 인과관계를 맺고 있다. 어느 한 변수가 원인이 되어 특정 변수의 변화를 빚어내면, 그 결과가 다시 원인으로 작동하여 새로운 결과를 낳는다. 이런 변동이 끊임없이 반복되면서 눈앞에 벌어지는 경제 현상을 만들어낸다. 국제경쟁력과 환율은 이런 계기적인 변동을 일으키는 대표적인 변수에 속한다.

국제경쟁력이 다른 나라에 비해 상대적으로 더 높으면 경상수지는 흑자를 나타내고, 그러면 외환의 공급이 늘어나 환율은 하락한다. 이처럼 국내 통화의 대외 가치가 높아지면 물가는 안정된다. 그리고 경상수지가 흑자를 기록하면 국부는 더 많이 축적되며, 이런 자본 축적의 증가는 이자율을 낮추고 투자를 활성화시켜 국제경쟁력을 향상시킨다. 국제경쟁력의 향상은 다시 경상수지 흑자를 키운다. 경제성장의 기적을 일으켰던 나라들은 거의 모두 이런 과정을 거쳤다. 제2차 세계대전 후의 독일과 일본도 그랬고, 우리나라를 비롯한 아시아의 네 마리 용들도 마찬가지였다. 하지만 그 반대의 경우도 현실에서는 종종 나타난다. 만약 통화의 대외 가치가 지나치게 빠르게 상승하면, 즉 환율이 지나치게 빠르게 하락하면, 수출의 가격경쟁력은 떨어지고 수입의 가격경쟁력은 높아져 경상수지는 적자로 돌아선다. 경상수지가 적자를 기록하면 환율은 상승하고 물가는 불안해지며, 국부가 유출되면서 경기는 부진해지고 국제경쟁력은 취약해진다. 그리고 국제경쟁력이 떨어지면 경상수지는 적자를 기록한다.

이와 같은 이율배반적인 현상을 어떻게 이해해야 할까? 국내 통화의 대외 가치 상승이 어떤 경우에는 국제경쟁력을 키우는 데 반해, 다른 경우에는 국제경쟁력을 잠식하기도 하는데, 이것을 어떻게 이해해야 할까? 그 답은 간단하다. 인과관계를 맺고 있는 경제 변수들 사이에서 나타나는 속도의 차이가 서로 다른 결과를 야기하기 때문이다. 즉, 두 변수들 중에서 어느 것이 앞서가는가를 살펴보면 이런 이율배반적인 현상을 쉽게 이해할 수 있다.

만약 국제경쟁력이 앞서가고 통화의 대외 가치가 뒤따라 상승하면, 이 경우에는 선순환이 발생한다. 국제경쟁력의 향상이 경상수지 흑자를 부르고, 이것이 통화의 대외 가치 상승을 부르며, 통화의 대외 가치 상승은 생산성 향상을 촉진하여 다시 국제경쟁력의 향상을 가져온다. 반면에 통화의 대외 가치 상승이 앞서가고 국제경쟁력이 뒤따르는 경우에는 악순환이 발생한다. 통화의 대외 가치 상승이 국제경쟁력 약화를 부름으로써 경상수지의 악화를 낳고, 경상수지 악화는 국내 자본과 소득의 해외 유출을 일으켜 성장잠재력과 국제경쟁력의 약화를 초래하며, 이러한 경쟁력의 약화는 국제수지 악화를 부른다.

경제의 역사는 이와 같은 인과관계의 반복으로 기록되어 왔다. 따라서 '국제경쟁력의 향상'이 통화의 대외 가치 상승보다 뒤떨어지지 않도록 하는 것이 국가 경제의 지속적인 발전을 위해 그 무엇보다 중요하다. 여기에 경제정책의 묘미가 있다. 통화의 대외 가치가 국제경쟁력의 향상에 비해 상대적으로 더 빠르게 상승하지 않도록 정책적으로 조절하는 것이 지속적인 경제발전의 전제 조건인 셈이다. 환율 변동에 대한 정책적 대응이 국가 경제의 발전에 중요한 의미를 갖는 이유가 바로 이것이다.

그런데 환율정책은 다음과 같은 두 가지 의미를 가지고 있다. 하나는 국내 정책이고, 다른 하나는 대외 정책이다. 우선, 국내적으로는 통화의 대외 가치 상승이 국제경쟁력 상승을 넘어서는 일이 벌어지지 않도록 정책적인 노력을 기울일 필요가 있다. 이를 위해서는 무엇보다 국제경쟁력을 향상시키기 위한 노력을 지속적으로 기울여야 한다. 그 대표적인 예로는 '환율의 점진적인 하락'을 들 수 있다. 경상수지 흑자가 유지되는 범위에서 환율이 점진적으로 하락하면 수출 기업의 수익성은 악화되므로, 수출 기업은 신제품 개발, 생산성 향상, 신기술 개발 등의 노력을 치열하게 기울이지 않을 수 없다. 그러면 수출 기업의 국제경쟁력은 더욱 높아지고, 국가 경제의 국제경쟁력도 크게 높아진다. 대외적으로는, 국내 통화가치의 하락 속도가 다른 나라들의 통화가치의 하락 속도보다 더 빠르지 않도록 정책적인 노력을 기울여야 한다. 즉, 물가가 다른 나라들에 비해 상대적으로 더 안정되도록 해야 한다는 것이다. 만약 이 두 정책 중에 어느 하나라도 실패하면 그 나라는 쇠락의 길로 들어서고, 두 정책이 모두 성공하면 그 나라는 번영의 길로 들어선다.

만약 환율이 국제경쟁력을 반영하지 못하면, 어떤 일이 벌어질까? 국제경쟁력의 향상 속도가 빠름에도 불구하고 환율이 떨어지는 속도가 그것에 훨씬 못 미치는 일이 벌어지면, 어떤 현상이 벌어질까? 당연히 경상수지 흑자는 점점 더 커진다. 경상수지 흑자가 계속 커지면 자본 축적이 점점 많아지고, 국내 투자의 수익성은 점점 떨어진다. 그러면 수익성이 상대적으로 더 높은 다른 나라에 대한 투자가 늘어난다. 이런 해외투자는 국내 소득의 해외 이전을 의미한다. 국내 소득이 해외로 이전되면 국내 수요가 부족해져 국내 경기는 부진해진다. 내수가 이처럼 부족해지면 기업뿐만 아니라 정부도 수출에 더욱 매달릴 수밖에 없다. 수출이 총수요를 지탱하는 유일한 방법으로 남기 때문이다. 그래서 경상수지 흑자는 더 커지고, 결국은 악순환이 벌어지고 만다.

일본과 독일 경제가 1990년대 이후부터 지금까지 초장기 저성장 궤도에서 벗어나지 못했던 가장 중요한 이유 중 하나가 바로 이것이다. 물론 독일은 2008년의 세계 금융위기 직후에 일시적으로 높은 성장률을 기록했는데, 유럽 각국의 자본이 금융시장이 안정적인 독일로 몰려갔기 때문이다. 하지만 유럽 경제가 금융위기에서 벗어나 안정을 되찾으면서 이 추세는 곧 역전되었다. 대만이 장기간 저성장에 시달리고 있는 이유도 마찬가지이다. 경상수지 흑자가 쌓이면서 해외투자가 늘어났고, 해외투자는 국내 소득의 해외 유출을 의미했다. 소득의 해외 유출은 내수 부족을 빚었고, 국내 경기를 유지하기 위해 수출에 더욱 목을 맬 수밖에 없었다. 대만은 일본과 독일의 전철을 그대로 밟고 있는 셈이다. 이처럼 환율정책은 국가 경제의 흥망성쇠를 결정할 정도로 매우 중요한 역할을 한다. 우리나라는 이 나라들의 전철을 밟지 않도록 환율정책 집행에 신중하고, 경제위기 상황에 대응하기 위한 노력에 모든 역량을 쏟아부어야 할 것이다. 이런 의미에서 지금부터는 1990년 이후 지금까지 일본이 초장기 경기 부진의 늪에 빠져든 과정을 자세히 살펴보고자 한다. 일본의 사례는 경제정책의 수립에 큰 교훈을 제공할 뿐만 아니라, 환율 변동과 경제의 성장과 쇠락을 올바르게 진단하는 데도 도움을 줄 것이다.

4장

멈춰버린 일본이 우리에게 알려준 것

일본의 30년 장기 불황

거의 모든 경제학 교과서는 'Y=C+(I−S)+(G−T)+(X−M)'이라는 소득함수를 기술하고 있다(Y는 소득, C는 소비, I는 투자, S는 저축, G는 재정지출, T는 세수, X는 수출, M은 수입). 이 소득함수에 속한 '(X−M)'은 수출에서 수입을 공제한 무역수지, 즉 일반적으로는 '경상수지 흑자'를 뜻한다. 이 소득함수에 따르면, 경상수지가 흑자일 때 국민소득이 증가한다. 그런데 이것이 현실의 경제와 부합할까? 만약 그렇다면 대규모 경상수지 흑자를 기록하고 있는 일본과 독일의 경제성장률이, 대규모 경상수지 적자를 기록하고 있는 미국과 영국의 경제성장률보다 상대적으로 더 낮은 이유는 무엇일까?

예를 들어 2006년의 경우, 미국의 경제성장률은 경상수지 적자가 GDP의 5.8%인 약 8,070억 달러에 이르렀음에도 성장률이 2.9%를 기록했다. 반면에 일본의 경제성장률은 같은 해에 경상수지 흑자가 GDP의 3.8%인 약 1,750억 달러였음에도 불구하고 성장률이 미국보다 훨씬 낮은 1.4%를 기록했을 뿐이다. 이런 현상은 2006년에만 일어난 것이 아니라 장기간에 걸쳐 일어났다. 예를 들어 1991년부터 2001년 사이에 미국의 GDP는 대규모 경상수지 적자가 지속되었음에도 성장률이 3.5배 증가한 반면에, 일본의 GDP는 대규모 경상수지 흑자가 계속되었음에도 불구하고 성장률이 1.4배에 그쳤다. 현재 경제학의 소득함수는 이런 현상을 해명할 수 없다.

이와 같이 경제학적으로 이상한 현상이 미국과 일본에서만 벌어진 것은 아니다. 영국과 독일에서도 마찬가지로 그런 현상이 발생했다. 같은 기간에 영국의 GDP는 대규모 경상수지 적자를 기록했음에도 성장률이 2.5배 증가한 반면, 독일의 GDP는 대규모 경상수지 흑자를 기록했음에도 불구하고 성장률이 2.1배 증가하는 데 그쳤다.

아래 표는 1991년부터 2019년까지 미국, 일본, 독일, 영국의 경상수지와 경제성장률을 나타낸 것이다. 물론 그 밖의 사례도 많다. 한국과 대만도 경상수지 흑자가 대규모였음에도 불구하고 경제성장률은 경상수지가 적자인 국가들보다 상대적으로 낮았다.

주요 국가의 경상수지와 경제성장률

연도	경상수지(10억 달러)				경제성장률(%)			
	일본	독일	미국	영국	일본	독일	미국	영국
1991~2000년	167.0	-15.9	-147.6	-8.7	1.3	1.9	3.5	2.5
2001~2010년	158.2	134.9	-573.8	-66.4	0.7	0.9	1.8	1.7
2011~2019년	130.0	271.8	-428.0	-112.5	1.0	2.1	2.2	1.8

출처: International Financial Statistics 2000, IMF. 한국은행 경제통계시스템 2020년 5월 31일.

이러한 사례에서 중국은 예외처럼 보일 수도 있다. 중국의 경상수지 흑자는 1994년부터 증가하기 시작하여 2008년에는 GDP의 9%에 달하는 4,210억 달러를 기록했지만, 경제성장률은 아주 높은 실적을 남겼다. 심지어 세계적인 금융위기가 발생해 많은 나라들이 극심한 경제난을 겪던 때인 2008년부터 2010년 사이에도 중국의 경제성장률은 9~10%대였다. 그러나 중국의 경제성장률은 경상수지가 여전히 대규모 흑자를 유지했음에도 불구하고 그 뒤부터 하락하기 시작해 2012년에는 7.9%를 기록했고, 2018년에는 6.6%로 떨어졌다. 이처럼 중국의 경제성장률은 2010년대 이래 계속 낮아지기만 했다. 현재 경제학의 소득이론은 이런 현상을 적절히 파악하지 못할 정도로 취약하다.

따라서 지금부터는 경상수지 흑자가 장기적으로는 국가 경제의 성장을 촉진하지 못한다는 점을 자세히 알아보고자 한다. 그 대표적인 사례로 일본 경제를 살펴보자. 실제로 일본의 경상수지 흑자는 대규모였음에도 불구하고 연평균 성장률은 1990년대 이래 2024년까지 0.8%에 불과했다. 이 사실은 경상수지 흑자가 경제학의 소득이론과는 다르게 현실에서는 오히려 경제성장에 부정적인 영향을 끼칠 수 있다는 점을 시사한다. 물론 일본의 초장기 저성장은 다른 경제 변수에도 영향을 받았을 것이고, 그렇기에 다각적인 접근이 필요하다고 본다.

다음 그래프에서 보듯이, 일본 경제는 1991년부터 하강을 시작했다. 1990년에 5.6%를 기록했던 성장률은 1991년에 3.3%로 떨어진 뒤, 1992년에는 0.9%, 1993년에는 −0.1%로 추락했다. 1995년과

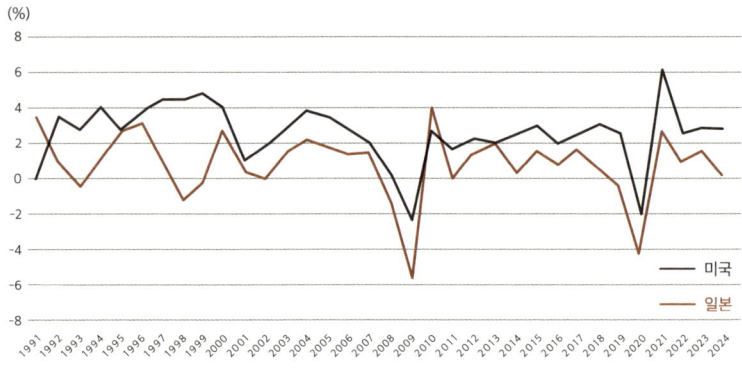

출처: 한국은행 경제통계시스템 2025년 4월 29일.

1996년에 2~3%대 성장률로 잠시 상승했으나, 1997년부터는 하강하여 1998년부터는 2년 연속 마이너스 성장률을 기록했다. 그 반사작용으로 2000년에는 2.8%의 성장률을 기록했지만, 2001년과 2002년에는 0%대 성장률로 다시 돌아갔다. 2003년에는 경기가 상승하여 2007년까지 5년 동안 매년 1~2%대의 성장률을 기록했는데, 이것도 만족할 만한 수준은 아니었다. 그 뒤부터는 빠르게 하강하여 2008년에 성장률은 -1.2%를 기록했고, 2009년에는 -5.7%라는 최악의 기록을 남겼다. 그 반사 효과로 2010년에 성장률은 4.1%로 급등했지만, 2011년에 다시 뒷걸음쳐 0%를 기록했다. 2012년과 2013년에는 성장률이 다소 회복되어 각각 1.4%와 2.0%를 기록했으나, 2014년부터는 다시 0~1%대 성장률로 돌아서고 말았다. 2019년과 2020년에는 마이너스 성장률을 기록했고, 2022년부터 2024년까지는 0~1%대 성장률을 기록했다.

일본 경제는 1991년 이후 30년 이상 심각한 경기 부진과 급격한 경기변동에 시달렸다. 경제공황이 발생하지 않았음에도 불황이 이처럼 장기화한 것은 경제사에서 비슷한 사례를 찾아보기 어려울 정도로 특이한 만성적 경제 질병 때문일 것이다. 일본의 경기 부진이 얼마나 심각했는지는 미국의 경제성장률과 비교해 보면 쉽게 알 수 있다. 1980년대까지는 일본의 경제성장률이 1970년대 중반과 1980년대 중반 등의 몇몇 짧은 기간을 제외하면 미국에 비해 월등히 높았다. 그러나 1990년대 이후에는 2010년을 제외하고는 일본의 성장률이 미국보다 훨씬 낮았다. 더욱이 2009년에 일본의 성장률은 −5.7%를 기록하여 세계 금융위기의 진앙인 미국이 기록한 −2.6%보다 훨씬 낮았다. 이 사실은 일본 경제가 어떤 상태인지를 여실히 보여준다. 한마디로, 외부 충격이 가해지면 경기가 급강하할 정도로 경제 체력이 극도로 약화된 것이다.

1인당 국민소득을 비교해 보면, 일본의 경기 부진이 더욱 두드러지게 나타난다. 일본의 국민소득은 1980년대 중반에 미국을 넘어섰고, 이후 격차를 벌리기 시작하여 엔의 가치가 급상승했던 1995년에는 미국보다 1.5배 더 많은 4.4만 달러를 기록했다. 그 후부터는 격차가 점점 줄더니 1998년에는 서로 비슷해졌고, 2001년부터는 미국에 추월당해 계속 격차가 벌어졌다. 결국 2024년에는 미국의 1인당 국민소득인 약 8.6만 달러의 절반에도 미치지 못하는 3.3만 달러에 불과했다. 어쩌다 이런 일이 벌어졌을까? 한때 세계적으로 일본 열풍을 불러일으켰던 일본이 왜 이처럼 처참하게 전락했을까? 이 비극은 1980년대 말 일본에서 주식과 부동산 투자의 광기가 거품을 일으키고, 이 거품이 1990년 하반기부터 꺼지면서 발생했다는 것이 일반적인 분석이다. 그럼 일본 경제가 추락하기 시작한 치명적인 원인 가운데 하나인 거품 붕괴 문제부터 살펴보자.

일본의 추락을 가져온 거품 경제의 붕괴

니케이지수는 1970년대 말 6,000대부터 상승을 시작하여 1989년 말에는 39,000을 넘어섰다. 10년 동안 여섯 배 이상 상승한 것이다. 1987년부터 1989년까지 2년 동안에만 지수가 두 배 넘게 올랐다. 부동산 가격도 상승하여 1980년대에 아홉 배나 올랐다. 그래서 기업이 보유한 토지의 평가금액은 상승했고, 이것이 주가를 더 끌어올렸다. 기업은 주가 상승을 배경으로 전환사채나 신주인수권부 사채 등을 발행하여 다시 토지나 주식에 투자했다.[7] 여기에는 일본 대장성(현 재무성)이 1984년에 투자금융 계정의 별도 설치를 기업에 허용한 것이 중요한 역할을 했다. 일본의 기업들은 자본이득세를 한 푼도 내지 않고 주식과 채권, 부동산 등에 투자할 수 있게 되자, 주식과 부동산 등의 자산 가격은 하늘 높은 줄 모르고 치솟았다.

그 자산 가격이 정점에 이르렀을 때 일본의 부동산 가치는 미국의 부동산 가치의 두 배에 달했고, GDP 대비 부동산 가치의 비율로는 미국의 네 배나 되었다.[8] 일본 주식시장의 시가총액 역시 미국의 두 배에 달했다. 심지어 이 시기에 세계 50대 기업 중 33개가 일본 기업이었다. 10위권 중에는 3위와 5위를 제외하고는 모두 일본 기업이었다. 금융회사도 마찬가지로 세계 10대 은행 중 7개가 일본 은행이었다. 최대 투자은행인 노무라Nomura의 자본금은 미국 5대 투자은행의 자본금 총액보다 더 컸다.[9] 이것은 전형적인 '거품' 현상이었다. 이 거품이 완전히 꺼진 후 2015년에는 일본의 은행 중 어느 곳도 세계 10위권 안에 들지 못했다. 20위권 내에 노무라 한 곳만 최하위권을 맴돌고 있었다. 이 거품은 왜 발생했고, 왜 꺼졌을까? 먼저, 그 배경부터 살펴보자.

제2차 세계대전 이후 미국은 재정적자 정책을 비교적 오랜 세월 유지했고, 이것이 1970년대에 스태그플레이션을 유발했다. 스태그플레이션은 미국 경제의 국제경쟁력을 약화시키고 성장잠재력까지 크게 떨어뜨렸다. 그로 인해 1980년대 중반부터 미국은 최대 채무국으로 전락했다. 달러 가치가 하락하여 기축통화의 지위를 상실할 위험에 직면한 것처럼 보였다. 이 위험을 완화시키기 위해 미국은 경상수지를 먼저 개선해야 했다. 앞에서 언급했듯이, 1985년 9월에는 미국이 주도한 '플라자협정'이 주요국들 사이에서 이루어졌다. 이에 따라 엔의 가치는 단기간에 급등했고, 일본 수출이 큰 타격을 입을 것처럼 보였다.

수출 위축에 따른 경기하강을 염려한 일본은행은 1986년 1월에 이어 3월, 4월, 11월, 그리고 1987년 2월에 잇달아 공정금리를 2.5%까지 내렸다. 지금으로서는 믿기 어려운 일이지만 당시로서는 사상 최저 금리였다.[10] 일본의 저금리 정책은 이른바 '엔고 불황'의 처방이었던 동시에, 미국에 대한 정책적 협조라는 의미가 강했다. 엔고 불황이 심각했던 것은 1986년뿐이고, 1987년 봄부터는 회복세로 돌아섰다. 1986년에 2.8%를 기록했던 경제성장률이 1987년에는 4.1%로 상승했고, 이 상승 추세는 지속되어 1988년에는 7.1%라는 높은 성장률을 기록했다. 그럼에도 불구하고 1987년 이후에 저금리를 장기간 유지했던 것은 달러 약세 때문이었다. 엔의 가치를 약화시켜 달러 가치를 유지시키려 했던 것이다.

플라자협정 이후에 달러 약세가 좀처럼 멈추지 않자, 1987년 2월에는 환율을 현재 수준에서 안정시키는 것을 골자로 한 '루브르합의'가 주요국들 사이에서 이루어졌다. 달러 가치가 더 이상 하락하면 기축통화인 달러에 대한 신뢰가 무너져 세계 경제에 심각한 금융위기가 닥칠 수 있으므로 이런 합의는 불가피한 선택이었다. 당시 일본은 저금리를 유지하여 달러 시세를 지탱해 주었다. 이 정책은 엔 강세를 억제하기 위해서도 바람직한 것으로 여겨졌다. 그러나 저금리가 지나치게 오래 유지됨에 따라 지금껏 장기간 상승세를 보였던 부동산시장과 주식시장은 더 활황을 보였고, 그 거품은 더 크게 부풀어 올랐다.

엔 강세에 겁먹은 일본 기업은 설비투자에 몸을 사렸다. 국내 생산 설비를 외국으로 옮기는 일까지 벌어져 '산업 공동화'라는 화두가 호소력을 발휘했다. 그 영향으로 기업의 국내 투자가 부진해지자, 은행은 자금을 운용할 곳이 줄었다. 예금은 계속해서 쌓였으므로 대출 출구를 새롭게 찾아야 했는데, 그곳이 바로 부동산시장과 주식시장이었다. 그런 와중에도 일본의 국제수지 흑자는 마냥 커졌고, 엔 가치는 계속 상승 압력을 받았다. 엔 가치를 유지하기 위해서 일본은행은 달러를 사들여야 했으며, 이렇게 풀린 돈은 또 부동산시장과 주식시장으로 흘러갔다.

이런 거품 경기의 영향으로 일본 경제는 1980년대 후반에 호황을 만끽했다. 부동산 투자로 벌어들인 수익률은 대략 연평균 30%에 달했다. 기업은 부동산의 투자 이익이 철강이나 자동차, TV 등과 같은 제조에서 얻는 이익보다 훨씬 높다는 사실을 알게 되자, 은행 차입금을 이용해 부동산 투자자로 변신했다.[11] 부동산 거품은 1989년에 정점까지 부풀어 오른 뒤 1990년부터 순식간에 꺼지기 시작했다. 그 결과 신용파괴의 경제원리가 작동하면서 심각한 금융위기가 닥쳤고, 경기는 빠르게 하강했다.

왜 일본의 정책 당국은 이런 경기하강과 금융위기에 대비하지 못했을까? 1980년대 후반에는 엔 강세에 힘입어 주요 자원의 수입 가격이 계속 하락함으로써 소비자물가는 안정적이었기 때문이다. 물가만 안정되면 경제성장은 지속 가능하다는 미국식 인식이 정책 당국을 비롯해 경제전문가들을 지배했으므로 위기감을 특별히 느끼지 못했다. 그러나 불행하게도 부동산시장과 주식시장의 거품은 언젠가는 꺼지기 마련이다. 미래 수요가 현재 수요로 시간 이동을 하여 머지않아 수요가 거의 사라지는 때가 되면, 부동산과 주식의 가격은 폭락하기 때문이다. 이에 따라 주식시장과 부동산시장의 거품이 꺼지면, 신용파괴의 경제원리가 작동한다는 사실을 일본 정부는 간과했다. 아니, 몰랐다.

일본 주식시장의 시가총액은 1989년에 611조 엔을 기록한 뒤, 1990년에는 감소로 돌아섰다. 1990년부터 1996년까지 6년 동안의 주식 평가손실액은 약 434조 엔에 달했다. 그리고 땅값이 하락하기 시작한 1991년부터 1995년까지 5년 동안의 부동산 평가손실액도 616조 엔에 달했다. 1990년대 전반에만 주식과 토지의 총자산이 1,000조 엔 이상 줄어들었다. 당시 일본의 GDP는 약 500조 엔이었으므로 국민소득 2년분에 해당하는 자산이 1990년대의 5~6년 사이에 사라진 셈이었다.[12] 이처럼 거품 경기가 꺼지자, 자산 효과가 역으로 작동하여 경기를 하강시켰다. 여기에 금융위기까지 가세했다.

 부동산회사와 종합건설업체 등에 돈을 빌려준 은행들은 부동산 경기가 추락하면서 엄청난 부실채권을 떠안았다. 그 회사들이 개발하고 건설한 빌딩과 주택, 골프장, 리조트 등은 제대로 팔리지 않거나 가격이 급락하면서 손실이 커졌으므로, 금융기관에서 빌린 거액의 대출금을 상환할 수 없게 되었다. 그러자 주식과 부동산 가격은 더 빠르게 떨어졌다. 채무 상환은 점점 어려워졌고, 은행권의 부실채권은 눈덩이가 구르듯 커졌다. 은행 등의 금융회사가 보유하고 있던 주식과 부동산의 자산가치도 크게 떨어졌다. 당연히 금융회사의 경영수지는 지속적으로 악화되었다. 이에 따라 신용파괴의 경제원리가 본격적으로 작동하기 시작했고, 통화량이 신용승수만큼 크게 줄어드는 효과가 나타났다. 결국 심각한 금융위기로 발전했고, 일본 경제는 경기침체의 늪으로 빠져들었다.

 일본 정부도 이런 경제위기를 방관하지 않았다. 특히 경기가 본격적으로 하강한 뒤부터는 눈물겨운 노력을 기울였다. 다음 표에서 보듯이, 대규모 경기부양 정책을 1992년부터 2000년까지 모두 아홉 차례에 걸쳐 펼쳤다. 그 사업 규모는 총 132조 엔, 당시 우리 돈으로는 약 2,000조 원, 달러 기준으로는 1.2조 달러에 육박했다. 1998년 한 해에만 경기부양을 위한 재정지출 규모가 40조 엔을 훌쩍 넘어 GDP

의 8%에 육박했다. 이런 대규모 재정을 주로 사회간접자본 건설에 투입했다. 그 결과 일본의 고속도로는 1990년대에 4,000킬로미터에서 7,000킬로미터로 두 배 가까이 늘어났다. 일본 관료들 사이에서는 더 이상 건설할 다리나 확장할 도로를 찾기 어렵다는 푸념이 나올 정도였다.

그뿐만이 아니었다. 일본은행은 경기후퇴를 역전시키기 위해 1991년 7월에 공정할인율을 6%에서 5.5%로 한번에 0.5%를 인하했다. 그래도 경기하강이 멈추지 않자, 1995년 9월까지 여덟 차례에 걸

1980년대 일본의 경기부양책

명칭	정책 시기	사업 규모(조 엔)	주요 내용
경기종합대책	1992년 8월	10.7	공공투자 8조 6,000억 엔
경기종합대책	1993년 4월	13.2	공공투자 약 11조 엔
긴급경제대책	1993년 9월	6.2	엔고 차익 환원
긴급 엔고 경제대책	1995년 6월	2.7	긴급 엔고 대책, 지진 복구
경기대책	1995년 9월	14.2	공공투자 약 7조 엔
경기종합대책	1998년 4월	16.7	특별 감세 약 4조 엔
긴급경제대책	1998년 11월	23.9	감세 6조 3,000억 엔 등
경제신생대책	1999년 11월	18.0	사회자본 정비 6조 8,000억 엔
일본 신생을 위한 신발전 대책	2000년 10월	11.0	사회자본 정비 4조 7,000억 엔
사업 규모 누계		131조 8,000억 엔	

출처: 다카하시 조센, 《사라진 일본경제의 기적》, 181쪽, 다락원, 2002년.

4장 | 멈춰버린 일본이 우리에게 알려준 것

쳐 금리 인하를 추가로 단행하여 0.5%라는 당시 세계사에서 유례가 없는 수준으로 낮추었다. 0.5%는 대공황 때나 있을 법한 이자율이었다.[13] 그러나 과거의 영광은 끝내 되살리지 못했고, 경기 부진의 기간은 점점 길어졌다. 감세정책도 펼쳐봤고 규제 완화도 시행해 봤지만, 2003년까지는 경기를 되살리는 데 실패했다. 2003년 이후의 경기회복마저 과거에 비해 미약했다. 이처럼 다양한 노력을 기울였음에도 불구하고 일본 경제가 장기 부진에서 벗어나지 못한 이유는 무엇일까? 그 이유를 밝히려면 일본 경제가 장기 침체에 빠져든 과정부터 자세히 살펴볼 필요가 있다.

실패한 정책 되풀이가 가져온 현실

일본의 부동산시장과 주식시장의 거품 붕괴는 경기를 하강시킨 원인일 뿐 경기 부진을 장기화한 원인일 수는 없다. 일본의 국내 경기는 1990년대 중반에 꽤 오랜 기간 미약하나마 상승했기 때문이다. 일본의 정책 당국이 앞에서 언급한 것처럼 적극적인 경기부양 정책을 시

1990년대 일본의 성장률 추이

(단위: %)

연도	1991년	1992년	1993년	1994년	1995년	1996년	1997년	1998년	1999년
성장률	3.35	0.9	-0.5	1.1	2.6	3.1	1.0	-1.3	-0.3

출처: 한국은행 경제통계시스템 2025년 4월 29일.

행한 결과, 1993년에 −0.5%였던 경제성장률이 1994년에는 1.1%, 1995년에는 2.6%, 그리고 1996년에는 3.1%를 기록하며 모처럼 경기 부진에서 벗어나는 모습을 보였다.

이와 같이 일본의 국내 경기가 다소 살아나자 주식시장도 회복세를 보였다. 니케이지수는 1989년 말에 39,000을 기록한 뒤 계속 하락하여 1992년에는 18,000을 기록했지만, 1993년과 1994년에는 거의 20,000선까지 상승했다. 1995년에는 17,000으로 떨어졌다가 1996년에는 다시 20,000선을 회복했다. 여기에는 일본 정부의 증시 부양 정책이 한몫했다. 즉, 일본 정부는 1992년부터 시작하여 1998년까지 총 8조 5,000억 엔을 투입했다. 모처럼 경기회복에 대한 기대감도 여기에 가세했다. 부동산시장도 하락을 멈추고 상승으로 전환할 기미를 보였다. 그렇다면 그 뒤에 새롭게 나타난 경기 부진은 주식시장과 부동산시장의 거품 붕괴가 아닌 다른 원인에 의해 일어났다고 보는 것이 타당하다.

1995년과 1996년에 상승했던 국내 경기는 1997년부터 하강으로 바뀌어 경제성장률이 1.0%로 떨어졌다. 이처럼 경기가 하강하던 때, 태국과 인도네시아에서 외환위기가 발생하여 일본 경제에 큰 타격을

1991~2007년 일본의 니케이지수 추이

(단위: 만)

연도	'91	'92	'93	'94	'95	'96	'97	'98	'99	'00	'01	'02	'03	'04	'05	'06	'07
주가	2.42	1.81	1.91	1.99	1.74	2.11	1.84	1.54	1.68	1.38	1.05	0.86	1.07	1.15	1.61	1.72	1.53

출처: 《국제통계연감》 각 호, 통계청.

입했다. 이 동남아시아 외환위기는 일본의 경기 부진과 밀접한 관련이 있다. 아니, 일본의 금융위기가 동남아시아 외환위기를 일으키는 데 중요한 역할을 했다고 보는 것이 타당하다. 사실 태국을 비롯한 동남아시아 국가들의 거품은 일본의 거품 붕괴 이후에 도쿄로부터 유입된 자금이 주도적으로 형성했다. 국내 투자에 한계를 느낀 일본 금융업계가 동남아시아 투자에 나서자, 거품 경기가 본격적으로 일어난 것이다. 이 거품 경기가 꺼지면서 동남아시아의 외환위기가 발발했다.

그 직전에 하시모토 류타로橋本龍太郎 당시 일본 총리는 경기가 살아났다고 판단하여 1996년 11월에 '21세기형 금융 시스템 구축'을 내세웠다. 이른바 '일본판 빅뱅'을 외치며 2001년을 목표로 금융 대개혁의 기치를 높이 쳐들었다. 이 빅뱅 선언은 부동산회사와 종합건설업체에 대한 은행의 지원을 중단하도록 촉구하는 결과를 초래했다.[14] 그로 인해 1997년 초부터 종합건설업체의 도산 사태가 벌어졌다. 이를테면 도카이흥업東海興業, 다다건설多田建設, 다이토공업大東工業 등의 기업이 꼬리를 물고 도산했다. 그 파장은 금융기관 전반에 미쳤다. 1997년 4월에는 닛산생명日産生命이, 11월에는 산요증권三洋證券이 파산했다. 이런 금융위기에 따른 신용경색은 동남아시아 투자금의 회수를 불렀으며, 이것이 동남아시아 외환위기의 발발에 기폭제 역할을 했다. 그 후부터 일본 경제는 더 심각한 경기침체에 빠졌다.

그럼 동남아시아 외환위기가 일본 경제를 장기 침체에 빠뜨린 결정적인 원인이었을까? 그 영향을 받은 것은 사실이다. 일본은 1998년에 −1.3%의 성장률을 기록했는데, 이 경기하강에는 동남아시아 외환위기가 중요한 역할을 했다. 하지만 외환위기를 겪었던 다른 동남아시아 국가들은 1998년에 혹독한 경기후퇴를 겪었어도 1999년부터는 경기가 상승으로 바뀌었다. 독재 정권이 무너지는 등 정치적 혼란이 심각했던 인도네시아를 제외하면 그러했다. 반면에 일본의 경기 회복은 그보다 1년 이상 늦었다. 1999년에 경제성장률은 -0.1%를 기록했고, 2000년에야 2.3%의 성장률을 기록했다. 당시 사상 최악의 외환위기를 겪었던 우리나라는 1999년에는 11.3%, 2000년에는 8.9%의 높은 성장률을 기록했다.

더 심각한 문제는 그 뒤에 일어났다. 일본의 경제성장률은 2001년과 2002년에 각각 0%대로 다시 떨어졌고, 2003년에도 겨우 1.5%의 성장률을 기록하는 데 그쳤다. 이때의 경기후퇴는 미국의 나스닥시장 붕괴와 9.11 사태 등에 영향을 받은 것이다. 그러나 일본의 성장률은 평균적으로 미국보다 훨씬 더 낮았다. 그 후에는 경기가 잠시 회복되어 2004년에 성장률이 2.2%를 기록했지만 곧이어 1%대로 떨어졌고, 이 추세는 2007년까지 이어졌다. 2008년 세계 금융위기가 발발한 이후에도 일본의 경기하강은 다른 선진국들보다 훨씬 더 폭이 깊었고 그 기간도 길었다. 실제로 일본의 성장률은 2008년에 -1.2%와 2009년에 -5.7%와 같이 2년 연속 마이너스를 기록했다. 2010년에

2000년대 일본의 성장률 추이

(단위: %)

연도	'00	'01	'02	'03	'04	'05	'06	'07	'08	'09	'10
성장률	2.8	0.4	0.0	1.5	2.2	1.8	1.4	1.5	-1.2	-5.7	4.1

출처: 한국은행 경제통계시스템 2025년 4월 25일.

2010년대 이후 일본의 성장률

(단위: %)

연도	'11	'12	'13	'14	'15	'16	'17	'18	'19	'20	'21	'22	'23	'24
성장률	0.0	1.4	2.0	0.3	1.6	0.8	1.7	0.6	-0.4	-4.2	2.7	0.9	1.5	0.1

출처: 한국은행 경제통계시스템 2025년 4월 25일.

는 그 반사 효과로 4.1%의 높은 성장률을 보였지만 일시적인 성과에 불과했다.

2010년대 이후 최근까지 일본 경제의 경기 부진은 과거와 크게 다르지 않았다. 위의 표에서 보듯이, 2011년에는 성장률이 겨우 0%를 기록했고, 2012년과 2013년에는 다소 증가하여 각각 1.4%와 2.0%를 기록했다. 하지만 2014년 이후에는 0%대나 1%대 성장률에 그치며 경기 부진이 더욱 심화되었다. 코로나19 사태가 터지기 직전인 2019년에는 이미 경기가 빠르게 하강하여 성장률은 -0.4%를 기록했다. 코로나19 사태가 발생한 2020년에는 성장률이 -4.2%를 기록하며, 어느 나라 못지않게 심각한 경기침체를 겪었다. 2021년에는 경기가 회복되었으나, 2022년 이후부터 2024년까지 0~1%대 성장률에 머물렀다.

도대체 무엇이 일본 경제를 이 같은 초장기 침체의 늪에 빠뜨렸을까? 이 문제에 대해서는 일본 경제학계에 크게 두 가지 견해가 있다. 하나는 '내생 변수'에서 원인을 찾는 것이고, 다른 하나는 '제도'에서 원인을 찾는 것이다. 내생 변수에서 원인을 찾는 대표적인 것으로는 미야자키 요시카즈宮崎義一가 주장한 '복합불황론'을 들 수 있다. 그는

1992년에 발간한 《복합불황複合不況》이라는 책에서 "유효수요 부족에서 오는 순환적 실물경제의 후퇴에다 금융 부문의 신용경색에 의한 자금 부족이 겹친 중층적 불황"을 일본 경제가 겪게 되었다고 밝혔다.[15] 이것은 경기침체의 원인으로는 타당할지 모르지만, 경기침체를 장기화한 원인으로는 설득력이 약하다. 실물경제의 후퇴와 신용경색이 겹쳤다고 하더라도 경기침체의 기간이 지나치게 길었다. 무엇보다 경기가 잠시 회복했다가 다시 하강하는 일이 반복적으로 일어났다는 사실에 주목할 필요가 있다.

예를 들어 1995년과 1996년에는 각각 2.6%와 3.1%의 성장률을 기록하여 2년 연속 상대적으로 높은 성장률을 기록했으나, 그 뒤부터 다시 경기가 빠르게 하강했다. 2000년에도 2.8%의 성장률을 기록하여 경기가 잠시 회복되었으나, 곧이어 0%대 성장률을 2년 연속 기록하고 말았다. 따라서 복합불황은 1994년까지의 경기후퇴에만 해당한다고 봐야 옳다.

반면에 구조론자들은 일본 경제의 문제점을 제도와 문화에서 찾았다. 대표적으로 사이토 세이치로斎藤精一郎는 "일본 경제가 역사의 공백에 빠진 진정한 원인은 캐치업 체제에서 당연한 전제로 삼아온 국가적·국민적 목표가 1985년경에 거의 달성되었고, 일본 전체가 목표 상실의 상태에 빠졌기 때문이다"라고 단언했다.[16] 또한 "과거에는 세 가지 사회적 구조가 성장 장치로 자리 잡아 캐치업 체제를 강력하게 뒷받침했다. 첫째는, 은행은 무너지지 않는다는 신화로 집약되는 안정적이고 확고한 전후 금융체제의 성립이었다. 이른바 '호송선단' 방식이다. 둘째는, 일본식 경영신화로 일컬어지는 확고한 일본식 기업

시스템의 형성이었다. 셋째는, 민관 협조 신화와 정·관·재(정치·관료·재계)의 일본 사령탑 체제의 확립이었다"라고 주장했다.[17] 다시 말해, 선진국을 따라잡는 '캐치업'이 끝났을 때는 이런 옛 체제가 경쟁력을 잃었다는 것이 그의 주장이다. 정부 주도형 경제가 아니라 시장 주도형 경제로 탈바꿈해야 했고, 안정성보다는 역동성을 추구해야 했으며, 탈락 없는 공존형 사회에서 적자생존을 허용하는 사회로 진화해야 했다는 것이다. 그리고 작은 배와 큰 배, 속도가 빠른 배와 느린 배를 가리지 않고 함께 끌고 가는 호송선단형이 아니라, 적자생존형의 신축적인 경제 운영이 이루어져야 했다는 것이 그의 주장이다. 이처럼 사이토 세이치로는 1998년에 출간한 《일본경제 왜 무너졌나 '10年不況' 脱却のシナリオ》에서 '구조적 불황'이라는 점을 강조했다.

세계적인 전략경영의 대가인 마이클 포터 Michael Porter는 일본의 두 학자와 함께 《일본 경제위기 보고서 Can Japan compete?》를 1998년에 펴내면서 일본 경제의 구조적 문제점을 집중적으로 지적했다. 일본 정부는 그들이 제안한 경제회생 방안을 경제정책에 적극적으로 반영했다. 하지만 일본 경제는 여전히 살아나지 못했다. 그 밖에 일본의 모방형 경제는 정보통신 혁명 시대에는 한계를 보일 수밖에 없다는 극단적인 비관론까지 등장했다.

그렇지만 이런 구조론은 근본적인 한계를 안고 있다. 경제 기적을 일으켰던 체제와 문화가 어느 날 갑자기 심각한 경기 부진을 불러온다는 것은 설득력이 떨어진다. 만약 캐치업 시대에 유용했던 체제와 문화가 문제라면, 일본 경제가 미국 경제에 다시 뒤떨어진 뒤에는 그 위력을 또 발휘하여 같은 성과를 낳았어야 했다. 하지만 이런 일은 벌어지지 않았다. 따라서 구조론이 어떤 면에서는 타당한 것이 틀림없으나, 이것이 일본 경제를 장기 침체로 몰아간 결정적인 원인이라고 보기는 어렵다.

오히려 사이토 세이치로의 견해처럼, 일본 경제에 대한 진단 오류와 그에 따른 정책 실패가 일본 경제의 장기침체를 가져왔다고 보는 것이 설득력 있다. 또한 그는 일본의 정책 당국이 거품 붕괴를 지나치게 과소평가했다는 점을 지적하기도 했다. 거품 붕괴에 따른 후유증이 일시적이고 경미하다고 판단한 것이 심각한 문제였다는 것이다.[18]

그런데 경제위기가 1991년 이후 약 25년이나 지속되었어도 일본 경제의 산업경쟁력과 국제경쟁력은 여전히 세계 최강에 속한다. 초장기 불황 속에서도 경상수지는 대규모 흑자를 계속 기록했을 정도다. 일본의 국내 경기가 나아질 기미를 보이던 1996년에는 내수가 살아나면서 경상수지 흑자가 658억 달러로 줄어든 적도 있지만, 곧 1,000억 달러를 넘어섰다. 2001년에는 세계적으로 경기가 부진하고 일본 생산설비의 해외 이전이 활발해지면서 경상수지 흑자 규모가 878억 달러까지 줄었다. 그 후에는 다시 흑자 규모가 증가세로 돌아섬으로써 2003년부터는 1,000억 달러를 넘었고, 2007년에는 2,000억 달러

1996~2011년 일본의 연도별 경상수지 추이

(단위: 억 달러)

연도	'96	'97	'98	'99	'00	'01	'02	'03	'04	'05	'06	'07	'08	'09	'10	'11
경상수지	658	968	1,187	1,146	1,197	878	1,124	1,362	1,721	1,658	1,705	2,105	1,594	1,470	2,039	1,191

출처: 한국은행 경제통계시스템 2012년 11월 11일.

도 돌파했다. 2013년에는 경상수지가 몇 개월 동안 일시적으로 적자를 기록하기도 했지만, 2014년부터는 다시 안정적인 흑자로 돌아섰고, 2015년에는 1,356억 달러 흑자를 기록했다.

따라서 일본 경제가 초장기 경기침체의 늪에서 헤어나지 못한 원인은 구조적인 문제에 있는 것이 아니라, 다른 데 있다고 보는 것이 옳다. 그렇지 않다면 세계 최고의 경쟁력을 유지해 온 일본 기업들의 동력에 의해서라도 일본 경제는 좀 더 일찍 성장 가도에 다시 올라섰어야 했다. 기업들이 세계 최고의 경쟁력을 보유하고 있는데, 국가 경제가 침체의 늪에서 헤매는 이유는 단 한 가지 이유 때문이다. 그것은 바로 일본 정부의 경제정책이 실패를 거듭했던 데 있다. 즉, 정책 실패가 잠시 살아나던 경기를 다시 후퇴로 돌아서게 했다는 것이다.

경제정책이 실패를 거듭했다면 새로운 정책을 다양하게 모색하는 것이 정상이고, 그중에서 어느 하나는 성공을 거두었어야 한다. 그런데 일본 정부는 성공할 만한 정책을 지금껏 찾아내지 못했다. 그 이유도 한 가지다. 관념적으로 바람직하다고 여겨지는 일이 현실에서는 오히려 더 나쁜 결과를 빚는다는 사실을 알아채지 못한 데 있다. 그렇지 않다면 수많은 일본의 경제학자들이나 경제전문가들이 경제를 회생시킬 정책을 찾아내지 못했을 리가 없다. 국가 경제에 바람직하다고 굳게 믿었던 정책이 현실에서는 경기후퇴를 불러오지 않고는 이런 일은 벌어지기 어렵다. '사고의 벽'이 작동한 셈이다. 지금부터는 그 사고의 벽이 무엇인지 알아보고자 한다.

대규모 경상수지 흑자가 결정적 원인

일본 경제가 장기 침체의 늪에 빠진 이유를 산업경쟁력이나 실물 부문에서 찾는 것은 어리석은 생각이다. 앞에서 언급한 것처럼, 일본 기업은 지금껏 세계 최강의 경쟁력을 유지했고, 경상수지도 대규모 흑자를 계속 유지했기 때문이다. 그렇다면 어디에서 그 침체의 이유를 찾아야 할까?

국가 경제는 크게 실물 부문과 금융 부문으로 나뉘는데, 실물 부문이 튼튼함에도 불구하고 경제가 어려움을 겪는다면, 그것은 당연히 금융 부문에서 그 원인을 찾아야 한다. 또한 금융 부문 중에서도 특히 문제가 되는 것은 '대규모 경상수지 흑자'였다는 것이 나의 판단이다. 과유불급이었던 셈으로, 아무리 바람직한 것도 지나치면 부족함만 못하다는 뜻이다.

일본의 경상수지 흑자 중 일부는 외환보유고로 국내에 쌓였고, 나머지는 해외자산으로 쌓였다. 외환보유고는 1980년의 246억 달러에서 1990년에는 그 세 배가 넘는 785억 달러로 증가했다. 그 후로도 계속 증가하여 1994년에는 1,000억 달러를 넘어섰고, 2000년에는 3,000억 달러, 2003년에는 6,000억 달러를 돌파했으며, 2008년에는 1조 달러까지 넘어섰다. 이런 외환보유고의 급증은 외환을 시장에서 이탈시켜 경제활동을 촉진하지 못하게 한 것은 물론이고, 통화금융 정책의 경직성을 초래하여 경기회복에 부정적인 영향을 끼쳤다. 하지만 이를 제외하면 아주 심각한 부작용이나 후유증을 남기지는 않았다고 볼 수 있다.

1990~2011년 일본의 연도별 외환보유고 추이

(단위: 억 달러)

연도	'90	'94	'96	'00	'01	'02	'03	'04	'05	'06	'07	'08	'09	'10	'11
외환	785	1,258	2,179	3,560	3,962	4,624	6,646	8,352	8,355	8,810	9,541	10,306	10,494	10,962	12,958

출처: 한국은행 경제통계시스템 2012년 11월 11일.

진짜로 심각한 문제를 일으킨 것은 해외자산의 급증이었다. 일본의 순해외자산을 보면, 1992년까지는 대체로 마이너스를 기록했다. 경상수지가 계속 흑자를 기록했어도, 해외 자본의 일본 투자가 그보다 더 많이 증가했기 때문이다. 그러나 1993년부터는 일본의 해외투자가 급증하며 순해외자산도 빠르게 증가했다. 1993년에 약 32조 엔이었던 순해외자산이 1998년에는 100조 엔을 넘었고, 2001년 말에는 약 127조 엔으로 증가했다. 문제는 해외자산은 반드시 수익을 올려야 한다는 것이다.

만약 해외에 투자한 자산의 수익률이 자금을 조달하기 위해 지불한 비용을 넘지 못하면 심각한 사태가 벌어진다. 쉽게 이해할 수 있게 비유를 하나 들어 보자. 어떤 사람이 꾸준히 저축하여 빌딩을 하나 샀

일본의 연도별 순해외자산 추이

(단위: 조 엔)

연도	1980년	1990년	1993년	1998년	1999년	2000년	2001년
해외자산	-2.7	-30.5	31.8	109.5	103.2	110.6	127.3

출처: 통계청 홈페이지(IMF 통계 재인용) 2002년 6월 16일.

다고 가정하자. 처음에는 임대료 수입이 더 많은 소득을 벌어주었는데, 어느 순간부터 빌딩의 가치가 크게 떨어지고 수선비와 관리비가 임대료 수입보다 많아지면 어떤 일이 발생할까? 당연히 소득은 줄어들고, 자칫 파산할 수도 있다. 이런 일이 일본 경제에서 실제로 벌어졌다. 대표적인 사례를 몇 가지 살펴보자.

소니^{Sony}는 1995년 3월 결산에서 사상 처음으로 2,934억 엔의 적자를 냈다. 미국 영화사의 영업권 2,652억 엔을 일괄 상각했던 것이 적자의 주요 원인이었다. 마쓰시타전기^{松下電器産業株式会社}(현 파나소닉)는 100% 출자한 미국의 엔터테인먼트 업체인 MCA의 주식 80%를 약 57억 400만 달러에 캐나다의 음료업체인 시그램^{Seagram}에 매각하여 1,650억 엔(약 17억 달러)의 손실을 입었다. 파이오니어^{Pioneer}도 그해 3월 결산에서 미국의 영화 제작사인 캐롤코픽쳐스^{Carolco Pictures} 등 두 개 회사에 대한 투자 및 융자를 재평가해 9,000만 달러를 평가손으로 계상했다.[19] "미국의 영혼을 샀다"는 비난을 받았던 미쓰비시^{三菱電機株式会社}의 록펠러센터 취득자금은 13억 달러에 이르지만, 1997년의 자산가치는 10억 달러에도 못 미쳤다.[20] 이와 같이 일본의 기업과 금융회사가 사들인 해외자산이 줄줄이 대규모 손실을 기록했으며, 이것이 신용파괴의 경제원리를 작동시켜 금융위기를 심화시켰다.

일본 경제의 이런 금융위기는 그 역사가 비교적 오래전에 시작되었다. 일본 경제가 최고조에 달했던 1980년대 말부터 비극은 이미 시작되었다. 외환보유고가 1986년에 422억 달러에서 1987년에 약 810억 달러로, 1988년에는 약 967억 달러로 급증하자, 일본은행은 통화팽창과 물가상승 압력에 직면한 것으로 받아들였다. 이 압력을 줄이기

1980~1990년대 초 일본의 외환보유고 및 경상수지

(단위: 억 달러)

구분	1987년	1988년	1989년	1990년	1991년	1992년	1993년
외환보유고	809.8	967.3	839.6	785.0	720.6	716.2	985.2
경상수지	870.2	796.1	569.9	358.7	682.0	1,125.7	1,316.4

출처: 통계청 홈페이지(IMF 통계 재인용) 1995년 11월 11일.

위해 일본 정부는 기업과 금융회사의 해외투자를 적극적으로 권장했다. 엔 강세를 저지하려면 이런 조치가 반드시 필요하다고 여겼다. 그 결과 경상수지가 계속 흑자를 기록했음에도 불구하고 1990년대 초에는 외환보유고가 줄어드는 일까지 벌어졌다. 예를 들어 외환보유고는 1990년에 785억 달러로 줄었고, 1992년에는 약 716억 달러로 줄었다.

그만큼 일본 기업들과 금융회사들은 해외 부동산과 기업 사냥, 그리고 유명 화가의 그림과 값비싼 골동품의 매입에 혈안이 되었다. 당시 해외투자 규모는 경상수지 흑자와 외환보유고 감소를 합산하면 대략 추정할 수 있는데, 1989년부터 1992년까지 불과 4년 사이에 그 규모가 무려 3,000억 달러에 이르렀다. 이런 대규모 해외투자는 1990년대 초반에 미국 경기가 후퇴로 돌아서자 큰 손실로 귀결되었다. 그래서 일본 금융회사들과 기업들의 재무제표가 심각하게 악화되었으며, 매입했던 각종 부동산과 영화사 등을 대부분 다시 매각하지 않을 수 없었다. 대규모 손실로 귀결된 이 같은 자산의 매입 열풍은 미국과 유럽의 경계심을 키워 각종 무역분쟁을 일으키기도 했다.

여기서 주목할 점은 '지속 가능성'이라는 개념이다. 즉, 지속 가능성이라는 측면에서 경상수지 흑자의 경제적 기능을 검토해 볼 필요가 있다는 것이다. 경상수지 흑자의 누적은 외환보유고의 증가와 그에 따른 통화팽창 압력으로 작용한다. 이를 피하기 위해서는 해외자산을 취득해야 하는데, 해외자산 취득은 수익성이 보장되어야 한다. 하지만 일본의 사례에서 보듯이, 해외자산으로 수익을 얻는 것은 쉬운 일이 아니다. 그뿐만이 아니다. 경상수지 흑자와 그에 따른 외환보유고와 해외자산의 증가는 환율 하락을 부르기 마련인데, 이것은 해외자산의 평가손을 부른다. 예를 들어 환율이 120엔일 때 구입한 1억 달러짜리 해외자산의 가치는 120억 엔이지만, 환율이 100엔으로 떨어질 경우는 100억 엔으로 그 가치가 20%나 떨어진다. 그 영향으로 일본의 기업과 금융회사의 재무제표는 더욱 악화되었고, 이에 따라 금융기관의 부실이 쌓여 금융위기를 가속화시켰다.

무엇보다 중요한 사실은, 이 같은 국내 자본의 해외투자는 국내 소득의 해외 유출을 의미한다는 것이다. 국내 소득이 해외로 유출되면 내수는 부족해지고, 이는 국내 경기의 부진을 부른다. 국내 경기가 부진해지면 부진해질수록 기업은 수출 증대에 더욱 목맬 수밖에 없다. 이에 따른 수출 증가는 다시 경상수지 흑자를 키워 환율의 하락 압력을 가중시키고, 환율 하락은 수출의 가격경쟁력을 떨어뜨린다. 이때 수출의 가격경쟁력을 유지하려면 환율을 안정시켜야 하고, 이를 위해서는 외환의 해외 유출을 촉진할 수밖에 없다. 결국 악순환이 반복되는 것이다. 이 악순환은 일본 경제가 장기 침체에서 벗어나지 못하게 한 가장 근본적이고도 결정적인 원인이다.

하지만 수출 증가와 경상수지 흑자는 클수록 좋다는 것이 경제전문가들의 일반적인 인식이다. 이런 인식이 '사고의 벽'을 형성하여 악순환의 고리를 끊지 못하게 했다. 하지만 경상수지의 과도한 흑자는 장기적으로 결코 바람직하지 않다. 경상수지의 과도한 흑자가 장기간 지속되어 축적되면, 일본 경제처럼 초장기 경기침체를 불러오기 때문이다. 외국자본의 국내 투자가 감소하는 경우에 이런 경향은 두드러지게 나타난다. 비유하자면, 경상수지 적자의 누적이 급성질환을 일으킨다면, 경상수지 흑자의 누적은 만성질환을 일으킨다. 앞에서 언급했듯이, 외환위기와 같은 급성질환은 치명적이기는 하지만 짧은 기간에 치유할 수 있다. 하지만 장기적인 경기 부진과 같은 만성질환은 단기간에 치유하기도 어렵고, 여러 부작용을 남긴다.

득보다 실이 컸던 일본의 재정정책

일본의 재정정책 역시 초장기 경기침체를 불러온 중요한 원인 중 하나였다. 일본 정부가 대대적인 재정지출을 시행해 경기부양에 나섰고, 그로 인한 재정지출의 증가는 일시적으로 경기를 상승시키는 역할을 한 것이 사실이지만 그해의 성장률에만 반영되었을 뿐이다. 그 다음 해의 추가적인 경제성장을 위해서는 재정지출 증가율이 전년도보다 더 커지거나 최소한 유지되어야 하는데, 재정지출은 GDP를 넘어설 수가 없다. 재정지출 확대는 일시적일 수밖에 없고, 재정지출 증가율이 감소하면 재정의 역승수 효과가 나타나 성장률은 빠르게 떨어지고 만다. 그뿐만 아니라 국가 경제의 한계생산성을 낮춤으로써 중장기적으로는 성장률을 오히려 하락시킨다.

물론 경기의 악순환이 일어나려고 할 경우에는 재정지출을 증가시켜 선순환으로 반전시키는 것이 필수적이다. 일본의 재정정책도 이런 의미에서는 긍정적으로 평가할 만하다. 일본 정부가 재정지출을 증가시키는 등 적극적인 경기부양 정책을 시행한 결과, 경제성장률이 1995년에 1.9%, 1996년에는 2.6%를 기록했다. 이렇듯 경기가 상승하여 모처럼 장기 침체 국면에서 벗어나는 모습을 보였다. 하지만 이런 때 일본 정부는 경기를 하강시키는 정책을 다음과 같이 선택했다.

재정지출 증가와 공정할인율 인하, 그리고 1996년 6월에 시행한 주택금융 전문 회사인 주센Jusen의 처리와 같이 재정 투입으로 부실채권을 정리했던 정책 등이 경기를 상승시켰는데, 일본 정부는 이를 경기가 자생적으로 그리고 본격적으로 회복된 것으로 오판했다. 그래서 재정확대의 영향으로 엄청나게 커진 국가 부채를 줄이기 위해 긴축정책을 펼쳤다. 적자공채의 발행을 금지하고 재정적자를 GDP의 3% 이내로 제한하는 등의 내용을 담은 '재정구조 개혁법'을 1997년 9월에 제정했다. 이 법에 따라 재정 건전성을 강화하기 위해 소비세를 3%에서 5%로 인상하고 소득세도 2조 엔을 증가시켰다. 이것이 경기 회복에 찬물을 끼얹고 말았다. 소비세 인상과 아울러 특별소득세 감세 폐지와 의료비 등의 부담 증가로 인해 가계소득은 거시적으로 보아 약 9조 엔이 줄었다.[21] 그만큼 경기는 후퇴 압력을 받았다.

여기에 금융정책 실패까지 가세했다. 대장성은 '금융대개혁'의 일환으로 1996년 11월 한와은행阪和銀行에 업무정지 명령을 내려 사실상 도산시켰다. 그 결과 20,000선을 유지하던 주가는 연말부터 하락 속도가 빨라졌다. 1997년 1월에는 은행주를 중심으로 매도주문이 쇄도하여 '셀 재팬Sell Japan'이 일어났다. 일본 채권신용은행의 금융채권에 큰 폭의 가산금리가 붙었고, 홋카이도다쿠쇼쿠北海道拓殖 은행에서는 예금인출 사태가 가속화되었다. 이처럼 금융위기가 부분적으로 진행하기 시작하자, 금융기관 전체로 파급되는 것을 두려워한 대장성과 일본은행은 1997년 3월 말과 4월 초에 서둘러 구제책을 발표하여 금융위기를 진정시키려고 했지만, 결국 실패했다.[22] 1997년 가을에는 연초의 셀 재팬을 뛰어넘는 금융위기가 도래하여 도쿄 주식시장에서 금융주와 건설주의 대량 매도가 쇄도했다. 이런 상황에서 1997년 11월에는 홋카이도다쿠쇼쿠 은행이 무너졌다. 제2차 세계대전 이후 처음으로 일본의 도시은행(예컨대 우리나라의 시중은행)이 도산한 것이다. 그 직전에는 준대형 증권회사인 산요증권이 파산했고, 11월 24일에는 4대 증권회사 가운데 하나인 야마이치증권山一證券이 자진 폐업했다.[23] 이처럼 금융위기가 번져 나가자, 일본 국내 경기는 더 빠르게 냉각되었다.

    결국 일본 정부는 1997년 11월에 규제 완화를 주요 내용으로 한 '긴급경제대책'을 발표했고, 1998년 4월에는 경기부양을 위해 16조 7,000억 엔 규모의 경기종합대책을 발표했다. 하지만 경기를 상승시키지는 못했다. 경제성장률은 1997년에 1.0%로 떨어졌고, 1998년에는 동남아시아 외환위기까지 겹치면서 −1.3%를 기록했으며, 1999년에도 −0.3%에 불과했다. 그 사이에 재정지출 확대를 통한 경기부양 정책이 계속 이어졌다. 일본 정부는 1998년 11월에 23조 9,000억 엔

1998~2001년 일본의 은행 부실채권 현황

(단위: 조 엔)

구분	1998년 3월 말	1999년 3월 말	2000년 3월 말	2001년 3월 말
부실채권	29.8	29.6	30.4	32.5
처리액	13.3	13.6	6.9	6.1
1992년 이후 누계	45.1	58.8	65.7	71.8

출처: 일본 금융청, 한국개발원 "일본 경제의 10년 불황에서 배워야 할 교훈"에서 재인용.

의 긴급경제대책, 1999년 11월에는 18조 엔의 경제신생대책, 2000년 10월에는 11조 엔의 신발전대책 등을 집행했으며, 2001년 3월에는 금융기관의 부실채권 처리와 증권시장 활성화 등의 긴급경제대책을 연이어 집행했다. 그러나 일본 경제를 살려내지는 못했다.

일본의 국내 경기가 장기간 부진해짐에 따라 각종 부작용이 곳곳에서 나타났다. 그중에서 가장 심각한 것은 금융회사의 경영수지 악화로, 언제든지 금융공황으로 발전하여 일본 경제를 파멸적 상황으로 몰고 갈 가능성이 있었다. 또한 장기 경기침체는 세계 최강의 경쟁력을 보유하던 일본 기업의 경영수지까지 악화시켰고, 이것이 다시 금융기관의 경영수지 악화로 이어졌다. 실제로 일본 금융기관의 부실채권은 계속 증가했다. 부실채권 잔액은 1998년에 29조 8,000억 엔에 달했고, 1999년에는 29조 6,000억 엔, 2000년에는 30조 4,000억 엔, 2001년에는 32조 5,000억 엔 등으로 계속 증가했다. 부실채권이 될 가능성이 높은 이른바 '분류 여신與信'이라 불리는 '요주의 여신'은 부실채권보다 두 배나 더 많았다.

결국 금융경기가 실물경기의 침체를 더욱 부채질하는 양상으로 발전했다. 실물경기의 장기 침체는 금융업의 부실화를 가져왔고, 금융업의 부실화가 다시 실물경기의 침체를 깊게 하는 등 악순환이 벌어지고 만 것이다. 이런 악순환의 고리를 깨기 위해서는 외환위기 당시에 우리나라가 크게 성공을 거둔 것처럼, 과감하게 공적자금을 투입하여 대대적인 구조조정을 단행해야 했다. 하지만 일본의 대규모 국가 부채가 이것마저 어렵게 했다.

2012년에 아베 정권이 재출범한 이후, 일본은 금융완화 정책과 함께 엔 절하 정책을 동시에 추진했고, 잠시 괄목할 만한 경제적 성과를 거두었다. 2012년에는 경기가 모처럼 상승하면서 1.4%의 성장률을 기록했으며, 이런 경기상승은 2013년 초까지 이어졌다.

이에 대해 많은 경제전문가들은 엔 절하 정책이 수출을 촉진하고 기업의 경영수지를 개선시켰기 때문이라고 분석했다. 하지만 이것은 틀렸다. 과거에 수출이 지속적으로 호조를 보였던 때도 장기간 경기 부진에 시달렸기 때문이다. 실제로 2013년 2분기 이후에는 일본의 국내 경기가 계속 하강했다. 결국 2014년의 성장률은 0%대를 기록했다.

왜 이런 일이 벌어졌을까? 일본 경제를 장기 부진으로 몰아넣었던 결정적 원인인 경상수지 흑자가 2010년에는 2,000억 달러를 다시 넘었으나 2011년에는 1,260억 달러로 감소했고, 이후에는 더욱 크게 줄기 시작하여 2013년에는 411억 달러로, 그리고 2014년에는 240억 달러까지 감소했다.

일시적으로는 적자로 돌아섰던 적도 있는데, 경기가 2013년 이후

2010년 3분기~2013년 1분기 일본의 성장률

(단위: %)

분기	'10 3/4	'10 4/4	'11 1/4	'11 2/4	'11 3/4	'11 4/4	'12 1/4	'12 2/4	'12 3/4	'12 4/4	'13 1/4
성장률	5.9	-2.2	-7.2	2.4	10.7	0.7	3.9	-1.7	-3.1	-0.2	4.8

출처: 일본은행 홈페이지 2013년 9월 11일.

에 더욱 부진해진 이유는 무엇일까? 간접적인 이유로는 첫째, 초장기 경기 부진으로 인해 일본 기업의 경영수지가 악화되어 경쟁력과 성장력이 크게 떨어졌기 때문이다. 둘째, 200조 엔을 넘어선 국가 부채가 국가 경제에 부담으로 작용했다. 셋째, 정책 당국의 과도한 시장 개입이 성장잠재력과 국제경쟁력을 떨어뜨린 것 등을 들 수 있다.

그렇지만 직접적인 원인 중 하나는 위의 표에서 보듯이, 2009년 이후에 성장률이 들쭉날쭉함으로써 기업의 경영수지에 악영향을 끼쳤고, 이것이 성장 지속력을 크게 떨어뜨린 것을 꼽을 수 있다. 예를 들어 2009년 2분기와 4분기는 성장률이 7%를 넘었고, 2011년 3분기는 무려 10.7%를 기록했으나, 그 직후에는 경기가 빠르게 하강하는 등의 사태가 반복적으로 일어났다. 이처럼 국내 경기가 급등과 급락을 반복하면 기업은 투자와 고용을 안심하고 증가시킬 수 없으며, 기업의 경영수지도 악화되고 만다. 그리고 기업의 경영수지가 악화되면 생산과 투자, 고용이 모두 정체되거나 감소한다.

다른 하나는 생산자물가와 소비자물가 상승률의 격차가 기업의 경영수지 악화에 결정적인 영향을 끼침으로써 투자와 고용을 부진하게

2013년 일본의 소비자물가와 생산자물가 상승률(전년 동월 대비) 추이

(단위: %)

구분	1월	2월	3월	4월	5월	6월	7월	8월	9월	10월	11월	12월
소비자물가	-0.3	-0.6	-0.9	-0.7	-0.3	0.2	0.7	0.9	1.1	1.1	1.6	1.6
생산자물가	-0.4	-0.1	-0.5	0.1	0.6	1.2	2.2	2.3	2.2	2.5	2.6	2.5

출처: 일본은행 홈페이지 2014년 3월 11일.

하여 성장 지속력을 떨어뜨렸다는 점을 들 수 있다. 위의 표에서 보듯이, 2013년의 소비자물가 상승률은 생산자물가 상승률보다 줄곧 낮았다. 물가가 하락 또는 상승할 때나 모두 마찬가지였다. 이런 경우에는 기업의 경영수지가 악화될 수밖에 없다. 생산가격보다 판매가격이 더 낮기 때문이다. 그러면 투자와 고용이 증가하기 어렵고, 경기 부진에서도 벗어나기 어렵다. 2013년 이후에도 대체로 마찬가지였다.

이와 같이 일본의 사례를 반복하여 설명하는 이유는 장기간 경기 부진에 시달리고 있는 일본 경제의 회생은 물론이고, 세계적인 경상수지 불균형이 초래하는 세계 경제의 불안정을 해소하는 데에도 도움이 되기 때문이다. 이 사례를 참고하여 경상수지 흑자국의 경제정책이 바뀌어서 경상수지 흑자가 줄어들면, 그 나라의 성장률이 상승하는 것뿐만 아니라 세계 경제의 국제수지 불균형도 완화될 것이다. 그러면 경상수지 적자로 경제적인 어려움을 겪는 나라들 역시 큰 도움이 될 것이다. 특히 관세전쟁을 펼치며 세계 경제에 막강한 영향력을 행사하고 있는 미국 경제가 좀 더 안정적인 성장을 지속할 수 있을 것으로 기대된다. 미국의 거대한 경상수지 적자가 가끔 달러 가치의 급격한 하락을 초래하여, 미국 경제를 불안정하게 만들기 때문이다. 이에 따라 세계 경제 질서, 특히 금융 질서가 크게 흔들리는 일이 벌어지곤 하는데, 이런 일들이 크게 개선될 수 있을 것이다. 또한 미국과 중국 사이에 벌어지고 있는 첨예한 정치적 대립도 완화시킬 것으로 기대된다. 만약 중국이 경상수지 흑자를 줄이면 미국은 달러 가치가 안정되고, 이에 따라 안정적인 성장을 지속할 수 있을 것이다. 그러면 미국과 중국 사이의 관세전쟁과 같은 경제적 충돌은 현저하게 줄어들 것이다. 이처럼 각국이 일본의 사례에서 교훈을 얻어 관세전쟁을 현명하게 대처하고 경제적 재앙을 피할 수 있기를 바란다.

5장 한국경제의 성공과 실패

왜 한국은 지속적인 경제난을 겪고 있을까?

우리나라의 경제성장률은 21세기에 들어서 계속 하락하는 추세이다. 그동안 정권이 일곱 차례나 바뀌었어도 마찬가지였다. 좀 더 정확히 이야기하자면, 정부가 바뀔 때마다 평균 성장률이 매번 떨어지기만 했다. 여당과 야당이 바뀌었을 때도 마찬가지였다. 아래 표에서 보듯이, 김대중 정부의 평균 성장률은 5.7%였다. 외환위기는 전 정부의 책임이라고 했을 때 1998년의 성장률을 제외하면 무려 8.3%에 달했는데, 노무현 정부의 평균 성장률은 4.7%, 이명박 정부는 3.4%, 박근

한국의 정권별 평균 성장률

(단위: %)

구분	김대중 정부	노무현 정부	이명박 정부	박근혜 정부	문재인 정부	윤석열 정부
성장률	5.7(8.3)	4.7	3.4	3.2	2.6	2.0

출처: 〈조사통계월보〉 각 호, 한국은행.

혜 정부는 3.2%, 문재인 정부는 2.6%, 윤석열 정부는 2.0%로 계속 떨어지기만 했다. 어느 정부도 성장률의 추락을 역전시키지 못했다.

그 이유가 무엇일까? 경제학자나 경제연구기관은 대개 잠재성장률이 떨어졌기 때문이라고 분석한다. 그동안 잠재성장률이 꾸준히 떨어졌으니 실현한 성장률도 계속 낮아질 수밖에 없다는 것이다. 그리고 그들은 잠재성장률이 하락한 원인 가운데 가장 큰 이유로, 세계 최저 수준으로 떨어진 출산율과 빠르게 진행하는 고령화를 꼽았다. 여기에 가계부채를 덧붙이기도 했다. 그럼 잠재성장률이 떨어진 것이 사실일까? 그렇지 않다. 세계적인 사례를 볼 때, 반대 사례가 꽤 있기 때문이다. 대표적인 사례로는 아일랜드를 꼽을 수 있다.

아일랜드는 1980년대까지 서유럽에서 가장 가난한 나라에 속했다. 심지어 '유럽의 병자'라는 비아냥까지 들었다. 경제난이 얼마나 심각했던지 젊은이들은 일자리를 좀처럼 찾기 어려웠다. 그 결과 경

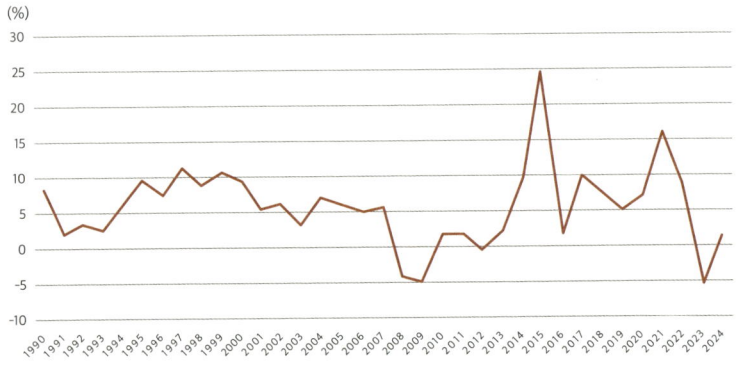

1990~2024년 아일랜드의 성장률

출처: 한국은행 경제통계시스템, 2025년 4월 24일.

제성장에 큰 역할을 할 도전적인 젊은이들이 너도나도 해외 이민을 떠났다. 1980년대 초에 740만 명에 달했던 아일랜드 인구가 1990년대 초에 반토막이 났을 정도였다. 하지만 이런 인구 감소 속에서도 1990년대에 들어서면서부터 비약적인 경제성장을 거듭했다. 1990년대 후반부터 2006년까지 10년 동안의 연평균 성장률이 9.3%에 이르렀을 정도였다. 물론 2008년에 세계적인 금융위기가 발생한 뒤에는 극심한 경제적 타격을 입었다. 그 후유증으로 5년 동안은 심각한 경기 부진을 겪었다. 하지만 그 뒤로는 다시 고도성장을 지속하여 2024년에는 1인당 GDP가 10만 7,000달러에 이르렀다. 아일랜드가 세계 최고의 부자 나라에 속하게 된 것이다.

인구가 절반이나 감소했던 아일랜드는 어떻게 이런 뛰어난 경제성장을 이룩했을까? 그것은 아일랜드 정부의 경제정책이 근본적으로 바뀌었고, 그렇게 바뀐 경제정책이 크게 성공했기 때문이다. 과연 어떤 경제정책이 어떻게 바뀌었을까? 우선, 1980년대 중반까지는 경제학의 소득이론이 설명하는 대로 경제정책을 시행했다. 한마디로, 재정적자 정책을 펼친 것이다. 재정적자 정책을 시행했던 다른 나라들도 모두 그랬듯이, 그 결과는 스태그플레이션이었다. 물가와 실업률은 높고 성장률은 떨어지는 현상이 벌어졌다. 아일랜드가 1980년대까지 극심한 경제난을 겪을 수밖에 없었던 이유가 바로 이것이었다.

아일랜드 정부는 심각한 경제난을 벗어나기 위해 1980년대 후반부터 경제정책을 근본적으로 바꾸었다. 간단히 말해, 팽창적인 재정정책에서 긴축적인 재정정책으로 완전히 반대로 바꾼 것이다. 당시 긴축적인 재정정책은 스태그플레이션을 해소했고, 이것이 1990년대 이후에 아일랜드가 고도성장을 하는 데 발판 역할을 했다. 이처럼 경제성장의 발판을 마련한 뒤, 아일랜드 정부는 1990년대에 들어선 후부터 외국인 직접투자를 적극적으로 유치하는 정책을 펼쳤다. 무엇보다 아일랜드 국민과 기업이 다른 나라들보다 더욱 절실한 자세로 치열한 노력을 기울였다. 피와 땀과 눈물을 대가로 지불한 것이다. 그 결과는 머지않아 고도성장으로 이어졌다. 그 밖에 다른 요인은 없을까? 다른 특별한 변수는 찾기 어렵다. 아일랜드 역시 다른 나라들과 경제 여건이 크게 다르지 않았기 때문이다.

그렇다면 우리 정부의 경제 관료들이 아일랜드의 관료들보다 뒤떨어져서 우리나라가 경제난을 겪고 있을까? 아니다. 개인적인 경험에 따르면, 우리나라의 경제 관료들은 매우 뛰어나다. 그럼 우리나라의 국민과 기업이 아일랜드보다 뒤떨어질까? 그렇지 않다. 객관적인 지표로 볼 때도 우리 국민과 기업은 세계 최고의 경쟁력과 성장력을 갖추고 있다. 이 사실은 한류가 명확히 증명하고 있다. 문화란 일반적으로 잘사는 나라에서 그렇지 못한 나라로 흘러가기 마련인데, 우리나라는 예전부터 이미 그 흐름을 역류시켜 왔다. 그렇다면 왜 우리나라는 지난 20여 년 동안 심각한 경제난을 겪었을까? 그것은 우리 정부의 경제정책이 거듭 실패했기 때문이다. 다른 이유는 찾기 어렵다. 왜 경제정책이 실패했을까? 간단히 말해, 우리나라의 정책 당국이 경제학 이론에 너무 집착했기 때문이다.

1997년 11월에 발생했던 우리나라 역사상 최악의 외환위기가 그 대표적인 사례이다. 우리 국민은 당시의 외환위기를 'IMF 위기'라고 부르며, 마치 IMF가 외환위기를 일으킨 것처럼 생각하고 있다. 그 때문에라도 이 사례를 더욱 주의 깊게 살펴볼 필요가 있다. 사실 당시의 외환위기는 발생할 수밖에 없었다. 외환위기 직전 4년 동안에 누적된 경상수지 적자가 435억 달러에 이르렀는데, 이것은 1990년대 중반의 외환보유고보다 거의 두 배나 많았다. 외환보유고는 고갈될 수밖에 없었고, 외환보유고의 고갈은 외환위기를 일으킬 수밖에 없었다.

왜 우리나라의 경상수지 적자는 그렇게 커졌을까? 당연히 국내 경기가 과열되었기 때문이다. 우리나라가 생산할 능력보다 더 많이 소비한 것이다. 그럼 경기과열은 왜 벌어졌을까? 1993년 말에 화폐발행액을 42%나 증가시킨 것이 그 첫 번째 원인이었다. 화폐발행액이 급증하자 경제활동이 활발해져 성장률은 잠시 높아졌으나, 이는 지속 가능한 일이 아니었다. 화폐발행액이 더 증가하면 심각한 물가 불안이 벌어질 수 있었기 때문이다. 1994년 하반기부터는 국내 경기가 본격적으로 하강을 시작했다. 그러자 우리 정부는 1995년의 재정지출을 43%나 증가시켰다. 그 결과 성장률은 일시적으로 높아졌지만, 이것이 경기과열을 일으키는 데 결정적인 역할을 했다.

이처럼 경기과열이 일어나면 어떤 일이 벌어질까? 현재의 경제학은 물가 불안이 일어난다고 설명한다. 그래서 김영삼 정부는 세계화를 내세워 국내 시장을 대대적으로 개방했다. 그 결과 값싼 수입품이 국내 물가를 안정시키는 역할을 했다. 현재의 경제학은 물가만 안정적이면 아무리 높은 성장률도 지속될 수 있다고 설명하기 때문에 이 같은 정책을 펼쳤다. 하지만 김영삼 정부가 간과한 것이 있었다. 경기과열이 일어나면 국제수지도 악화된다는 사실이다. 실제로 우리나라 경상수지 적자는 1996년 한 해에만 230억 달러에 이르러, 당시의 외환보유고와 맞먹을 정도였다. 외환보유고는 고갈될 수밖에 없었고, 환율은 폭등했다. 외환위기라는 환란은 그렇게 터졌다.

그럼 외환위기의 책임은 누구에게 있을까? 당연히 1993년 말에 화폐발행액을 42% 증가시킨 정책 당국자에게 일차적인 책임이 있고, 1995년에 재정지출을 43% 증가시킨 정책 당국자에게 최종적인 책임이 있다. 하지만 그들 중 누구도 책임을 지지 않았고, 그 책임을 묻지도 않았다. 정권이 바뀌어 국회에서 외환위기 진상조사위원회가 설치되었지만 그 누구도 소환되지 않았다. 핵심 책임자 중 몇몇은 해외로 도피했다가, 정권이 바뀐 후에 돌아와 다시 고위직에 임용되기도 했다. 정권이 바뀌어도 성장률이 낮아지는 가장 결정적인 이유 중 하나가 바로 그것이다. 정책 책임자 그 누구도 책임을 지지 않고, 그 책임을 묻지도 않으니, 정책 실패가 거듭 반복될 수밖에 없는 것이다.

그뿐만이 아니다. 김대중 정부가 외환위기를 극복한 것은 세계적인 사례로서 가장 뛰어난 실적이었는데, 이처럼 크게 성공한 정책이 실패한 것처럼 폄하되었다. 결국은 다음 정부에서 실패할 수밖에 없는 경제정책을 선택하는 결과를 빚었다. 세상사에서 성공의 길은 아주 좁거나 유일하고, 실패의 길은 사방에 널려 있다. 성공의 길은 힘겨운 길이지만, 실패의 길은 안정적인 길이기도 하다. 그렇게 성공의 길이 외면당하면 실패의 길만이 남는다.

1997년 말 우리나라에서 외환위기가 터졌을 때, 세계적인 경제전문가들은 한국이 10년 안에 그 위기를 극복하기는 어려울 것이라고 내다봤다. 당시 우리나라가 IMF와 국제금융기구에서 구제금융을 받은 규모가 사상 최대였고, 1980년대에 외환위기를 겪은 중남미 국가들은 10년 이상 심각한 경제난을 겪었기 때문이다. 심지어 일부 경제 전문가들은 20년 안에도 외환위기를 극복하기 어려울지 모른다고 말했다. 국내 언론과 많은 경제전문가들도 "5년 안에 외환위기를 극복해도 역사는 위대한 업적을 남겼다고 평가할 것이다"라고 단언하기도 했다. 김대중 정부가 외환위기를 5년 안에 극복할 수 없다고 봤던 것이다. 그러나 그들의 판단은 보기 좋게 어긋났다.

실제로 외환보유고는 1998년 말에 404억 달러로 증가했다. 이것은 이전에 기록한 최고액의 거의 두 배에 달하는 금액이었다. 외환위기가 발생한 뒤 불과 1년 만에 외환보유고의 고갈 위기에서 완전히 벗어난 것이다. 그뿐만이 아니다. 1999년에 성장률은 10.9%에 이르렀고, 2000년 성장률도 9.3%에 달했다. 외환위기를 1년 만에 완벽하게 극복해 낸 것이다. 게다가 외환위기의 후유증인 국가 부채, 빈부 격차, 국부 유출 등도 외환위기를 겪은 나라 중에서 가장 적었다. 한마디로, 당시의 경제정책은 대단히 성공적이었다. 하지만 앞에서 언급했듯이 이 성공은 정당한 평가를 받지 못해, 다음 정권들에서 실패할 수밖에 없는 경제정책이 펼쳐지는 결과를 빚었다. 그렇기에 성공한 경제정책과 실패한 경제정책에 대한 올바른 평가는 매우 중요하다.

경제 살리기에 이념은 소용없다

선진국들 사이에서 각국 정부의 경제정책이 가장 뚜렷하게 차이를 보였던 시기가 1990년대였다. 어떤 경제정책이 시행되었느냐에 따라 국가별 경제 실적은 큰 차이를 보였다. 2008년 하반기에 세계적인 금융위기가 벌어지기 직전까지 18년 동안 선진국 가운데 상대적으로 번영한 주요 국가로는 아일랜드, 네덜란드, 영국, 미국 등을 들 수 있다. 이 나라들의 경제는 비교적 장기간의 호황을 누렸다. 반면에 상대적으로 정체한 국가로는 독일, 프랑스, 이탈리아, 일본 등을 들 수 있다. 이 나라들은 1990년대에 장기간의 경기 부진에 시달렸고, 실업률도 비교적 높은 수준을 기록하면서 심각한 경제난을 겪었다. 2000년대에 들어서는 이 나라들도 경제정책이 근본적으로 바뀌면서 2008년의 금융위기 직전까지 과거보다 더 높은 성장률을 구가했다.

이와 같이 경제정책이 근본적으로 변하기 이전인 1992년부터 2001년까지 각국의 GDP가 증가한 배수를 경상가격 기준으로 살펴보면 다음과 같다. 당시 아일랜드는 그 수치가 약 2.9배 증가했고, 네덜란드와 영국, 미국 등은 약 1.6배 증가한 반면에, 독일과 프랑스는 약 1.3배, 일본은 약 1.1배 증가했다. 달러 기준으로 환산하면 그 격차가 더 커져서 독일, 프랑스, 이탈리아 등은 오히려 감소했다. 그중에서 이탈리아는 자국 화폐로 약 1.6배 증가했지만, 달러 가치로는 12%나 감소했다. 이처럼 경제성장이 지체된 국가들은 그동안 성장잠재력과

1992~2001년 주요국의 GDP(경상가격) 증가 배수

구분	아일랜드	네덜란드	영국	미국	독일	프랑스	이탈리아	일본
증가 배수 (달러 기준)	2.88 (1.93)	1.59 (1.13)	1.62 (1.33)	1.62 (1.62)	1.28 (0.92)	1.35 (0.97)	1.55 (0.88)	1.05 (1.09)

출처: 《국제통계연감 2004》, 통계청.

국제경쟁력이 상대적으로 떨어졌던 셈이다.

각국의 경제 실적 격차는 실업률 변동에서 더 뚜렷이 나타났다. 다음 표에서 보듯이, 아일랜드의 실업률은 1992년에 15.1%에서 2002년에는 4.2%로 떨어졌고, 영국은 1992년에 9.7%에서 2002년에는 3.1%로 떨어지는 등 10년 전과 비교하여 3분의 1 수준에 불과했다. 네덜란드도 5.3%에서 2.3%로 실업률이 절반 이하로 떨어졌고, 미국 역시 7.5%에서 5.8%로 떨어졌다. 반면에 독일은 7.9%에서 9.8%로 올랐고, 일본은 2.2%에서 5.4%로 실업률이 두 배 이상 상승했다. 프랑스는 10.0%에서 9.0%로, 이탈리아는 11.4%에서 9.0%로 실업률이 떨어졌지만 여전히 높은 수준을 유지했다.

그중에서도 특히 괄목할 만한 성과를 낸 국가는 아일랜드였다. 1980년대 말까지 아일랜드는 1인당 국민소득이 약 8,000달러에 불과했을 정도로 경제가 상대적으로 낙후되었고, 장기간 심각한 경제난을 겪었다. 그래서 유럽의 변방으로 불리곤 했다. 하지만 2000년대 중반에 국민소득이 6만 달러를 훌쩍 넘어서면서 서유럽에서도 가장 높은 수준에 속하게 되었다. 네덜란드와 영국도 1980년대 초반까지

1992년과 2002년 주요국의 실업률 추이

(단위: %)

구분	아일랜드	네덜란드	영국	미국	독일	프랑스	이탈리아	일본
1992년	15.1	5.3	9.7	7.5	7.9	10.0	11.4	2.2
2002년	4.2	2.3	3.1	5.8	9.8	9.0	9.0	5.4

출처: 《국제통계연감 2004》, 통계청.

는 '영국병'과 '네덜란드병'에 걸렸다는 평가를 받았을 정도로 오랫동안 경제난을 겪었다. 미국 경제 역시 일본과 독일에 비해 상대적으로 뒤처졌다. 하지만 1990년대 이후에는 앞에서 살펴본 것처럼 경제 상황이 완전히 역전되었다.

왜 이런 일이 벌어졌을까? 당연히 각국이 어떤 경제정책을 펼쳤는지가 경제 상황을 반전시키는 데 결정적인 역할을 했다. 두 그룹 사이에 경제 여건은 모두 비슷했다. 그럼 어떤 경제정책이 성공과 실패를 갈랐을까? 1990년대 이후에 상대적으로 번영하는 국가들은 성장을 우선시하여 신자유주의 정책을 선택한 공통점을 보였다. 이런 사실을 확인한 뒤, 프랑스와 독일 등도 1990년대 말부터는 신자유주의 정책을 채택함으로써 2008년의 세계 금융위기 직전까지 경제가 다소 호전되었다.

신자유주의 경제정책이란 무엇일까? 그것은 개방화와 민영화, 규제 완화 등으로 대표되는 민간 부문의 확장과 시장 기능의 활성화, 그리고 작은 정부의 실현 등이 정책의 골자를 이룬다. 불행하게도, 우리나라의 지식인 사회는 신자유주의 경제정책을 '악의 화신'처럼 여기고 있다. 경제전문가 사회도 크게 다르지 않다. 이 역시 우리 경제가 장기간 경제난을 겪고 있는 중요한 이유 중 하나다. 그렇기에 나는 신자유주의를 배척하는 경제전문가들에게 다음과 같이 묻고 싶다.

첫째, 개방화를 반대하여 무엇을 보호하자는 것인가? 쇄국정책으로 보호하자는 것이 국내의 독점 재벌기업이 아닌가. 재벌기업은 국제경쟁에 노출시켜 경쟁력과 성장력을 더 키울 수 있도록 해야 한다. 그래야 소비자는 더 싼값에 더 좋은 재화를 소비할 수 있다.

둘째, 민영화를 반대하여 무엇을 보호하자는 것인가? 공영기관의 철밥통을 보호하자는 것이 아닌가. 공직자와 공공기관에서 일하는 자들은 누구인가? 공직 부문의 취업을 위해 학벌과 경력을 충분히 쌓을 수 있는 자들은 대개 기득권 세력의 자제들이다.

셋째, 규제 완화를 반대하여 무엇을 보호하자는 것인가? 규제의 장벽 속에서 온갖 기득권을 누리고 있는 자들을 보호해서는 경쟁력과 성장력을 키울 수 없다.

나라와 국민의 미래를 생각한다면, 우리나라 지식인 사회도 이제 편견 없이 신자유주의 정책을 다시 한 번 생각해 볼 필요가 있다. 개방화, 민영화, 규제 완화 없이 경제 번영을 지속한 나라는 역사적으로 한 곳도 없기 때문이다. 심지어 사회주의 국가인 중국조차 개혁개방을 내세운 신자유주의 정책을 펼쳐 1980년대부터 2010년대 초반까지 놀라운 경제성장을 이룩했다. 불행하게도, 시진핑이 집권한 2012년 이후에는 이전과 정반대의 정책을 시행함으로써 경제난이 심화되기 시작했다. 특히 2010년대 중반 이후 중국은 높은 청년 실업률을 기록하면서 극심한 경제난이 이어지고 있다.

무엇보다 경제위기가 발생하고 경제난이 심각해졌을 때는 개방화, 민영화, 규제 완화 등의 신자유주의 경제정책을 펼쳐야 그 경제위기를 성공적으로 타개할 수 있다는 점을 기억할 필요가 있다. 지금 벌어지고 있는 관세전쟁과 이것이 초래할 세계적인 경제위기를 극복하기 위해서도 신자유주의 경제정책을 올바르게 평가하는 일은 필수적이다.

앞에서 예로 든 번영하는 선진국들에서 주목할 점은, 신자유주의 경제정책의 효과 덕분에 경제가 호조를 보이고, 이에 세수가 크게 늘

1990년과 1999년 주요국의 조세부담률 추이

(단위: %)

구분	아일랜드	네덜란드	영국	미국	독일	프랑스	이탈리아	일본
1990년	33.5	42.8	35.9	26.7	32.6	43.0	38.9	30.7
1999년	32.3	42.1	36.3	28.9	37.7	45.8	43.3	26.2

출처: 《국제통계연감 2001》, 통계청.

어났음에도 불구하고 재정지출의 증가를 계속 억제한 것이 경제호황을 이룩하는 데 결정적 역할을 했다는 사실이다. 재정지출 억제가 경제호황을 가져온 결정적인 변수가 아니라고 하더라도, 경제호황을 뒷받침한 것은 틀림없는 사실이다.

이 점은 위의 표에서 알 수 있듯이, 각국의 조세부담률이 1990년에서 1999년까지 변동한 추이를 살펴보면 확연히 드러난다. 경제호황을 누렸던 국가들은 대체로 조세부담률이 줄었거나 적게 증가한 반면, 경제가 심각하게 부진했던 국가들은 상대적으로 조세부담률이 더 크게 증가했다는 공통점을 보였다. 아일랜드와 네덜란드는 조세부담률이 오히려 줄었고, 영국과 미국은 거의 증가하지 않았거나 조금 증가했지만 독일, 프랑스, 이탈리아 등은 조세부담률이 비교적 크게 증가했다. 일본의 경우는 조세부담률은 줄었어도, 세입 부족을 국채 발행으로 충당했고, 이에 따라 국가 부채가 눈덩이처럼 커져서 국가 경제에 큰 부담으로 작용하여 심각한 어려움을 겪었다.

이처럼 재정지출이 경제성장에 중요한 영향을 끼치는 이유는 무엇일까? 정부 등 공공 부문은 그 안정성 때문에 상대적으로 유리한 자원과 자금, 그리고 유능한 인재를 거의 모두 쓸어가는 경향이 있기 때문이다. 국가 경제의 가용자원은 유한하므로, 민간 부문은 덜 유리한 자금과 덜 유능한 인재로 국제경쟁에 나서야 하는 형편이 되는 셈이다. 그뿐만이 아니다. 재정지출은 생산성이 낮은 분야에 주로 투입되므로, 국가 경제 전체의 평균생산성을 떨어뜨리고, 한계생산성은 마이너스를 기록하게 한다. 한계생산성이 마이너스라는 사실은 성장률을 낮춘다는 것을 뜻한다. 그래서 정부 등 공공 부문이 커지면 커질수록 성장잠재력과 국제경쟁력은 약화된다. 이 사실은 앞에서 살펴본 것처럼 다른 나라들의 사례에서 충분히 증명되었다. 우리나라 경제의 역사적 사례도 마찬가지이다. 경제난이 심각해질 때마다 우리 정부는 경기를 부양하겠다며 재정지출을 팽창시켰던 것이 국가 경제의 평균생산성을 떨어뜨렸고, 이것이 성장률을 낮추었던 것이다.

역대 정부의 실패에서 배우는 법

정부의 경제정책은 국가 경제의 성장률과 취업률 등에 작용하여 경제 실적을 이루는 데 매우 중요한 역할을 한다는 사실은 새삼스럽게 강조할 필요가 없을 것이다. 역사가 그것을 충분히 증명했으니 말이다. 실제로 시대에 따라 정부의 경제정책은 성공하기도 했지만 실패하기도 했고, 나라들 사이에서도 어느 나라의 경제정책은 성공했지만 다른 나라의 경우는 실패하기도 했다. 하지만 경제학계는 물론이고 언론이나 정치권에서조차 정부의 경제정책이 구체적으로 어떻게 실패했다는 분석은 좀처럼 이루어지지 않았다. 그 이유가 무엇일까?

이 질문에는 스탠리 밀그램Stanley Milgram이라는 사회심리학자가 실증 실험을 통해 명쾌하게 답변한 바 있다.[24] 간단히 말해, 사람에게는 '권위'에 복종하는 심리가 있다는 것이다. 예를 들어 경력이 오래된 수간호사라도 초짜 의사가 명백하게 잘못된 처방을 했을 경우라도 의심 없이 그 의사를 따르는 경향이 있다는 것이다. 하지만 권위에 대한 무조건적 복종은 종종 재앙을 초래한다. 사이비 종교의 집단 자살이 그 대표적인 사례 중 하나다. 또한 어느 민족 못지않게 이성적이라는 독일인들이 나치 독일의 유대인 학살에 동참한 것도 권위에 대한 무조건적 복종에 따른 참혹한 결과였다.

정부의 경제정책도 마찬가지이다. 경제 관료들은 오랜 경험 속에서 온갖 경제지표와 사례들을 누구보다 많이 알고 있기에 그 권위는 대단히 높다. 누구도 그 권위에 함부로 도전하지 않는다. 무엇보다 권위에 대한 복종은 정부의 경제정책에서 더 강하게 나타난다. 그래서 경제학자를 포함한 경제전문가들이나 언론조차도 정부의 경제정책이 실패했다는 사실을 제대로 지적하지 않는다. 정책 실패를 알아채는 것조차 쉽지 않다. 정부의 경제정책이 실패했다는 이야기가 간혹 나오더라도, 구체적으로 어떤 정책이 실패했는지를 밝히는 경우는 드물다. 앞에서 언급했듯이, 경제정책이 실패하더라도 이를 지적하는 사람을 찾아보기 어려운 것은 권위에 대한 복종 심리 때문이다. 하지만 경제정책이 실패했다는 지적과 분석이 없으면, 이미 실패했던 정책을 성공으로 여기고, 그 실패한 정책을 반복하게 된다.

이런 관점에서 지금부터는 우리나라의 역대 정부에서 어떤 경제정책이 실패하여 국내 경기가 부진했는지를 구체적으로 살펴보자.

노무현 정부의 경제정책 실패(2003년 2월~2008년 2월)

통화금융 정책이 경기변동에 결정적인 역할을 한다는 사실은 두말할 나위가 없다. 미국 연준의 통화금융 정책이 경제호황을 이끈 것은 그 사실을 명백히 증명해 준다. 무엇보다 통화는 신용을 창조하기도 하지만 파괴하기도 한다. 경제에서는 신용창조의 경제원리가 작동하기도 하지만, 신용파괴의 경제원리도 작동한다는 것이다. 통화금융 정책은 경제 내의 통화량 변동에 결정적인 영향을 끼치고, 이것은 성장률에 큰 영향을 끼친다. 대표적인 사례 가운데 하나가 우리나라에서도 나타났는데, 노무현 정부의 경제정책이 그것이다.

노무현 정부가 들어선 직후, 가계부채 문제가 사회적 의제로 등장했다. 가계부채가 우리 경제에 큰 타격을 줄 정도로 심각한 문제라는 것이었다. 나는 이런 사태가 닥칠 것을 내다보고, 2002년 말쯤 가계부채 문제에 관한 보고서를 작성하여 노무현에게 직접 건네주었다. 앞으로 집권하거든 가계부채 문제는 절대로 건드리지 말라는 것이 핵심이었다. 그 내용을 간단히 요약하자면, "만약 가계부채 문제를 해결하겠다고 나서면, 국내 경기는 급속히 후퇴할 것이다. 경제난이 심화되면 집권 말기가 위험할 것이다"라는 조언이었다. 이 조언을 위해 나는 다음과 같은 내용을 그 보고서에 담았다.

첫째, 경제문제는 반드시 양면을 봐야 한다. 가격의 경우, 수요가 증가하면 가격이 오를 것 같지만, 공급이 더 많이 늘면 가격은 떨어진다. 수요와 공급의 양면을 보지 않으면 가격 변동을 정확하게 파악할 수 없다. 가계부채 문제도 마찬가지이다. 가계부채의 이면에는 무엇이 있는가? 그것은 바로 은행의 대출이다. 그럼 은행의 가계대출은 어느 경우에 더 많이 증가하는가? 자본 축적이 충분해질 때 가계부채는 증가한다. 대출을 제공하는 은행의 입장에서는 1개 기업에 1,000억 원을 대출하는 것이 1,000개 가계에 1억 원씩 대출하는 것보다 훨씬 더 이익이 크다. 관리비용이 월등하게 적기 때문이다. 가계대출은 이처럼 자본 축적이 충분해야 비로소 이루어진다. 그렇다면 자본 축적이 충분하다는 것은 바람직한 일인가, 아니면 바람직하지 않은 일인가? 당연히 자본 축적이 많을수록 좋다. 그러면 가계부채 문제를 무조건 심각하게 봐야 하는가? 그렇지 않다.

둘째, 세계적으로 가계부채 비율이 높은 나라일수록 소득수준이 높을 뿐만 아니라 성장률도 크고, 경제는 안정적이다. 예를 들어 덴마크, 스위스, 네덜란드 등의 가계부채 비율은 세계적으로 가장 높은 수준이지만, 소득수준도 높고 경제도 안정적이다. 반면에 가계부채 비율이 낮은 경우 대개 개발도상국이거나 선진국이더라도 장기간 경제난을 겪고 있다. 일본, 이탈리아, 그리스, 스페인 등이 대표적이다.

셋째, 우리나라 가계부채 비율은 낮은 편이다. 약 40% 수준에 불과하다. 향후 자본 축적이 증가할수록 가계부채 비율은 높아질 것이다. 이것은 자연스러운 일이고, 그렇게 되어야 경제는 높은 성장률을 유지할 수 있으며, 국민의 소득수준도 높아질 것이다.

결과적으로, 나의 조언은 끝내 받아들여지지 못했다. 2005년 5월에 있었던 청와대의 경제대책비상회의에서 대통령이 직접 내 보고서를 살펴보라고 지시했지만, 이것은 마치 버스가 떠난 뒤 손을 흔드는

2002~2007년 노무현 정부의 가계신용 증가율과 성장률 추이

(단위: %)

구분	2002년	2003년	2004년	2005년	2006년	2007년
가계신용	28.5	1.9	6.1	9.9	11.6	8.4
성장률	7.4	2.9	4.9	3.9	5.2	5.5

출처: 〈조사통계월보〉 2016년 8월, 한국은행.

셈이었다. 실제로 2003년의 가계대출은 극단적으로 억제당했다. 평균적으로 10% 이상 증가해 왔던 가계신용(가계부채의 공식 명칭)의 증가율은 1.9%로 감축당했고, 그 영향으로 경제성장률은 다음 표에서 보듯이 2002년에 7.4%에서 2003년에는 2.9%로 뚝 떨어졌다. 그 후로도 노무현 정부는 가계신용 증가율을 계속 낮은 수준으로 유지하려고 치열하게 노력했다. 그러나 경제난은 점점 더 심각해졌다.

혹시 우리나라 성장률을 낮추었던 다른 원인은 없었을까? 2000년 당시는 나스닥시장의 붕괴로 초래된 금융위기가 무사히 극복된 후로서, 국제경제 환경이 그다지 나쁘지 않았다. 예를 들어 미국의 성장률은 2002년에 1.6%에서 2003년에 2.5%로, 2004년에는 3.9%로 더 높아졌다. 무엇보다 우리나라 수출은 2004년에 31%나 증가했다. 일반적으로 수출 증가율이 10%를 넘으면, 성장률은 8%를 넘겼던 것이 그동안의 역사적 경험이었다. 하지만 2003년에 성장률은 전년도의 7.4%에서 2.9%로 뚝 떨어졌다. 2004년에도 4.9%를 기록하여 여전히 낮은 수준이었고, 2005년에는 3.9%로 더 떨어졌다. 2006년과 2007년에는 성장률이 5%대로 다소 높아졌지만, 수출 증가율과 비교하면 만족스러운 수준은 아니었다. 한마디로, 가계부채 문제를 해결한다며 가계신용을 억제했던 것이 국내 경기를 하강시킨 결정적인 원인이었다.

더욱 심각한 사실은, 가계부채 문제를 해결하겠다는 정책이 그 문제를 더욱 악화시켰다는 것이다. 정부가 금융기관의 가계대출을 극단적으로 억제하는 바람에 국내 경기가 계속 부진해지자, 축적된 자본은 부동산시장으로 몰렸고, 부동산 투기 열풍을 불러일으켰다. 그 결과 부동산 투자를 위한 가계대출이 크게 증가했다. 결국 2003년에 GDP의 55%였던 가계부채 비율은 2013년에 70%를 넘겼다. 가계부채 문제를 해결하겠다던 경제정책이 그 문제를 더 심각하게 한 셈이었다.

다행히 노무현 정부에서는 경제정책 하나가 성공하여 경제난을 완화시키는 역할도 했다. 환율이 시장 기능에 의해 점진적으로 떨어지는 것을 용납하는 경제정책을 펼친 것이다. 이 정책 역시 내가 조언했던 것이었다. 이 정책은 관료들의 격렬한 저항을 받았음에도 불구하고 나의 권고대로 시행되었다. 그 결과 환율은 2001년 말 1,326원에

2001~2007년 노무현 정부의 환율(연말, 원/달러)과 수출 증가율

(단위: %)

구분	2001년	2002년	2003년	2004년	2005년	2006년	2007년
환율	1,326	1,200	1,198	1,044	1,013	930	938
수출 증가율	-12.7	8.0	19.3	31.0	12.0	14.4	14.1

출처: 〈조사통계월보〉, 2009년 10월 호, 한국은행.

서 2002년 말에 1,200원까지 떨어졌고, 그 이후로도 꾸준히 더 떨어졌다. 2007년 10월에는 한때 899원까지 떨어지기도 했다. 이처럼 환율이 계속 떨어졌지만(경제학은 이 경우에 수출이 감소한다고 설명하지만), 우리나라의 수출은 앞의 표에서 보듯이 꾸준히 높은 증가율을 기록했다. 오히려 수출 증가율은 다른 때보다 훨씬 더 높았고, 더 장기간 유지되었다. 경상수지 흑자도 매년 커졌다.

그 이유가 무엇일까? 환율이 점진적으로 떨어질 경우, 기업은 망하지 않기 위해 필사적인 노력을 기울일 수밖에 없기 때문이다. 이런 부단한 노력이 수출 기업의 경쟁력을 높였고, 국가 경제의 국제경쟁력 역시 함께 높아졌다. 그래서 환율이 줄곧 떨어졌음에도 불구하고 수출 증가율은 더 커졌고, 경상수지 흑자도 계속 더 많이 증가했다.

이명박 정부의 경제정책 실패(2008년 2월~2013년 2월)

이명박 정부가 들어선 뒤부터 우리 경제의 저성장은 구조적으로 고착되기 시작했다. 앞에서 살펴본 것처럼, 이명박 정부에서는 성장률을 낮추는 경제정책들만 줄줄이 시행되었다. 경제를 성장시킬 경제정책은 어디서도 찾아보기 어려웠다. 이런 경제정책의 실패는 이후 정부에서도 계속 이어졌다. 실제로 이명박 정부의 경제성장률은 첫해부터 직전 연도의 5.5%에서 2.8%로 거의 반토막이 났다. 그 원인은 세계 금융위기 때문이었다고들 하지만, 뒤에 발생한 것이 원인으로 작용할 수는 없다. 국내 경기의 후퇴가 세계 금융위기보다 먼저 나타났기 때문이다. 2009년에 세계 금융위기까지 터지면서 성장률은 0.7%까지 낮아졌다. 2010년에는 직전 연도의 낮은 성장률의 반사 효과로

2007~2012년 이명박 정부의 성장률

(단위: %)

구분	2007년	2008년	2009년	2010년	2011년	2012년
성장률	5.5	2.8	0.7	6.5	3.7	2.3

출처: 〈조사통계월보〉, 2016년 8월 호, 한국은행.

6.5%까지 성장률이 높아졌지만, 2011년에는 3.7%로, 2012년에는 2.3%로 계속 낮아지기만 했다.

왜 이명박 정부에서는 성장률이 계속 낮아지기만 했을까? 이명박 정부는 "매년 7% 성장, 1인당 국민소득 4만 달러, 세계 7대 경제 대국"이라는 소위 '747'의 화려한 공약을 내세워 집권했고, 성장률을 높이기 위해 모든 정책 수단을 동원했는데도 말이다. 그 이유는 간단하다. 이명박 정부가 집행했던 거의 모든 경제정책이 실패했기 때문이다. 이러한 경제정책들이 지속적으로 펼쳐졌으니, 성장률은 계속 떨어질 수밖에 없었던 것이다. 구체적으로 어떤 정책들이 성장률을 낮추기만 했을까?

경제성장률을 낮추는 데 무엇보다 결정적인 역할을 한 것은 고환율 정책이었다. 그 밖에 재정지출을 확대하고, 이자율을 낮춘 정책도 성장률을 떨어뜨리는 역할을 했다. 그 이유는 또 무엇일까? 재정지출은 생산성과 수익성이 낮아서 민간 부문이 외면하는 분야에 주로 투입되기 때문이다. 따라서 재정지출이 확대될수록 국가 경제의 평균생산성은 떨어지고, 한계생산성은 마이너스를 기록함으로써 성장률이 낮아진다. 그리고 이자율을 정책적으로 인하하는 조치는 자본의 수익률을 떨어뜨렸고, 이 역시 경제성장률을 낮추는 역할을 했다.

한편 이명박 정부는 여론 조작에 능숙했다. 2010년에 경제성장률이 6.5%를 기록하자, 우리나라가 "OECD 국가 중에서 글로벌 금융위기를 가장 성공적으로 극복했다"고 대통령이 직접 나서며 선전을 했다. 당시 경제전문가들이나 언론, 야당 등 어느 누구도 그 말에 이의를 제기하지 않았다. 그러니 국민은 그렇게 믿을 수밖에 없었다. 이것은 뛰어난 정치적 선동 능력을 보여준 결과였을 뿐이다. 물론 OECD 국가들과 비교하면 우리나라가 그다지 나쁜 경제 실적을 기록한 것은 아니다. 하지만 OECD 국가 중에서 절대적 비중을 차지하는 유럽연합 소속 국가들이 낮은 성장률을 기록했던 이유는 유럽중앙은행의 통화정책이 실패하여 경제난을 심화시켰기 때문이다. 특히 물가 불안을 우려하여 본원통화를 2009년 말에 −0.4%로 축소시킨 것이 문제였다. 이것이 신용파괴의 경제원리를 재가동시켜 금융위기를 다시 진행시켰고, 그 영향으로 성장률이 크게 낮아졌다.

이처럼 정책 실패가 경제난을 초래한 나라들과 우리나라를 비교하는 것은 적절하지 못하다. 비교하려면 경제정책이 실패하지 않은 나라와 비교하는 것이 올바른 방법이다. 그래야 경제정책이 성공했다는 주장이 설득력을 가질 수 있다.

사실 2010년에 우리나라가 기록한 성장률 6.5%는 2009년 성장률 0.7%를 기준으로 계산한 반사적인 결과였을 뿐이다. 연평균으로는 고작 3.6%에 불과한 실적이었다. 그래서 이듬해인 2011년에 성장률은 3.7%로 떨어졌고, 2012년에는 2.3%까지 더 추락했다. 이것은 명백히 성공이라고 말할 수 없다. 더욱이 경제정책이 실패하지 않은 다른 나라의 2010년 성장률과 비교하면, 이명박 정부의 선전이 사기극임을 쉽게 알 수 있다. 실제로 싱가포르와 파라과이는 성장률이 각각 14.5%, 필리핀은 12.2%, 대만 10.9%, 중국 10.4%, 아르헨티나 9.2%, 터키 8.9%, 페루 8.8%, 우루과이 8.5%, 인도 8.5% 등과 같이 많은 국가가 높은 성장률을 기록했다. 이래도 이명박 정부의 경제정책이 성공했다고 말할 수 있을까? 이것은 진실과 거리가 멀 뿐만 아니라 실패를 성공으로 둔갑시킴으로써 박근혜 정권 등 이후 정권에서도 실패할 것이 뻔한 경제정책을 거듭 펼치도록 했다.

박근혜 정부의 경제정책 실패(2013년 2월~2017년 5월)

박근혜 정부는 이른바 '창조 경제'를 내세워 이전 정부와의 차별화를 시도했다. 과학기술에 대한 창조적 투자를 확대하여 경제성장의 새로운 동력으로 삼겠다는 것이었다. 실제로 재정지출에서 과학기술 투자가 차지하는 비중이 4%를 넘김으로써 세계 최고 수준에 이르렀다. 그렇다면 우리나라의 성장률은 세계 최고 수준으로 높아져야 했으나, 실제로는 이명박 정부와 비교해도 성장률이 더 낮아지고 말았다. 그 이유가 무엇일까? 국내 경기가 먼저 부진해진 경우에 과학기술 투자를 확대하면, 이것은 오히려 성장률을 낮추는 역할을 한다. 경기가 부진하면 과학기술 투자의 수익성은 낮아지고, 장기적으로는 손실을 초래하기 때문이다. 이처럼 과학기술 투자가 손실을 초래하면, 국가 경제의 성장률은 낮아질 수밖에 없다. 따라서 박근혜 정부는 경기회복을 최우선 정책 과제로 삼았어야 했다. 즉 경기가 회복된 뒤에 과학기술 투자를 확대했어야 했지만, 정책 수순을 뒤바꿈으로써 경기

부진을 심화시키고 말았다.

사실 박근혜 정부가 실시했던 정책의 구체적인 내용을 살펴보면, 이명박 정부의 정책들과 거의 똑같았다. 고환율을 유지하고, 재정지출을 팽창시켰으며, 이자율을 정책적으로 낮추는 등의 경제정책을 집행했다. 이처럼 이명박 정부와 똑같은 경제정책을 시행했으니 그 결과도 비슷할 수밖에 없었다. 더 심각한 사실은 경제성장률을 더욱 떨어뜨릴 수 있는 경제정책 한 가지를 추가로 실시한 것이다. 즉, 경상수지 흑자를 해외투자라는 이름으로 즉각 해외로 유출시키는 정책이 바로 그것이다. 그 과정을 좀 더 자세히 살펴보자.

박근혜 정부가 들어선 뒤부터 국내 경기가 더 부진해지자, 기업들은 내수 부진의 활로를 수출에서 찾았다. 국내 경기의 부진은 수입의 급감을 초래하기도 했다. 그 결과 경상수지 흑자가 매년 크게 증가했다. 2012년에는 경상수지 흑자가 500억 달러를 넘었고, 2013년에는 사상 처음으로 1,000억 달러를 돌파했으며, 2014년에도 990억 달러에 달했다. 특히 2013년과 2014년의 경상수지 흑자는 GDP의 7%를 웃도는 놀라운 수준이었다. 현재의 소득이론에 따르면, 우리나라 성장률은 경상수지 흑자에 의해서라도 최소 7% 이상에 이르러야 했다. 하지만 실제 성장률은 2013년과 2014년에 각각 2.9%와 3.3%에 불과했다.

그 이유가 무엇일까? 앞에서 언급했듯이, 경상수지 흑자를 즉각 해외투자로 유출시킨 정책이 성장률을 낮추는 데 결정적인 역할을 했다. 수출로 벌어들인 소득을 즉각 해외로 유출시켰으니 국내 수요는 위축되고, 성장률 역시 낮아질 수밖에 없었다. 실제로 당시 통계를 보면,

2012~2016년 박근혜 정부의 경상수지 흑자와 외환보유고, 그리고 성장률

(단위: 10억 달러, %)

구분	2012년	2013년	2014년	2015년	2016년
경상수지	50.8	81.2	84.4	105.9	99.2
외환보유고	327.9	346.5	363.6	369.0	371.1
성장률	2.3	2.9	3.3	2.8	2.9

출처: 〈조사통계월보〉, 2016년 8월 호, 한국은행.

경상수지 흑자가 계속 대규모 실적을 기록했음에도 불구하고 외환보유고는 거의 증가하지 않았다. 구체적으로, 2013년에는 경상수지 흑자가 812억 달러였는데, 외환보유고 증가는 고작 18.6억 달러에 불과했다. 2014년에는 경상수지 흑자가 844억 달러였는데, 외환보유고는 17.1억 달러가 증가했다. 2015년과 2016년에는 경상수지 흑자가 각각 1,059억 달러와 992억 달러였는데, 외환보유고는 각각 5.4억 달러와 2.1억 달러가 증가했을 뿐이다. 이것은 경상수지 흑자의 대부분이 해외투자로 즉각 유출되었다는 것을 의미한다.

그뿐만이 아니었다. 박근혜 정부는 이명박 정부처럼 재정지출을 팽창시켰고, 기준금리를 더욱 낮추었으며, 본원통화를 증가시켰다. 결국 낮은 성장률을 더욱 구조적으로 고착화하는 결과를 빚었다. 비유하자면, 의사는 환자가 어떤 원인으로 어떤 질병에 시달리는지를 정확하게 진단하여, 그 질병의 원인에 직접 처방해야 했는데 대증요법만 반복한 셈이다. 박근혜 정부는 대증요법적 정책 처방만을 반복함으로써 급성질환을 만성질환으로 전환시켜, 결국 저성장을 더욱 고착화하는 결과를 초래하고 말았다.

문재인 정부의 경제정책 실패(2017년 5월~2022년 5월)

문재인 정부는 해외 경제 여건의 악화, 출산율의 저하와 고령화의 급속한 진전 등이 심각한 경제난을 초래했다고 끊임없이 강조했다. 하지만 이것은 궁색한 변명에 불과하다. 현재 경제학의 소득함수에 따르면, 최소한 경상수지 흑자만큼은 성장률이 증가했어야 했는데, 실현한 성장률은 그보다 훨씬 낮았기 때문이다. 예를 들어 환율이 급등하여 수출이 부진해진 2019년에도 경상수지 흑자는 GDP의 3.4%에 달했다. 하지만 성장률은 그보다 더 적은 2.3%에 불과했다. 2020년에는 경상수지 흑자가 GDP의 4.4%에 달했지만, 코로나19 사태까지 겹치면서 성장률은 -0.7%까지 추락했다. 다른 해에도 거의 마찬가지였다. 경상수지 흑자가 거의 GDP의 4%를 넘겼지만, 성장률은 그

2017~2021년 문재인 정부의 수출 증가율과 경상수지(GDP 대비 비율), 그리고 환율(원/달러), 경제성장률

(단위: 억 달러, %)

구분	2017년	2018년	2019년	2020년	2021년
수출 증가율	15.8	5.4	-10.4	-5.5	25.7
경상수지	752.3(4.4)	774.7(4.2)	596.8(3.4)	759.0(4.4)	852.3(4.4)
환율	1,131	1,100	1,166	1,180	1,144
성장률	3.4	3.2	2.3	-0.7	4.6

출처: 〈조사통계월보〉, 2019년 11월 호, 한국은행.

보다 훨씬 못 미쳤다.

　물론 2020년에 기록한 성장률은 다른 선진국들과 비교하면 상대적으로 양호한 실적이다. 예를 들어 미국의 성장률은 −2.1%, 일본과 독일은 각각 −4.2%와 −4.1%, 프랑스와 영국은 각각 −7.4%와 −10.4%를 기록했다. 우리나라에서는 코로나19 사태에 대한 성공적인 방역 조치가 이루어졌고, 그 덕분에 다른 나라들보다 상대적으로 더 높은 성장률인 −0.7%를 기록했던 것이다. 하지만 이것은 경제정책과는 상관없다. 그 이후에는 우리나라 성장률이 다른 나라들에 비해 더 낮아졌다.

　문재인 정부에서 성장률이 계속 낮아진 또 다른 이유 가운데 하나는 분기별 성장률이 지나치게 큰 편차를 보였기 때문이다. 예를 들어 2017년 3분기에 5.9%를 기록했던 성장률이 4분기에는 −0.4%로 뚝 떨어졌고, 2018년 1분기에는 3.9%로 다시 급등했다. 이처럼 분기별 성장률이 급등과 급락을 거듭하면, 기업들은 고용과 투자를 선뜻 증가시킬 수 없다. 경기가 상승하면 고용과 투자를 증가시켜야 하지만, 곧바로 경기가 하강하면 생산비용을 상승시킴으로써 경영수지가 크

2017~2019년 문재인 정부 초기의 분기별 성장률

(단위: %)

구분	'17 2/4	'17 3/4	'17 4/4	'18 1/4	'18 2/4	'18 3/4	'18 4/4	'19 1/4	'19 2/4	'19 3/4	'19 4/4
성장률	2.1	5.9	-0.4	3.9	2.3	1.8	3.8	-1.5	4.2	1.7	4.7

출처: '2019년 국민계정', 4분기, 한국은행.

게 악화되기 때문이다. 따라서 경기가 급등과 급락을 반복하면 성장률은 낮아질 수밖에 없고, 수출 증가율도 대체로 낮아진다.

한마디로, 문재인 정부는 초기부터 국내 경기의 안정적인 운용에 실패함으로써 경기 부진을 심화시킨 것이다. 그뿐만이 아니었다. 문재인 정부는 '소득 주도 성장'으로 경제정책을 포장했지만, 그 구체적인 내용을 보면 이명박 정부나 박근혜 정부와 거의 차이가 없다. 이명박 정부와 박근혜 정부에서 두 차례나 실패가 증명되었던 고환율 정책의 유지, 재정지출의 팽창, 통화 공급의 확대, 낮은 이자율의 유지 등과 같은 경제정책을 시행한 것이다. 그렇기에 저성장이 구조적으로 더욱 고착화될 수밖에 없었다.

실제로 문재인 정부의 성장률은 매년 낮은 수준을 유지했고, 수출 증가율 역시 점차 낮아졌다. 예를 들어 2017년의 수출 증가율은 15.8%였는데, 2018년에는 5.4%로 감소했다. 2019년에는 환율이 상승했음에도 불구하고 수출 증가율은 −10.4%로 뚝 떨어졌고, 2020년에는 코로나19 사태까지 겹치면서 수출 증가율이 −5.5%를 기록했다. 그 결과 경제성장률은 2019년에 2.9%로 떨어졌고, 2020년에는 −0.7%로 추락했다. 다행히 2021년에는 환율이 떨어지면서 수출 증가율은 무려 25.7%를 기록했다. 우리 정부가 믿는 것처럼 수출이 GDP의 절반에 육박한다면 성장률은 최소 10%는 넘어야 했지만, 현실의 성장률은 4.6%에 불과했다.

윤석열 정부의 경제정책 실패(2022년 5월~2025년 4월)

윤석열 정부도 이전 정부들과 마찬가지였다. 실패가 거듭 증명된 경제정책을 똑같이 반복했고, 성장률은 매년 점점 더 낮아졌다. 즉 환율 인상, 재정지출 팽창, 낮은 이자율 등의 경제정책을 이전 정부들과 똑같이 펼쳤다. 심지어 시대착오적인 군사 쿠데타를 획책하다가 실패했다. 그로 인해 정치적 불안정까지 경제정책의 실패에 가세해 위기감을 고조시켰다. 결국 경제난은 더욱 심화되었고, 윤석열 정부의 연평균 성장률은 2.0%에 그쳤다.

이와 같이 정권이 여러 차례 바뀌는 동안에도 경제난이 계속 악화된 것은 실패할 것이 분명한 경제정책을 반복하여 집행했기 때문이다. 그렇다고 경제 관료들이 무능하다는 것은 아니다. 현재의 경제학이 취약하고, 그 취약한 경제원리에 입각하여 경제정책이 실행되었기 때문에 경제난이 점점 더 악화되었을 뿐이다. 그러면 어떻게 해야 경제정책이 실패하지 않을 수 있을까? 당연히 경제학이 지금보다는 더욱더 진화해서 쓸모 있게 변모해야 한다. 이 문제는 다음 장과 〈부록: 다시 쓰는 경제학〉에서 살펴보기로 한다.

6장

주식시장과 주식투자 그리고 관세전쟁

주식시장과 K-경제학

주류경제학은 완벽한 정보, 완전경쟁, 일반균형 등을 전제조건으로 삼아 성립했는데, 이 전제조건을 가장 근접하게 충족시키는 곳 중 하나가 주식시장을 비롯한 증권시장이다. 특히 주식시장의 정보는 다른 어느 시장보다 더 많이 공개되며, 그 습득 역시 다른 어느 시장보다 더 쉽게 그리고 더 빨리 이뤄진다. 거래에 따른 시간이나 비용의 소모도 거의 없다. 그뿐만 아니라 주식시장은 구매자와 판매자가 모두 다른 어느 시장과도 비교할 수 없을 만큼 다수이다. 그만큼 다른 어느 시장보다 더 완전한 경쟁이 일어나고 있는 셈이다. 따라서 경제학자는 주식투자에 성공할 가능성이 그만큼 높아야 한다. 경제학자는 가격현상과 가격이론을 어느 누구보다 잘 이해하고 있을 것이므로.

하지만 역사적 사실은 그 반대로 나타났다. 경제학자 중에서 증권투자에 성공한 사람으로는 데이비드 리카도, 존 M. 케인즈, 폴 A. 사무엘슨 등 극소수만이 알려져 있을 뿐이다. 그나마 리카도는 원래 증권브로커 출신이므로 경제학자로서 증권투자에 성공했다고 보기는 어렵고, 케인즈는 거의 전 재산을 잃을 정도의 큰 실패를 세 번이나 겪었으며, 사무엘슨은 짧은 성공을 거둔 후에 증권투자에서 일찍 손을 뗐다. 우리나라에도 수천 명에 이르는 경제학 박사가 있다지만, 증권투자로 큰돈을 벌었다는 사람은 좀처럼 찾아보기 어렵다. 아니, 증권투자에 나섰던 대부분의 경제학자가 손실을 입었다는 것은 공공연한 비밀이다. 손실을 입은 경제학자가 어찌 입을 열겠는가. 노벨 경제학상 수상자가 두 명이나 참여했던 미국의 롱텀캐피털매니지먼트 LTCM의 파산은 더욱 희극적이다.

가격이론에 정통한 경제학자가 왜 증권투자에 성공하지 못할까? '수요가 더 많아지면 가격이 오르고, 공급이 더 많아지면 가격은 내린다'라는 가격변동원리가 틀렸을까? 아니다, 이것은 만고불변의 진리이다. 그런데 왜 경제학자는 주식투자에 성공하지 못할까? 그 이유는 간단하다. 수요가 언제 더 많아지는가, 그리고 공급은 언제 더 많아지는가 등을 추가로 따지지 않기 때문이다. 왜 이걸 따지지 않을까? 수요와 공급을 소득이 결정한다는 사실을 아직 모르기 때문이다. 이제라도 이 사실을 알았다면, 그래서 수요가 언제 더 많아지는가를 끈질기게 추적한다면, 경제학자도 얼마든지 주식투자에 성공할 수 있다는 것이 필자가 수립한 K-경제학의 관점이다. 그럼 언제 수요가 더 많이 증가할까? 이 문제를 살피기 전에 밝혀둘 점이 있다.

국내 경제학자나 경제전문가에게 '경기동향과 주식시장 중에서 어느 것이 선행하는가?'라고 물으면, 대부분 '주식시장이 경기를 선행한다'라고 흔히 대답한다. 주식시장에서 경험을 풍부하게 쌓은 경제전문가도 거의 예외가 없다. 통계청이 발표하는 경기선행지수에도 주가지수가 포함되어 있다. 정책당국조차 주가지수가 경기흐름을 선행하는 것으로 간주하는 것이다. 진짜로 주식시장이 경기흐름을 선행할까? 아니다. 이것은 1980년대까지만 맞는 답이었다. 국내 경제전문가는 국제기류에 둔감했을 따름이다.

만약 선진국의 앞서가는 투자자에게 위와 같이 물었다면 어떤 대답이 되돌아올까? 물으나 마나 한 것을 물었으니, 틀림없이 이상하다는 듯이 쳐다볼 것이다. 실제로 미국이나 유럽 등에서는 경기동향과 관련한 경제지표가 새롭게 발표될 때마다 주식시장이 요동치곤 한다. 그런 나라에서는 경기가 주식시장을 선행한다는 사실이 이미 상식에 속한다. 그런데 왜 국내 경제전문가들 사이에서는 주식시장이 경기흐름을 선행한다고 잘못 알고 있을까? 경기를 판단하는 지표가 비약적으로 발전해 왔다는 사실을 미처 정확하게 이해하지 못했기 때문이다. 이 기회에 경기를 판단하는 지표의 발달사를 간단히 살펴보자.

경기를 판단하는 기본적인 지표는 성장률이다. 성장률이 높으면 경기는 호조이고, 성장률이 낮으면 경기는 부진하다고 판단한다. 그리고 성장률은 국민계정의 증가율을 뜻한다. 이 국민계정부터가 그동안 발전을 거듭해 왔다. 처음에는 국민총소득 GNI, Gross National Income 이 경기를 판단하는 중심 개념이었다. 하지만 이것으로는 경기흐름을 정확하게 읽어내기가 어렵다는 사실이 차츰 드러났다. 특히 국민총소득은 국민적 관심사인 실업률과는 거리가 다소 먼 것으로 나타났다. 그래서 1960년대부터 새롭게 부상한 것이 국민총생산 GNP, Gross National Production 이다. 소득의 관점이 아니라 생산의 관점에서 국민계정을 살펴야, 실업률 추이는 물론이고 전반적인 경기동향을 상대적으로 더 정확하게 읽어낼 수 있다고 여기게 된 셈이다.

　이 국민총생산은 우리 국민이 생산하여 창출한 국부라면 국내든 외국이든 가리지 않고 집계한 것인데, 이것 역시 경기흐름을 정확하게 읽어내는 데 한계가 있다는 사실이 차츰 드러났다. 그래서 1980년대부터 새롭게 등장한 경제지표가 국내총생산 GDP, Gross Domestic Production이다. 외국인이든 내국인이든 가리지 않고 국내에서 생산하여 창출하는 부가가치가 경기에 훨씬 직접적인 영향을 끼친다는 사실을 새롭게 인식한 것이다. 국내 생산은 원자재와 기자재의 구매는 물론이고 운송과 보관 같은 서비스업까지 활성화시키는 등 전후방 연쇄효과를 발휘하기 때문에 이런 일이 흔하게 일어난다. 그래서 1990년대 이후에는 대부분의 나라가 국내총생산을 바탕으로 국민계정을 집계하여 발표한다. 이제 성장률은 국내총생산의 증가율을 뜻한다.

　그 후로도 경기흐름을 좀 더 정확하게 읽어내기 위한 노력은 계속됐다. 처음에는 국내총생산의 전년동기대비 성장률을 경기판단의 주지표로 삼았다. 지난해 같은 기간에 비해 국내총생산이 얼마나 증가했는가를 나타내는 것이 전년동기대비 성장률인데, 경기가 호조인가 아니면 부진인가를 파악하는 데는 이것이 비교적 정확했다. 하지만 경기가 앞으로 어디로 흘러갈지를 알기 위해서는 다른 지표가 필요했다. 즉, 경기가 상승하는가 아니면 하강하는가를 파악하기 위한 새로운 지표가 필요했던 것이다. 그래서 1990년대 이후에 등장한 것이 전기대비 성장률이다. 직전 분기에 비해 현재 분기의 국내총생산이 얼마나 증가했는가를 알아야 경기의 향방을 가늠할 수 있다는 사실을 새롭게 인식한 셈이다. 실제로 전기대비 성장률을 기준으로 판단하면 경기가 상승하는가 아니면 하강하는가를 비교적 정확히 포착할 수 있으며, 이 경우에 비로소 국내 경기의 향방을 가늠이라도 할 수 있다.

전기대비 성장률을 기준으로 국내 경기를 진단할 경우에는 '국내 경기가 주식시장을 선행한다'라는 사실도 쉽게 확인할 수 있다. 실제로 외국인은 이런 판단을 바탕으로 국내 주식시장에 투자하여 눈부신 수익을 남겼다. 우리나라가 외국인의 주식투자를 허용한 것은 1991년부터이다. 외국인은 2012년까지 총 346억 달러를 순투자하여 3,634억 달러를 보유함으로써 10.5배의 수익률을 올렸다. 특히 2009년까지의 투자수익이 눈부셨다. 이때까지의 투자액은 874억 달러였고 회수액은 863억 달러여서 총 11억 달러를 순투자한 셈인데, 2009년 말에 외국인이 보유한 국내 주식의 총액은 2,360억 달러에 달했다. 순투자액 대비 무려 200배 이상의 이익을 남긴 셈이다. 그 대부분의 이익은 2000년 이후 10년 동안에 거뒀다. 그 후에는 수익률이 다소 떨어졌지만, 2010년부터 2012년까지 3년 동안에도 335억 달러를 순투자하여 약 3.8배인 1,274억 달러를 벌어들였다.

외국인 투자자는 어떻게 위와 같은 엄청난 이익을 남겼을까? 간단

외국인의 연도별 주식 투자액과 보유액 추이

(단위: 억 달러)

구분	91~01	2002	2003	2004	2005	2006	2007	2008	2009	2010	2011	2012
투자	396	-16	126	95	-14	-133	-289	-411	257	187	-7	155
보유	700	757	1,168	1,564	2,495	2,764	3,201	1,247	2,360	3,173	2,843	3,634

출처: 국제투자대조표, 조사통계월보 2013년 6월호, 한국은행.

히 말해, 전기대비 성장률이 상승하면 외국인 투자자는 주식시장도 곧 상승세를 보일 것으로 판단하여 주식을 매입하곤 했기 때문이다. 반면 내국인 투자자는 경기가 호조를 보인 뒤, 즉 주식시장이 상승세를 보인 다음에야 허겁지겁 주식을 매수하곤 했다. 외국인 투자자는 상대적으로 싼 가격일 때 주식을 매입했고, 내국인 투자자는 값이 비싸진 다음에야 주식을 매입했으니, 우리 국민이 피땀 흘려 축적한 국부를 외국인 투자자에게 넘겨줄 수밖에 없었고, 내국인 투자자는 기관이든 개인이든 대부분 손실을 보거나 쪽박을 차고 말았다.

물론 예외적인 사례가 없는 것은 아니다. 대표적인 예외 사례는 2000년의 경우를 들 수 있다. 연초에는 '7%만 성장해도 괄목할 만한 성과로 평가해 줄 수 있다'라고 보도했던 국내 언론이 그 해에 8.9%나 성장했음에도 불구하고, 하반기부터 갑자기 태도를 바꿔 경제위기가 곧 닥칠 것처럼 보도하기 시작했고, 비관적인 분위기가 사회 전반을 지배했다. 그 바람에 1,000을 넘었던 주가지수가 연말에는 겨우 500에 턱걸이하는 일이 벌어졌다. 비관적인 분위기가 경기하강까지 불렀는데, 외국인 투자자는 경기가 하강함에도 불구하고 국내 주식을 대량으로 순매수했다. 국내 언론의 비관적인 보도가 경제통계와 부합하지 않을 뿐만 아니라, 주가지수가 500대로 떨어진 것은 너무 낮은 수준이라고 판단했기 때문일 것이다. 실제로 그들은 머지않아 충분한 보상을 받았다. 그밖에 환차익이 더 크게 기대될 때도 외국인 투자자는 경기흐름과 상관없이 국내 주식을 순매수했다. 환율이 떨어질 때 국내 금융시장에 투자하면 주식가격이 떨어질 경우조차 더 큰 환차익을 얻을 수 있기 때문이다. 돈을 벌어주는 것은 주가 상승이든 환차익이든 마찬가지이므로 이런 일이 벌어졌다.

그럼 앞으로 전기대비 성장률이 상승할 경우에 주식을 매입하면 내국인 투자자도 큰 이익을 볼 수 있을까? 당연히 그렇다. 다만, 다른 투자자보다 좀 더 빨리, 그리고 좀 더 정확하게 경기동향을 포착할 수 있어야 한다. 좋은 주식을 선택하는 것도 당연히 중요하다. 그래야 더 싼값에 더 좋은 주식을 살 수 있고, 더 비싼 값에 팔아서 더 큰 이익을 남길 수 있다. 그렇다면 어떻게 해야 다른 사람보다 더 정확히 그리고 더 빨리 경기동향을 포착할 수 있을까? 이것은 하루아침에 이뤄질 일이 아니다. 오랜 세월 동안 각종 경기지표를 면밀히 그리고 꾸준히 살피는 수련이 필요하다. 이런 노력이 많이 축적될수록 경기동향을 더 정확하고 빠르게 읽어낼 수 있다.

그런데 주식시장은 왜 경기가 상승할 때 강세를 보이고, 경기가 하강할 때는 약세를 보일까? 그 이유는 주식을 매입하기 위한 수요는 기본적으로 소득의 저축에 의해 이뤄지고, 저축은 경기가 상승할 때 상대적으로 더 많이 늘어나는 데 있다. 실제로 경기가 상승할 때는 소비의 증가보다 소득의 증가가 훨씬 더 빠르게 이뤄지고, 이 경우에는 저축이 더 빠르게 늘어나면서 주식의 수요도 그만큼 빠르게 증가한다.

참고로, 저축의 변동에 관한 주류경제학의 이론 중에서 특기할 만한 것은 생명주기 이론이다. 즉, 젊었을 때는 노후를 위해 저축을 더 많이 하고, 노년으로 갈수록 저축이 줄어든다는 것이다. 그러나 이 이론은 죽음을 앞둔 경우에도 자산을 소모하기보다 후손에게 물려주는 현실에 의해 쉽게 부정되었다. 뛰어난 경제학자이자 경제사학자인 찰스 킨들버거는 생명주기 이론이 국가경제에 잘 적용된다며 젊은 국가는 더 많이 저축하고 늙은 국가는 더 적게 저축한다고 주장했지만, 반대 사례가 오히려 더 많았다. 따라서 소득이 빠르게 증가할 때 저축이 더 많이 증가한다고 보는 게 옳다.

주식시장은 소득의 변동, 즉 경기변동 이외에 금융시장의 영향도 크게 받는다. 운동에너지를 충분히 갖춘 유동성이 풍부해지면 주식시장은 그 영향을 받아 상승세를 보이는 것이 보통이며, 운동에너지를 충분히 갖춘 유동성은 경기가 상승할 때 풍부해지는 것이 보통이다. 경기가 상승함에 따라 유동성이 풍부해지면 주식가격은 당연히 상승한다. 반대의 경우도 마찬가지이다. 경기가 하강하면 유동성은 줄어들고, 이에 따라 주식 가격은 하락한다. 주식시장은 통화에 의해서도 그리고 소득에 의해서도 영향을 받는 셈이다.

위와 같은 사실은 무엇을 의미할까? 가격결정원리가 주식시장을 지배하고 있다는 것을 뜻한다. 그리고 이것은 가격의 결정이 소득과 통화와 물가의 상호작용 속에 이뤄진다는 것을 뜻한다. 이 가격결정원리는 주식시장의 가격만 지배하는 것이 아니라 모든 재화의 가격을 지배한다. 주식시장은 가격결정원리가 얼마나 중요한 역할을 하는가를 가장 쉽게 보여줄 따름이다. 결론적으로, 모든 가격현상에서 가격결정원리는 가장 결정적인 역할을 한다. 이렇게 결정된 가격은 수요와 공급의 상호작용 속에 변동하며, 카오스 현상의 영향을 받기도 한다. 하지만 수요와 공급의 상호작용이라는 가격변동원리는 가격결정원리가 결정한 가격의 범위를 좀처럼 넘어서지 못하며, 카오스원리에 의한 가격변화는 가격변동원리가 결정하는 가격변동을 좀처럼 넘어서지 못한다. K-경제학의 가격결정원리는 이래서 더욱 중요하다.

참고로, K-경제학의 가격이론은 결정원리, 변동원리, 카오스원리 등의 세 가지 경제원리로 구성되어 있다.

현재의 경제학의 여러 이론이 경제현실에서는 무능하다는 점은 앞서 충분히 살펴본 것처럼 이미 오래 전부터 드러났다. 그래서 주식 투자자는 경제학과는 전혀 상관없는 실용적인 여러 투자기법을 활용하고 있다. 그중에서 가장 많이 알려져 있고 널리 활용되는 것으로 가치투자 Value Investment 와 추세투자 Momentum Investment 를 꼽을 수 있다. 참고로 주식차트의 분석을 통해 투자하는 방법은 추세투자에 속한다. 위 두 가지 방법 중에서 어느 것이 주식투자에 더 효과적인지는 판가름하기 어렵다. 주식투자의 대가들 중에서는 이 둘 중 어느 하나만으로 큰 성공을 거둔 사례가 제법 있기 때문이다. 그만큼 이 두 가지의 실용적인 투자 방법은 모두 유력하다고 할 수 있다. 하지만 경제원리의 뒷받침을 받지 못하는 등 그 과학적 배경은 허약하다고 하지 않을 수 없어서, 일반 투자자가 투자 대가들을 따라하다가는 큰 실패를 맛볼 수도 있다. 위의 투자 방법들은 오랜 세월의 투자경험이 축적된 것들이기 때문에 더욱 그렇다.

주식시장의 장기주기

주식 투자자가 반드시 명심할 일이 하나 있다. 그것은 주식시장이 장기주기를 가지고 있다는 사실이다. 주식시장의 장기주기를 외면하면, 아무리 뛰어난 주식 투자자라도 실패를 면하기 어렵다. 아니, 큰 실패를 맞는 것이 보통이다. 주식시장의 장기주기는 금융위기와 밀접한 관련을 맺고 있으며, 금융위기가 터질 경우에는 주가지수가 폭락하곤 하기 때문이다. 극단적인 사례를 하나 살펴보면, 1929년 9월 3일 381을 기록했던 다우지수는 금융위기가 터진 뒤 대공황이 심각하게 진행했던 1932년 7월 9일에는 43까지 추락했다. 그래서 당시에 뛰어난 투자자들조차 파산하거나 치명적인 손실을 입었다.

위와 같이 주식시장에 결정적인 타격을 입히는 금융위기는 반드시 광기, 패닉, 붕괴의 과정을 거친다. 이처럼 금융위기가 반드시 광기, 패닉, 붕괴의 과정을 거친다는 사실은 찰스 킨들버거가 《광기, 패닉, 붕괴; 금융위기의 역사》라는 책에서 세계 금융위기의 700년 역사를 연구하여 충분히 증명했다. 금융위기를 일으키는 데 결정적인 역할을 하는 주식시장의 장기주기 역시 광기, 패닉, 붕괴의 과정을 거친다. 일반적으로 주식시장의 장기주기 중에서 광기의 기간은 3~4년 동안 지속되고, 패닉과 붕괴의 기간은 각각 반년에서 1년 정도 지속되며, 그 뒤에는 5~6년의 장기정체기가 찾아온다. 결론적으로, 주식투자의 장기주기는 10여 년 정도인 셈이다. 그 이유가 무엇일까? 그 이유는 다음과 같다.

세상에는 주로 현재 소득에 의해 소비가 이뤄지는 재화도 존재하고, 과거부터 축적한 소득에 의해 소비가 이뤄지는 재화도 존재한다. 비교적 장기간 축적한 소득으로 소비가 이뤄지고 경제적으로도 중요한 역할을 하는 대표적인 재화로는 부동산과 주식 등을 꼽을 수 있다. 그런데 이런 재화의 가격은 단속적으로 상승하는 것이 보통이다. 경기가 호조이거나 통화량이 늘어날 경우에 일반 재화의 가격은 상대적으로 신속하게 반응하여 약간의 시차를 두고 상승하지만, 소득의 축적이 충분히 이뤄진 뒤에 거래가 활발해지는 부동산과 주식 같은 재화는 그 가격이 상대적으로 더 느리게 상승하는 경향을 보인다. 경기가 호조를 지속하여 소득이 비교적 장기간 증가해야 저축이 충분히 이뤄지고, 그래야 이 재화들의 수요는 비로소 본격적으로 일어나며, 이런 때에 이르러 가격이 상승하기 시작하는 것이다. 여기에서 그친다면 심각한 문제를 일으키지 않지만, 뒤늦게 일어난 이 재화들의 가격 상승이 상대적으로 훨씬 빠른 속도를 내면서 경제병리적 현상을 만들어낸다.

이해하기 쉽게 주택시장을 중심으로 살펴보자. 주택 수요는 저축이 충분히 이뤄져야 일어나므로, 주택 가격은 상당한 세월이 흘러야 비로소 상승하기 시작한다. 주택 가격의 상승은 일반 물가의 상승이 이미 일어난 다음에 뒤늦게 시작한 만큼 짧은 기간에 집중되는 경향을 보인다. 이처럼 단기간에 가격이 급등하는 현상이 벌어지면, 2년이나 3년 더 저축해야 집을 살 능력이 생기는 사람들에게 강렬한 유혹을 일으킨다. 무리하게 많은 빚을 내서라도 집을 사려는 유혹이 그것이다. 가격이 폭등하고 나면 2~3년 더 저축하더라도 집을 살 수 없는 일이 벌어질 것처럼 보이기 때문이다.

이런 일이 실제로 벌어지면 어떤 상황이 전개될까? 많은 빚을 내서 집을 사는 것은 미래의 수요가 현재로 이동해 오는 것을 의미한다. 미래에 나타나야 할 수요가 이처럼 현재로 이동해 오면 부동산의 수요는 배가되고 그 가격은 더욱 폭등한다. 부동산 투기 열풍과 거품은 이렇게 일어난다. 이런 투기 열풍과 그 거품은 언제까지나 지속될 수는 없다. 미래 수요가 현재로 이동해 왔으므로, 미래의 어느 시점에 가면 수요가 이동해 간 시기가 반드시 닥치고, 이 경우에는 수요의 공동화 현상이 나타나 가격은 장기간 정체하거나 급락한다. 더 먼 미래의 수요가 계속 이동해 온다면 가격 하락은 일어나지 않을 수 있지만, 이것 역시 지속 가능성은 없다. 현재 수요와 미래 수요가 합쳐지는 경우에 비로소 폭등한 가격이 유지되기 때문이다. 가격 폭등이 더 이상 지속되지 못하고 정체하거나 하락으로 전환하면, 현재 수요까지 미래로 이동해 가는 새로운 경향이 나타나기도 한다. 그러면 그 거품이 꺼지면서 가격은 폭락한다. 1990년대 초의 일본과 2008년 이후의 미국에서 이런 일이 실제로 벌어졌다.

위와 같은 현상은 부동산에만 국한하여 일어나지 않는다. 주식시장에서도 흔히 일어난다. 주식시장과 부동산시장에서 동시에 그런 일이 벌어지기도 하며, 이 경우에는 심각한 금융위기가 발생한다. 킨들버거가 주장한 바처럼 광기와 패닉과 붕괴가 연쇄적으로 벌어지는 것이다. 그렇다면 그가 금융위기의 원인을 충분히 규명했다고 봐도 좋지 않을까?

하지만 그것만으로는 충분치 않다는 것이 내가 연구한 K-경제학의 판단이다. 광기와 거품과 붕괴가 연이어 일어났다면 그 원인이 어디에 있는가를 과학적으로 따지는 게 경제학의 책무이다. 한 마디로, 광기는 수요의 시간이동에 의해 일어난다고 규정해야 미래에 나타날 새로운 광기도 비로소 예측해 낼 수 있다. 그리고 수요의 시간이동이 광기를 일으킨다고 규정했을 때, 비로소 거품이 왜 일어나 붕괴로 이어지는가를 과학적으로 규명할 수 있으며, 거품의 붕괴는 어떤 과정을 거쳐 일어나는가도 과학적으로 규명할 수 있다. 그러나 킨들버거는 아래처럼 기술했을 뿐이다.

"일반적으로 광기 현상은 경기순환의 확장 국면에서 나타났다. 이것은 부분적으로 광기에 동반하는 풍요로운 감정이 지출 증대를 야기한다는 점에 기인한다. 광기 국면에서 부동산 가격이나 주가, 상품 가격의 상승은 소비지출 및 투자지출의 증가에 기여하고, 이것은 다시 경제성장을 가속화한다. 경제예측가들은 영속적인 경제성장을 예측하고, 일부 과감한 분석가들은 시장경제의 경기순환이 사라졌다며 더 이상 경기후퇴는 없다고 단언한다. 경제성장률의 상승에 힘입어 투자자들과 대여자들의 미래에 대한 낙관론이 확산되고, 자산가격은 더 빨리, 적어도 얼마 동안은 상승한다."[25] 이것은 현실에서 일어나는 일반적 현상이지만 경기순환의 확장 국면에서 왜 가격상승이 자연스럽게 일어나지 않고 광기로 나타나는가에 대해서는 설득력 있는 언급을 찾을 수 없다. 킨들버거의 위와 같은 언급은 과학적인 접근과 거리가 멀다.

붕괴에 대해서도 그는 "자산가격 상승에 이어서 하나의 사건이 터지는데, 정부 정책의 변화나 이제까지만 하더라도 성공적이라고 여겨지던 회사가 별다른 설명도 없이 파산하는 사건과 같은 일이 벌어지면서 자산가격은 상승 행진을 중단한다. 자산 매입을 대부분 차입금으로 조달했던 일군의 투자자들은 결국 대출금의 이자가 자산에서 나오는 투자 소득보다 커지게 되는 순간, 보유하고 있던 부동산이나 주식의 투매자로 돌변한다. 이들의 투매는 자산가격 급락을 초래하고, 패닉과 붕괴가 뒤따를 수도 있다."[26] 라고 기술했다. 하지만 우연한 사건을 원인으로 내세우는 것은 과학적으로 옳지 않다.

패닉이 반복적으로 그리고 필연적으로 일어날 수밖에 없는 과학적인 원리를 먼저 찾았어야 했지만, 그는 민스키의 주장을 빌려 "경제가 둔화되면 이들이 매수한 자산가격의 상승률이 차입금의 금리보다 낮아지며, 그러면 이들 차입자 가운데 일부는 실망하게 되고 이들 중 다수는 투매자로 돌변한다."[27]라고 언급하여 경기 둔화를 붕괴의 원인으로 제기했을 따름이다. 경기 둔화가 왜 일어나는지, 이것이 자산가격의 붕괴와는 어떤 관계를 맺는지에 대한 과학적인 규명은 찾아보기 어렵다. 또한 경기 둔화가 붕괴에 선행하는지 아니면 후행하는지에 대한 규명도 그의 책에는 없다. 반면 재화들 사이에 나타나는 가격 변동에 대한 반응의 민감성과 속도의 차이 그리고 수요의 시간이동과 공동화는 이 문제를 과학적으로 쉽게 해결해 낸다.

부동산이나 주식 가격의 하락이 금융기관의 붕괴 위기로까지 발전하는 과정에 대해서는 수요의 시간이동과 공동화만으로 규명하기에 역부족이다. 다른 경제원리가 하나 더 여기에 가세하는데, 신용창조원리의 역과정인 '신용파괴원리'의 작동이 그것이다. 이 신용파괴원리가 본격적으로 작동하면 흔히 금융기관의 붕괴 위기로 발전하고, 뒤이어 심각한 경기침체가 모습을 드러낸다.

킨들버거도 '패닉이 절정에 달할 즈음에는 돈 구할 데가 없다는 말이 저절로 나온다'라고 밝히고, 그 원인으로서 '자산가격이 하락하면 담보가치가 감소하므로 은행은 기존 대출을 회수하거나 신규 대출을 거부하고 이 과정이 악순환한다'라는 점을 제시했다.[28] 현실적으로도 신용경색이나 신용수축 등의 용어는 흔히 사용된다. 경제학자 루디거

돈부시Rudiger Dornbusch는 '갑작스런 유동성 정지Liquidity Sudden Stop'라는 용어를 사용하기도 했다. 그럼 이런 용어와 '신용파괴원리' 사이에는 어떤 차이가 있을까? 혹시 신용파괴원리가 이미 알려진 것은 아닐까?

신용경색, 신용수축, 유동성 정지 등의 용어는 과학적 원리에 입각한 것이 아니다. 현실에서 종종 나타나는 현상을 지칭한 용어일 따름이다. 물론 과학적 원리를 추구한 사례가 전혀 없는 것은 아니다. 예를 들어, 경제학자 진 스마일리Gene Smiley는 예금인출 사태가 발생할 경우에 "공황상태의 예금주들에게 지급할 현금을 확보하기 위해 수많은 은행들이 공개시장에서 증권을 매각한다면 증권가격이 하락할 것이다. 이렇게 되면 은행들은 예금을 지급할 만큼의 충분한 자산을 보유하지 못하게 되고, 결국엔 파산할 것이다."[29]라고 그의 책《세계대공황》에서 밝혔다. 하지만 이런 분석 역시 역부족이다. 1997년 말에 우리나라에서 발생했던 외환위기처럼 은행자산 중에서 증권의 비중이 무시해도 좋을 정도인 경우에도 신용수축 현상이 벌어졌기 때문이다. 따라서 신용파괴원리로 접근하여 신용수축 현상을 해명하는 것이 훨씬 더 광범위한 설득력을 갖는다. 그럼 신용파괴원리는 어떻게 작동할까?

한보 부도사태로 보는 신용파괴원리

우리나라 외환위기의 전개과정은 금융위기가 어떻게 진행하는지를 보여준 전형적인 사례 중 하나이다. 지금부터는 우리나라 외환위기의 전개과정을 통해 금융위기의 일반적인 전개과정을 과학적으로 접근해 보기로 하자. 즉, '한보 부도사태'의 발생이 신용파괴를 일으킴으로써 금융위기가 본격화했으며, 이 금융위기가 외환위기 발생에 촉발제의 역할을 했으므로, 이 문제를 통해 신용파괴원리가 어떻게 작동하는지 살펴보자는 것이다.

외환위기가 터지기 불과 1년 전만 하더라도 시중에는 돈이 넘쳐났다. 넘쳐나던 돈이 주식시장으로 흘러가 주가지수를 2년 동안 500대에서 900대까지 끌어올렸고, 부동산시장 역시 투기 조짐이 일어날 정도로 대체적으로 활황이었다. 그렇게 풍부했던 돈은 도대체 어디로 갔을까? 한 마디로, 돈은 신용을 창조하기도 하지만 신용을 파괴하기도 한다. 불행하게도 현재의 경제학에는 신용창조원리의 역과정인 신용파괴원리가 없다. 하지만 금융기관이 신용창조를 한다면, 신용파괴도 당연히 일어난다고 봐야 한다. 1997년 초 한보라는 재벌그룹이 파산지경에 이르자 실제로 신용파괴가 일어났다.

당시 경제상황은 한보 부도사태가 터질 수밖에 없었다. 경상수지가 1996년에 230억 달러의 적자를 기록했는데, 이것은 국내총생산의 4.7%에 이르는 규모로서 그만큼의 국내 소득이 해외로 이전되는 효과를 나타냈다. 그리고 국내 소득의 해외 이전은 국내 수요의 위축으로 나타났다. 자본수지는 흑자를 기록하여 그만큼의 해외 소득이 국내에 이전되었지만, 경상수지 적자에 따른 국내 소득의 해외 이전 효과를 상쇄하지는 못했다. 외국자본의 도입은 간접적으로 소득을 증가시키지만, 경상수지 적자는 직접적으로 소득을 감소시키기 때문이었다. 그뿐만 아니라 외국자본의 도입은 점점 어려워졌다. 그래서 국내 경기는 1996년 하반기부터 후퇴를 시작했고, 기업 경영수지도 날이 갈수록 악화됐다. 결국 재무구조가 취약했던 한보가 먼저 부도를 당했다.

한보의 부도는 한 재벌의 붕괴로만 머물지 않았다. 한보의 부도는 부실채권 약 6.6조 원을 금융기관에 안겼으며, 이것은 금융기관에 대손충당금을 새로 쌓고, 낮아진 자기자본비율도 다시 높이도록 압박했다. 이게 금융기관의 추가적인 대출과 투자를 어렵게 만들었다. 오히려 대출과 투자를 회수해야 하는 상황으로 이어졌다. 그 여파는 경제 전반에 걸쳐 극심한 자금경색을 초래했다. 금융기관의 추가대출은 물론이고 회사채의 발행까지 어려워졌다. 이미 발행한 회사채와 기업어음은 만기가 돌아오고 있었으며, 경영수지가 좋지 않은 기업들은 결제할 수 없는 지경에 내몰렸다. 그러자 기업들은 사채시장私債市場으로 몰려갔고, 그 금리가 폭등했다.

자금수요가 갑자기 커진 사채업자들은 예금을 인출하여 자금을 조달했다. 실제로 1997년 말의 화폐발행액은 긴축정책의 영향으로 0.7% 감소했는데, 현금통화와 예금통화의 합계인 통화는 11.4%나 감소했다. 이처럼 예금인출이 점점 많아지자, 은행 등 금융기관은 자기자본비율을 확충해야 했다. 이것이 다시 대출과 투자를 추가로 축소시키는 압력으로 작용하여 악순환을 일으켰다. '신용파괴원리'가 이렇게 본격적으로 작동하면서 자금시장은 전반적으로 경색되었고 극심한 혼란을 초래했다. 보수적인 시중은행을 보더라도 일반대출 금리가 1996년 말의 11.1%에서 1997년 말에 15.3%로 급등했다. 심지어 회사채의 경우는 차환 발행까지 어려운 지경에 이르렀다. 그 결과 중소기업은 3만여 개나 도산했으며 삼미, 대농, 진로, 해태, 나산, 한신, 기아 등의 재벌들까지 줄줄이 무너졌다.

'신용파괴원리'란 '신용창조원리'가 반대로 작동하는 것을 뜻하므로 신용창조의 승수효과는 신용파괴 과정에서도 비슷한 위력을 발휘한다. 한보사태의 신용파괴 압력을 이론적으로 계산해 보면, 당시 화폐발행액에 대한 광의 유동성 신용승수가 약 30배였으므로, 그 금액은 약 200조 원에 이른다(한보 부실채권 6.6조 원×신용승수 30배=200조 원). 이것은 광의 유동성의 3분의 1 규모였다. 이 정도라면 금융공황이 전개되지 않을 수 없었다. 마치 우리 몸의 혈액 3분의 1이 빠져나가는 것 같은 상태였다. 외환위기 직후에 공적자금을 160조 원이나 투입한 것은 이런 신용파괴를 막기 위한 불가피한 조치였다. 일부에서는 이를 두고 '공짜 자금'이라고 비아냥거렸지만, 이것은 외환위기를 극복하지 말자는 것이나 다름없다. 외환위기 같은 중병에 걸렸다면, 이것을 치료하기 위한 약값과 수술비를 지불해야 함은 당연한 일이었다.

왜 금융위기는 거의 항상 경제파국으로 이어지곤 할까? 지금부터는 이 문제를 풀어보자. 병원균이 침투했다고 항상 질병이 발생하는 것은 아니다. 면역체계가 병원균을 이겨내지 못하거나 생리기능의 일부가 무너졌을 때 비로소 병이 생긴다. 경제도 마찬가지이다. 외부 충격을 경제의 충격흡수력이 이겨내지 못하거나 경제의 순기능이 무너졌을 때 병리적 현상이 나타난다. 특히 외부 충격이나 신용파괴원리가 경제의 순기능을 무너뜨렸을 때는 아주 심각한 경제파국을 맞는다.

그럼 경제적 순기능은 무엇이고, 이것이 무너졌을 때는 어떤 일이 벌어질까? 경제에서 일어나는 순기능은 다음 다섯 가지가 특히 중요하다. 분업, 거래, 국제교역, 규모의 경제, 신용창조 등이 그것이다. 분업이 이뤄지면 생산성이 향상되고, 거래와 국제교역이 활발해지면 분업을 촉진하고 생산 규모와 시장을 확장하며, 생산 규모가 커지고 시장이 확장되면 규모의 경제가 작동하여 생산성을 키우며, 신용창조는 운동에너지를 충분히 갖춘 통화를 창출함으로써 경제활동을 촉진한다. 만약 이런 순기능이 외부 충격이나 신용파괴로 억제당하면 경제는 위축된다. 그 순기능의 효과만큼 위축되는 것이 아니라 악순환을 통해 그 몇 배나 더 큰 역효과를 나타낸다. 그래서 분업 파괴, 거래 훼손, 보호 무역, 시장 축소, 신용파괴 등은 흔히 심각한 경제질병을 일으킨다.

이런 악순환은 영원히 지속될까? 아니다. 우리 몸은 질병에 대해 면역력을 가지고 있고 병을 이겨내면 스스로 회복력을 발휘하듯이, 경제도 마찬가지로 스스로 경제질병을 이겨내곤 한다. 사람은 중병에 걸리면 간혹 죽기도 하지만, 경제는 파국적 상황으로 치닫다가도 되살아나곤 한다. 심지어 대공황 때도 초기에는 극심한 경기후퇴를 겪었지만, 1935년부터 1936년까지는 경기가 상승국면으로 전환하기도 했다. 세계사적으로 다른 대부분의 경기후퇴 역시 머지않아 경기상승으로 전환하곤 했다. 이런 면에서는 경제가 인체보다 오히려 더 뛰어난지도 모르겠다.

경제란 경기가 후퇴할 경우에는 악순환하는 구조인데, 왜 위와 같이 반대 현상이 벌어질까? 논리적으로는 경기후퇴가 나타나면 악순환이 나타나는 것이 정상인데, 왜 현실에서는 경기후퇴가 경제적 파멸로 치닫지 않고 머지않아 다시 상승으로 전환할까? 그것은 생산과 소비가 반응하는 데에 시차가 존재하기 때문이다. 즉, 경기후퇴가 어느 정도 지속되면 생산이 소비에 비해 더 빠르게 감소하고, 이에 따라 소비가 계속 감소함에도 불구하고 생산보다는 그 속도가 더 느린 것이 경기를 상승으로 반전시키는 데 결정적인 역할을 한다. 소비가 생산에 비해 이처럼 상대적으로 더 많아지면 생산자 시장이 조성되고, 생산자 시장이 이렇게 조성되면 기업의 이익은 커진다. 소비보다는 생산이 부족해져 재고가 쌓이는 일은 좀처럼 일어나지 않음으로써 그 비용을 줄일 수 있고, 소비자가 먼저 찾아옴으로써 판매 비용이나 운송 비용 등이 줄어들며, 그밖에 광고 등 판촉 비용도 절약할 수 있다.

그럼 생산과 소비의 반응속도가 시차를 보이는 이유는 무엇일까? 이것은 자연적인 특성인데, 여기에는 과거 소득이 축적된 재산이 중요한 역할을 한다. 즉, 사람이 생명을 유지하기 위해서는 재화의 소비가 필수적이고, 그래서 과거 소득으로 축적했던 재산을 팔아서라도 소비를 하는 것이다. 이에 따라 소비 감소가 공급 감소보다 더 느려지고, 이것이 경제를 회복시키는 혹은 동태적 균형을 회복시키는 동력으로 작동한다. 이런 의미에서도 금융위기는 다른 어느 경제질병보다 훨씬 위험하다. 금융위기는 과거 소득이 축적된 주식 등 금융자산과 부동산 등 실물자산의 가치를 크게 떨어뜨리기 때문이다. 소비를 위해 팔아야 할 재산의 가치가 그만큼 줄어드는 셈이다. 역사적으로 금융위기가 발생했을 때마다 파국적인 경기후퇴를 맞곤 했던 이유 중 가장 중요한 게 바로 이것이다. 특히 대공황 때는 이런 일이 확연하게 벌어졌다. 주식시장 붕괴로 1차적인 금융위기가 발생함으로써 급격한 경기후퇴가 나타났을 뿐 아니라, 1930년대 초에는 은행 파산사태가 줄을 이음으로써 금융기관의 붕괴 위기가 발생했고, 결국은 세계 대공황으로 발전했다.

이런 금융위기마저 경기하강을 언제까지나 지속시키지는 않는다. 금융위기에 의해 경기침체가 지속되더라도, 언젠가는 생산보다 소비가 더 많아지는 생산자 시장이 조성됨으로써 경기를 반전시키곤 한다. 그럼 대공황 때는 미국의 국내 경기가 1935~1936년 사이에 잠시 상승했다가 이후 다시 하강으로 돌아선 이유는 또 무엇일까? 여기에 가장 결정적인 역할을 한 것이 미국의 재정과 금융정책이었다. "1937년에 연방준비제도[FRS]는 새로 획득한 권력을 이용해, 여러 가지 기술적인 이유를 내세워 은행의 지급준비율을 올리기 시작했다. 동시에 루스벨트 정부는 예산의 균형을 맞추기 위해 공공사업 지출액을 서서히 줄이기 시작했다. 그 결과 새로운 불황이 찾아왔다."[30]

경제란 스스로 회복력을 보일 때도 위와 같이 경기를 후퇴시키는 경제정책이 펼쳐지면 다시 악순환으로 접어든다. 경제정책이란 경제질병을 이겨내기 위한 처방임에도 이처럼 경제질병을 더 악화시키기도 한다.

성공적인 주식투자를 위해

성공적인 주식투자를 하려면 어떻게 해야 할까? 단기적인 투자로 일시적인 큰 성공을 거두는 것은 의미가 없다. 단기적인 성공이 장기적인 실패를 초래할 수도 있기 때문이다. 장기투자를 통한 장기적인 성공이 최선이다. 주식투자는 재산 증식의 유력한 수단 중 하나이므로 더욱 그렇다. 실제로 세계적으로 저명한 투자 대가들은 대부분 장기투자를 통해 장기적인 성공을 거두었거나 거두고 있다. 실제로 주식투자의 평균수익률은 저축의 이자율보다 더 높은 것이 일반적이고, 세상에는 주식투자로 거부를 이룬 사람들도 많다.

내가 좋아하는 투자자 중에는 독일의 전설적인 투자자인 앙드레 코스톨라니 André Kostolany 가 있다. 그는 주식시장의 순환주기를 밝히면서, 투자 시기의 선택이 그 무엇보다 중요함을 역설했다. 그는 투자 시기를 잘 선택하여 일단 주식을 매입했다면, 투자자는 3년쯤 잠을 자는 것이 좋다고 말했다. 다시 말해, 단기적인 투자로는 장기적인 성공을 거둘 수 없다는 것이다. 그 이유가 무엇일까? 주식거래 상황판을 계속 들여다보고 있으면 누구나 큰 이익을 남길 수 있을 것 같은 착각이 드는 것이 일반적이다. 사람에게는 누구나 스스로 다른 사람보다 더 뛰어나다는 확증편향을 가지고 있는 것이 보통이기 때문이다. 이런 착각을 피하기 위해서라도 투자하는 시점을 제외하고는 주식 시세표를 되도록 보지 않는 것이 바람직하다.

사실 매일 단타 매매를 수없이 하는 것처럼 어리석은 일은 없다. 단타 매매에 따른 비용이 전체 투자액의 1%일 경우, 100번의 매매를 하면 그 비용이 투자액의 64%에 이르고 만다. 50번을 매매하더라도 거래비용에 따른 손실이 40%에 이른다. 이런 큰 손해를 미리 보고도 높은 수익률을 거둘 수 있을까? 아니다. 이것은 어리석은 짓이다. 그 거래비용이 0.1%더라도, 단타 매매를 하루에도 여러 차례 하면 그 결과는 마찬가지이다. 거래 손실이 발생하지 않더라도 투자 원금은 결국 모두 사라질 수 있다.

주식투자에 성공하기 위해서는, 세계적인 투자자인 워런 버핏의 투자 원칙도 되새겨볼 필요가 없다. 그의 투자 원칙은 "첫째, 아는 종목에만 투자한다. 둘째, 첫째 원칙을 지킨다. 셋째, 손실을 입지 않을 투자를 한다." 등이다. 셋째 원칙처럼, 손실을 먼저 입으면 수익을 올리기 위해서는 더 큰 수익률을 올려야 하기 때문이다. 예를 들어, 10%의 손실을 입으면, 원금의 10%의 수익률을 올리기 위해서는 무려 22% 이상의 수익률을 올려야 한다. 따라서 먼저 손실을 입지 않도록 최대한의 노력을 기울이는 것이 필요하다. 그래야 장기적인 성공이 가능하다.

버핏의 첫째와 둘째 원칙은 한때 비웃음의 대상이 된 적이 있었다. 1990년대에 벤처투자가 각광을 받았던 때였다. 하지만 2001년 닷컴 버블이 꺼진 뒤에는 비웃음이 찬사로 바뀌었다. 물론 닷컴 버블이 한창일 때도 버핏의 연평균 수익률은 어느 투자자에도 뒤지지 않을 정도로 높았다. 특히 우리나라 투자자들은 이 점을 특히 명심할 필요가 있다. 최근에 미국 주식시장은 세계적으로 가장 큰 호조를 보이고 있고, 그래서 국내 투자자들은 미국 주식시장에 점점 더 많이 투자하고 있는데, 이것은 버핏의 제3원칙에 어긋나기 때문이다. 국내 투자자가 미국 주식을 미국의 투자자보다 더 잘 알 수는 없는 일이다.

그뿐만이 아니다. 장차 우리나라 환율이 시장의 힘에 의해 떨어지면, 감당하기 어려울 정도로 손해가 커질 수 있다. 실제로 2025년 5월의 평균 환율은 달러당 1,392원인데, 이것은 정상적인 환율이 아니다. 우리나라 경상수지 흑자는 5월 한 달에만 102.9억 달러에 이르렀고, 2025년의 연간 경상수지는 1천억 달러를 넘거나 엇비슷할 것으로 보이기 때문이다. 경상수지가 이처럼 대규모 흑자라는 것은 외환이 그만큼 국내 외환시장에 추가로 공급된다는 것을 의미한다. 따라서 외환의 가치는 떨어지고, 환율도 하락하는 것이 정상이다. 그럼에도 불구하고 우리나라 환율이 위와 같이 높은 수준을 유지하고 있는 이유는 무엇일까? 당연히 정부가 경상수지 흑자를 즉각 해외투자로 유도하는 정책을 펼치는 것은 물론이고, 외환시장에 직접 개입하여 환율을 끌어올려 높은 수준을 유지하는 정책을 함께 펼치고 있기 때문이다. 하지만 정책적으로 끌어올려진 환율이 장기간 유지된 사례는 세계사적으로 단 한 번도 찾을 수가 없다. 예를 들어, 일본은 1990년대 이래 고환율 정책 혹은 엔저 정책을 무려 아홉 차례나 펼쳤지만, 한 번도 성공하지 못했다. 고환율 정책은 길어야 1년 이내에 실패했다. 대표적으로, 일본 정부는 환율을 1998년 9월에 달러당 146.3엔까지 끌어올렸으나, 그 뒤로는 계속 떨어져 1999년 12월에는 101.7엔까지 떨어졌다. 심지어 2011년 10월에는 76.2엔까지 줄기차게 떨어졌다. 우리나라도 예외가 아니다. 우리 정부가 환율을 2009년 3월에 1,597원으로 끌어올린 적이 있으나, 그 뒤로 계속 떨어져 2010년 5월에 1,131원까지 떨어졌다. 그밖에도 장기적으로는 정책의 힘이 시장의 힘을 이길 수 없다는 사실을 세계사가 여러 차례 증명했다. 따라서 우리 환율이 시장의 힘에 의해 장차 1,000원 대로 떨어진다면, 환차손만 39.2%에 이르게 된다. 미국 주식에 대한 투자가 이런 엄청난 환차손을 이겨내고도 수익을 올릴 수 있을까? 아니다.

이 기회에 장기적으로 성공할 투자 원칙을 정리해 보면 다음과 같다. 첫째, 투자자 자신이 가장 잘 아는 가장 좋은 주식에 투자하는 것이 바람직하다. 둘째, 일단 매입한 뒤에는 되도록 장기간 보유하는 것이 바람직하다. 셋째, 주식시장은 성장률의 변동, 즉 경기변동에 따라 등락을 거듭하므로 경기변동에 대해서도 관심을 기울일 필요가 있다. 넷째, 환율의 변동에 따라 나타나는 환차익과 환차손도 주식투자의 수익률에 큰 영향을 끼치므로, 환율변동에도 관심을 기울일 필요가 있다.

다섯째, 주식시장의 장기적인 순환주기를 정확하게 파악하는 게 어느 무엇보다 중요하다. 그래야 버블 시기의 고점에서 주식을 매입하는 어리석은 투자를 피할 수 있고, 버블 붕괴 이후의 저점에서 주식을 매입할 수가 있다. 특히 주식시장의 순환주기는 광기, 패닉, 붕괴의 과정을 거치며, 광기는 3~4년, 패닉과 붕괴는 각각 반년에서 1년 정도 지속되며, 그 뒤에는 5~6년 정도의 장기정체기가 찾아온다는 사실을 명심할 필요가 있다. 물론 이런 순환주기는 경제가 정상적으로 성장할 경우에 나타난다. 만약 정부의 경제정책이 실패하여 경제성장이 정상적으로 이뤄지지 않을 경우에는 위의 순환주기가 정상적으로 일어나지 않는 경우도 있다. 일본이 1991년 이후 2024년까지 초장기 경기부진을 겪는 과정에서 주식시장도 장기간 정체한 것은 그런 대표적인 사례이다. 우리나라의 주식시장이 2010년 이후 장기간 정체했던 것도 우리 정부의 경제정책이 실패하여 경기부진이 점점 심화되었기 때문이다.

끝으로, 주식시장의 버블이 붕괴되면 반드시 금융위기가 터지고,

금융위기가 터지면 주식시장은 더욱 폭락한다는 사실 역시 명심할 필요가 있다. 이런 의미에서 다음에서는 현재 진행 중인 미국의 관세전쟁이 금융위기는 물론이고 세계 주식시장에 끼칠 영향에 대해서 간단하게 다시 살펴보기로 한다.

관세전쟁과 주식시장

경제에서는 어떤 변수가 원인으로 작용할 때 그 영향이 나타나는 데까지는 상당한 시일이 소요된다. 특히 경제에 부정적인 영향을 끼치는 경제변수의 경우는 그 기간이 더 길어진다. 인체에 면역력이 있듯이, 경제체에는 충격흡수력이 있기 때문에 이런 현상이 흔히 벌어진다. 예를 들어, 한국은행의 통화 증발이 물가 상승에 영향을 끼치는 데까지는 6개월에서 1년 정도의 시간이 소요되는 것으로 밝혀져 있다. 미국이 전 세계를 대상으로 벌이고 있는 관세전쟁도 마찬가지일 것이다. 즉, 트럼프가 시작한 관세전쟁이 미국 경제에 끼치는 결과는 6개월에서 1년이 지난 뒤에 본격적으로 나타날 것으로 보인다는 것이다. 물론 지금도 주식시장은 관세전쟁에 예민한 반응을 보이고 있는 것은 사실이다. 하지만 소비자물가 상승률이나 경제활동의 둔화와 그에 따른 성장률의 둔화 그리고 실업률 증가 등의 부정적인 영향은 반년이 지난 8월 이후 혹은 1년이 지난 뒤인 2025년 연말부터 본격적으로 나타날 것으로 보인다.

이 경우에는 본격적인 금융위기가 터질 수도 있을 것이다. 물론 미국의 중앙은행인 연준이 금융위기가 터지지 않도록 치열한 노력을 기울이고 있고, 앞으로도 마찬가지일 것이 틀림없다. 실제로 미국 연준은 세계 주요국의 중앙은행들과 긴밀하게 협의하며 금융위기, 특히 주식시장의 붕괴가 일어나지 않도록 노력하고 있으며, 앞으로는 더욱 필사적인 노력을 기울일 것이다. 하지만 금융위기를 끝내 막아내지는 못할 것으로 보인다. 설령 강력한 통화금융 정책으로 금융위기의 발발을 예방해 내더라도, 스태그플레이션은 피하지 못할 것이다. 만약 스태그플레이션이 실제로 벌어진다면, 금융위기보다 훨씬 더 심각한 타격이 불가피할 것이다. 이런 경험을 미국 경제는 이미 1970년대에 겪은 바 있다.

만약 금융위기가 본격적으로 터진다면 주식시장부터 무너질 것이다. 아니, 주식시장이 무너지면서 금융위기가 본격적으로 진행할 것이다. 만약 미국의 주식시장이 무너지면, 미국 경제 내의 유동성은 수축될 것이고, 이것이 신용파괴원리를 작동시켜 신용승수만큼 유동성을 더욱 수축시킬 것이다. 그러면 생산, 투자, 고용 등 경제활동이 둔화되어 국내 경기가 빠르게 후퇴할 것이다. 그러면 주식시장은 더 처참하게 무너질 것이다. 이런 점을 우리나라 주식 투자자들은 명심할 필요가 있다. 그래야 치명적인 투자 손실을 피할 수 있다.

스테이블 코인?

트럼프가 관세전쟁과 함께 집중적으로, 그리고 가장 강력하게 추진하는 정책 중 하나가 가상화폐 3법의 제정이다. 스테이블 코인의 발행 자격과 조건을 규정한 '지니어스 법GENIUS Act', 가상화폐의 감독과 관리를 규정한 '클레러티 법CLARITY Act', 미국 중앙은행인 연준이 디지털 화폐를 발행하지 못하도록 규정한 '반CBDC 법' 등이 그것들이다. 그중에서도 우리의 관심을 크게 끄는 것은 7월 20일부터 시행에 들어간 지니어스 법이다. 우리나라 정부도 스테이블 코인의 도입을 적극 검토하고 있으니 그 관심은 더욱 크다.

스테이블 코인은 일정한 준비금을 바탕으로 발행되고, 그 가치는 특정 화폐나 국채 등에 연동되도록 설계되어 있다. 다시 말해, 특정 화폐나 국채 등의 준비금으로 그 가치를 보장하고 있으니 안전한 가상화폐라는 것이다. 진짜로 스테이블 코인의 가치는 완전히 보장될까? 아니다. 그 이유는 다음과 같이 아주 간단하다. 예를 들어, 10억 달러의 준비금을 바탕으로 10억 달러의 특정 스테이블 코인을 발행했다고 가정해 보자. 물론 이처럼 준비금이 발행액의 100%인 경우는 거의 없지만, 이런 극단적인 사례가 이해하기는 더 쉽다.

발행 초기에는 1코인의 가치가 1달러이다. 이 코인이 시장에서 거래되기 시작하면 안전한 가상화폐라는 인식 때문에 그 가치가 상승하는 것이 보통이다. 만약 그 코인의 가격이 1천 달러로 상승하면 어떤 일이 벌어질까? 당연히 준비금의 보증비율은 0.1%로 떨어진다. 혹시 그 가치가 상승할 때마다 준비금을 계속 증가시키도록 법률로 규정하면 그 가치가 보증되지 않을까? 이 경우에는 가상화폐를 발행할 필요가 없다. 특정 화폐나 국채를 직접 사용하는 것이 더 편리하고 안전하기 때문이다. 위와 같이 보증 비율이 0.1%로 떨어지면 과연 어떤 일이 벌어질까? 그 코인을 보유하고 있는 투자자는 불안해지기 마련이다. 그러면 투자자는 그 코인을 매각하기 시작하고, 매각이 본격적으로 이뤄지면 그 코인의 가격은 큰 폭으로 떨어진다. 그러면 그 코인 시장은 패닉상태에 빠져들고, 투매가 일어나 시장 자체가 무너지기도 한다.

권도형이 설계한 루나라는 스테이블 코인은 위와 같은 과정을 거쳐, 결국은 무너지고 말았다. 루나의 발행 초기에는 천재적인 아이디어라는 칭송을 들었으나, 루나가 무너진 뒤에 권도형은 희대의 사기꾼이 되고 말았다. 세계적으로 스테이블 코인은 지금껏 많은 종류들이 설계되고 거래되었으나, 아직 살아남아 있는 것은 소수에 불과하다. 심지어 발행 초기에 사라진 것들도 제법 있다. 스테이블 코인은 안전한 가상화폐가 아닌 셈이다. 스테이블 코인은 그것을 설계한 자들이 붙인 이름일 따름이다. 한마디로, 스테이블 코인은 블록체인에 기반을 둔 가상화폐의 일종으로서 준비금이 전혀 없는 가상화폐와도 차이점이 거의 없다. 참고로, 가상화폐는 암호화폐나 디지털 화폐 등으로 불리기도 한다.

전문가들은 가상화폐가 탈중앙화 화폐이고, 보유와 거래의 익명을 보장하며, 화폐주조의 이익을 민간에 환원하는 강점을 지녔다고 흔히들 말한다. 이런 강점들 때문에 가상화폐가 언젠가는 법정화폐를 대체할 것이라고 주장한다. 진짜로 그럴까? 천만의 말씀이다. 그럴 가능성은 0%이며, 그렇게 되어서도 안 된다. 그 이유를 알기 위해서는 화폐의 기능을 먼저 정확하게 이해할 필요가 있다. 가상화폐 전문가들이 화폐의 기능을 전혀 모르거나 외면하기 때문에 가상화폐가 법정

화폐를 대체할 것으로 믿고 있을 따름이다.

화폐는 다음과 같은 중요한 기능을 가지고 있다. 첫째, 거래 수단의 기능을 한다. 화폐가 재화의 거래를 자유롭게 이뤄지도록 하는 것이다. 둘째, 가치저장 수단의 기능을 한다. 이 기능은 자본을 축적시키는 역할을 하고, 자본축적은 경제성장의 필수조건이다. 셋째, 회계 단위의 기능을 한다. 이 기능이 국내총생산^{GDP}의 추계를 가능하게 하고, 국민경제와 기업의 경영수지를 쉽게 파악할 수 있게 하여 합리적인 경영을 가능하게 한다. 넷째, 거래 비율의 기능을 한다. 재화들 사이의 거래 비율을 확정하는 기능을 하는 셈이다. 다섯째, 지불수단의 기능을 한다. 화폐가 각종 거래를 쉽게 이뤄지도록 하는 것이다. 이 기능은 은행의 수신과 여신을 가능케 하여 금융산업을 발전시키기도 한다.

위와 같은 화폐의 주요 다섯 가지 기능을 가상화폐가 과연 할 수 있을까? 전혀 아니다. 가상화폐가 법정화폐를 완전히 대체했을 경우를 가정하면, 이 문제는 쉽게 이해할 수 있다. 만약 가상화폐가 법정화폐를 대체하면, 어떤 일이 벌어질까? 당연히 상점의 가격표는 매월 아니, 매일 매시간 바꿔 달아야 한다. 가상화폐의 가격은 매시간 큰 변동을 보이기 때문이다. 만약 각 재화의 가격표를 매일 매시간 바꿔 달아야 한다면, 어떤 일이 벌어질까? 거래가 순조롭게 이뤄질 수 없고, 소비가 제대로 이뤄지지 못하며, 그러면 생산과 투자도 제약을 받지 않을 수 없다. 결국 시장경제 자체가 무너지고 말 것이다.

위와 같이 가상화폐는 화폐의 기능을 전혀 할 수 없고 시장경제를 무너뜨릴 수도 있는데, 왜 세계적인 각광을 받고 있을까? 한마디로,

가상화폐는 도박장의 코인이라고 정의할 수 있다. 도박장에서는 도박 코인이 화폐의 역할을 하듯이, 도박장이나 다름없는 가상화폐 시장에서는 가상화폐가 화폐의 역할을 하는 셈이다. 그리고 도박장이 허용된 곳에서는 도박이 성행하듯이, 가상화폐도 도박처럼 세계적인 각광을 받고 있을 뿐이다. 내가 가상화폐를 위와 같이 부정적으로 얘기하는 것은 가상화폐가 우리나라 국부를 해외로 유출시키는 역할을 하기 때문이다. 그 익명성 때문에 그 규모를 구체적 숫자로 추정할 수는 없지만, 과거에 비트코인에 투자했던 국내 투자자들 대부분이 큰 손실을 입었다는 것은 틀림없는 사실이다. 실제로 2005년 이후 2007년까지 투자했던 1세대 투자자들은 잠시 큰 투자이익을 남기기도 했지만, 그후 가격이 폭락하면서 그들은 모두 사라지고 말았다. 그후 2019년까지 투자했던 2세대 투자자들도 2020년에 그 가격이 폭락하면서, 결국은 큰 손실을 입고 거의 모두 사라지고 말았다. 지금의 3세대 투자자들은 비트코인 가격이 크게 상승하여 큰 이익을 남긴 것이 사실이지만, 과거에 그랬던 것처럼 비트코인 가격은 조만간 폭락할 것이고, 그러면 이 3세대 투자자들도 결국은 사라지고 말 것이다.

 그러면 투자자들의 투자 원금은 어디로 사라지는 것일까? 먼저 가상화폐의 채굴비용과 거래비용 등으로 상당 부분이 사라진다. 나머지 부분은 가상화폐를 설계한 자와 거래시장을 개설한 자에게 간다. 왜 가상화폐 투자자는 결국 모두 망할까? 가상화폐는 도박 코인의 일종이고, 도박은 그 중독성이 마약보다 훨씬 강하기 때문이다. 실제로 도박에 중독되면 가산을 완전히 탕진하고도 도박에서 벗어나지 못하는 것이 일반적이다. 간단히 말해, 사설도박장에서 도박에 참여한 자들의 도박자금은 사설도박을 설계한 자와 사설도박이 이뤄지는 하우스를 제공한 자에게 넘겨지는 것과 마찬가지 일이 벌어지는 것이다. 하지만 사설도박을 설계한 자와 도박 하우스를 개설한 자가 큰 부를 이룬 사례는 좀처럼 찾아보기 어렵다. 도박은 중독성이 아주 강해서, 그들이 얻은 이익은 결국 사설 도박을 새롭게 설계하는 비용과 새로운 도박 하우스의 유지 비용으로 모두 사라지기 때문이다.

이처럼 위험한 가상화폐가 왜 이 세상에 나타났을까? 그 이유는 다음과 같다. 첫째, 화폐는 가치를 창조하지 못한다는 서양의 잘못된 믿음 때문이다. 둘째, 서양에서는 금융업이 부도덕한 고리대금업으로 인식되고 있기 때문이다. 셋째, 유대인이 금융업을 지배하고 있고, 금융업을 통해 세계를 지배하려고 한다는 잘못된 인식 때문이다. 넷째, 유대인이 세계를 지배하기 위해 대공황을 일으켰다는 잘못된 인식 때문이다. 사실 이것은 황당한 얘기이다. 대규모 은행 중에서 세계 대공황으로 가장 먼저 무너진 것이 유대계 금융인의 상징인 로스차일드 가문의 장자가 경영하던 오스트리아의 크레디탄슈탈트Creditanstalt였기 때문이다.

다섯째, 중앙은행에 대한 다음과 같은 잘못된 인식 때문이다. 특히, 미국에서는 중앙은행이 독립된 기관이 아니라 일부 상업은행의 대표들이 지배하고 있다고 잘못 믿어지고 있다. 다시 말해, 중앙은행이 국민의 대표기관도 아니면서 화폐를 발행하는 것은 국민주권을 위배하는 것이라는 믿음이 미국을 지배하고 있는 셈이다. 실제로 미국에서는 중앙은행이 1791년 최초로 설립되었으나, 위와 같은 그릇된 믿음 때문에 1811년에는 의회의 인가를 받지 못했다. 1816년에 설립된 두 번째 중앙은행도 1836년에 인가가 만료되어 사라졌다. 그 바람에 화폐를 발행하는 민간은행들이 난립하면서 금융시장이 큰 혼란에 휩싸이는 결과를 빚었다. 심지어 작은 도시의 전당포조차 자체의 화폐를 발행하기도 했다. 1907년에 심각한 금융공황을 겪은 뒤에야 긴 산통 끝에 지금의 중앙은행인 연준이 1913년 말에 설립되었다. 그래도 중앙은행에 대한 불신은 여전히 매우 커서 다른 나라들처럼 중앙은행이라는 명칭을 사용하지 못하고, 연방준비제도 Federal Reserve System 라는 명칭을 사용한다.

무엇보다, 가상화폐가 법정화폐를 대체할 경우에 벌어질 가장 심각한 문제는, 중앙은행의 통화금융 정책이 무너진다는 것이다. 이 문제는 좀 더 자세한 설명이 필요하다. 국가경제의 안정적인 성장을 위해서는 정부(중앙은행 포함)의 경제정책이 필수적이다. 경기가 과열되거나 과속을 보이면 긴축적인 정책을 펼쳐서 경제를 안정시켜야 하고, 축소재생산의 악순환이 벌어질 경우에는 경기부양 정책을 펼쳐야 비로소 국가경제의 안정적인 성장이 가능해진다. 이처럼 중요한 기능을 하는 경제정책은 크게 재정정책과 통화금융 정책으로 나뉜다.

세계대전 직후에는 케인즈 경제학의 영향으로 재정정책이 중요하게 여겨졌다. 그러나 재정적자 정책 또는 재정확대 정책이 스태그플레이션을 일으킨다는 사실이 여실히 드러난 1980년대 이후에는 통화금융 정책이 훨씬 더 중요하게 여겨지게 되었다. 실제로 재정정책은 국가경제의 성장률을 떨어뜨리는 역할을 하는 것이 보통이다. 재정지출은 수익성과 생산성이 낮아서 민간기업이 외면하는 분야에 주로 투입되고, 이에 따라 재정지출이 크게 증가할수록 국민경제의 평균생산성은 떨어지고, 한계생산성은 마이너스를 보이면서 성장률을 낮춘다. 그래서 지금은 금융위기가 터졌을 때처럼 축소재생산의 악순환이 벌어지는 특수한 경우에 재정정책이 펼쳐지게 되었다. 반면 통화금융 정책은 국가경제의 안정적인 성장을 위해서 평상시에도 펼쳐지는 것이 보통이다. 경기가 과열이나 과속을 보일 경우에는 중앙은행이 기준금리를 올려서 경기를 진정시키기도 하며, 경기가 후퇴의 조짐을 보이면 그 악순환을 미리 차단하기 위해 기준금리를 낮추고 통화량을 증가시키기도 한다.

만약 가상화폐가 법정화폐를 대체하면, 중앙은행은 존재할 필요가 없어지고 통화금융 정책도 사라지는 결과를 빚는다. 그러면 국가경제의 안정적인 성장은 기대할 수 없게 되고 만다. 그러면 경기는 수시로 큰 폭으로 변동할 것이고, 심각한 금융위기가 자주 터지기도 할 것이다. 가상화폐 전문가들은 이런 일이 벌어져도 좋다는 것일까? 나는 그들이 경제현실을 직시하고, 경제학의 통화금융이론을 좀 더 공부해서 화폐의 위와 같은 중요한 경제적 기능을 정확하게 이해했으면 좋겠다. 더욱이 가상화폐가 불법적인 거래의 수단으로 흔히 이용되고, 지하경제를 키우는 역할도 한다.

그럼 왜 트럼프는 가상화폐 3법을 추진했을까? 당연히 가상화폐가 미국에 큰 이익이 된다고 믿기 때문이다. 모든 가상화폐의 채굴에는 초고성능 컴퓨터가 필요하고, 초고성능 컴퓨터는 대부분 미국에 있다. 그만큼 미국은 가상화폐를 많이 채굴하여 보유하고 있는 셈이다. 그뿐만 아니라 달러 가치에 연동된 스테이블 코인은 전체의 99%에 달한다. 스테이블 코인에 대한 수요가 증가할수록 달러에 대한 수요도 증가하고, 달러 가치도 보장되는 셈이다. 그래서 가상화폐가 위와 같은 부정적인 역할을 함에도 불구하고, 트럼프는 그것을 법령으로 제도화시킨 것이다. 관세전쟁처럼 오직 미국만을 위해서 말이다.

에필로그

한국경제의 더 나은 미래를 위해

지금껏 우리나라에 경제위기설이 없었던 적은 거의 없는 것 같다. 그럼에도 불구하고 우리 경제는 그동안 비교적 양호한 성적을 거두어 왔다. 비록 최근의 역대 정권에서는 경제정책이 실패하면서 상대적으로 낮은 성장률을 기록했지만 말이다. 만약 경제위기설이 난무하지 않았더라면, 경제정책의 실패도 훨씬 줄었을 것이고, 우리나라 경제는 더 높은 성장률을 기록했을 것이다. 정부의 경제정책 실패는 대부분 경제위기설에 대한 섣부른 대응이 초래한 결과였기 때문이다.

지금도 마찬가지이다. 출산율 세계 최하, 고령화 속도 세계 최고, 가계부채 세계 최고, 중국 경제의 위축, 미국의 관세전쟁 등이 우리나라의 잠재성장률을 크게 떨어뜨리고 있다고 우려의 목소리가 높다. 하지만 이런 장애물은 결코 극복하지 못할 것들이 아니다. 국가 경제의 장애물은 넘으면 될 뿐 그 앞에서 좌절할 필요가 없다. 이런 사실은 세계적인 경제패권을 쥐었던 나라들이 이미 오래전에 증명했다.

그 대표적인 사례로 네덜란드의 상황을 이야기해 보겠다. 네덜란드는 국토가 좁고, 인구도 적어서 국내 시장이 작았다. 특히 국토의 3분의 1가량은 해수면보다 낮은 곳에 있어서 그 유지비용이 다른 어느 경쟁국들보다 컸다. 네덜란드가 경제패권을 장악하기 이전에는 제조업과 중개무역, 그리고 이를 뒷받침할 유능한 인재와 효율적인 제도 역시 이탈리아 도시국가들이나 포르투갈, 스페인보다 훨씬 뒤떨어졌다. 하지만 이런 모든 불리한 여건을 극복하고 경제패권을 장악한 바 있다. 우리나라도 당면한 여러 장애물을 얼마든지 극복할 수 있다.

우선, 미국의 관세전쟁과 중국 경제의 추락 등과 같은 대외 경제 여건의 악화도 극복해 낼 수 있는 사안이다. 과거 중국이 한한령으로 한류를 완전히 차단했을 때, 우리나라의 엔터테인먼트 기업과 연예인들은 일본과 동남아시아 시장을 더욱 적극적으로 개척했다. 그뿐만이 아니다. 미국 등 미주 시장은 물론이고 유럽 시장까지 개척해 냈다. 나아가 중동과 서남아시아, 아프리카 시장까지 개척했다. 화장품 산업도 마찬가지였고, 휴대전화나 다른 제품 등의 산업도 적극적으로 개척했다. 이처럼 우리 기업과 국민은 어느 한 문이 닫히면 반드시 다른 문을 열어냈다. 그래서 우리 기업과 국민은 세계 최강의 경쟁력과 성장력을 갖추고 있다고 나는 믿는다.

다음으로, 저출산율과 고령화도 마찬가지이다. 이 같은 장애물을 극복한 나라도 적지 않다. 그중에서 아일랜드가 대표적이다. 본문에서도 설명했듯이, 아일랜드는 1980년대 말까지 경제난이 심각했다. 그래서 젊은이들을 중심으로 일자리를 찾아 해외로 이민을 떠나기도 했다. 740만 명이었던 인구가 1980년대 말에 반토막이 났을 정도다. 하지만 1990년대부터 아일랜드는 비약적인 성장을 거듭했다. 1990년대 중반부터는 10년 동안의 연평균 성장률이 9.3%를 기록하기도 했다. 지금은 1인당 국민소득이 10만 달러를 넘어서면서 세계에서 가장 잘사는 나라 가운데 하나가 되었다. 아일랜드가 해냈다면 우리나라도 하지 못할 이유가 없다. 우리 국민과 기업은 아일랜드 국민과 기업보다 뒤떨어지지 않기 때문이다.

끝으로, 가장 심각한 문제는 가계부채라는 화두이다. 이 문제도 본문에서 다루었지만, 다음과 같이 한 번 더 강조하고자 한다. 경제지표는 어느 한 면만을 보면 반드시 오판한다. 예를 들어 수요가 증가하면 가격이 오를 것 같지만, 공급이 더 많이 늘면 가격은 오히려 떨어진다. 가계부채도 마찬가지이다. 그렇다면 가계부채의 이면에는 무엇이 있을까? 은행 등 금융기관의 대출이 있다. 그럼 가계대출은 어느 경우에 증가할까? 당연히 국내 자본의 축적이 풍부해져야 가계부채도 늘어난다. 세계적으로 보더라도 가계부채 비율이 높은 나라는 소득수준도 높고, 경제도 안정적으로 성장하고 있다. 반면에 가계부채 비율이 낮은 나라는 저개발국이거나 선진국이더라도 경제난이 심각하다.

예를 들어 네덜란드, 스웨덴, 스위스, 미국 등의 가계부채 비율은 모두 120%를 넘고, 심지어 150%를 넘는 나라도 있지만, 성장률은 높고 경제도 안정적이다. 반대로 가계부채 비율이 낮은 일본, 그리스, 이탈리아, 스페인, 포르투갈 등은 성장률이 상대적으로 낮은 편이고, 높은 실업률 등 경제난도 심각하다.

우리나라의 가계부채 문제가 세계 최고 수준이라고 주장하는 경제전문가들의 경우 통계를 조작하고 있는 것이 더 심각한 문제이다. 그들은 가계부채 비율을 산정하는 분모에서는 이것저것을 빼고, 분자에는 이것저것을 추가로 포함시킨다. 국가 간 비교를 위해서는 공인된 통계를 바탕에 두어야 한다. 즉, 우리나라 가계부채 비율은 한국은행이 IMF 통계 매뉴얼에 따라 발표하는 가계신용(가계대출)과 GDP를 바탕으로 산정해야 한다는 것이다. 이 공인된 기준에 따르면, 우리나라의 가계부채 비율은 90%에도 못 미치는 수준이다.

나는 우리나라의 잠재성장률이 지금도 6% 이상이라고 분석한다. 진짜로 우리나라의 잠재성장률이 여전히 6%를 넘을까? 그렇게 판단한 기준이 무엇일까? 잠재성장률이란 지속 가능한 최고의 성장률을 뜻한다. 그럼 경제성장은 어떤 경우에 지속 가능하지 못할까? 물가가 지나치게 빠르게 상승하는 것과 같이 물가 불안이 나타나거나 국제수지가 심각하게 악화되면 어떤 성장률도 지속할 수 없게 된다. 왜 그럴까? 우선, 물가 상승은 같은 소득으로 더 적게 소비하게 하므로, 수요가 위축되어 성장률을 낮추고 국제경쟁력까지 떨어뜨린다. 그뿐만 아니라 물가 상승은 악순환하는 특성이 강하기도 하다. 다음으로, 국제수지 악화는 환율 상승을 초래하여 물가 불안을 야기함으로써 국제경쟁력을 약화시키고, 최악의 경우 외환보유고를 고갈시켜 외환위기를 초래할 수도 있기 때문이다.

그러면 우리 경제에서 물가 불안과 국제수지 악화가 일어나지 않는 가운데 기록한 최고의 성장률은 얼마일까? 분기별 성장률을 살펴보면, 6% 이상의 성장률을 기록할 때도 물가 불안이나 국제수지 악화가 일어나지 않은 경우가 제법 있었다. 따라서 잠재성장률을 6% 이상으로 봐도 틀리지 않는다. 실제로 우리나라가 최근에 실현한 성장률은 2%대에 이르고, 경상수지 흑자는 GDP의 3~4%에 달한다. 이 둘을 합치면 6% 이상이다. 한마디로, 6% 이상의 성장률은 얼마든지 실현이 가능한 것이다.

그렇다면 왜 우리나라는 성장률이 해가 갈수록 떨어지고 있을까? 그것은 우리 정부의 경제정책이 계속 실패하고 있기 때문이다. 어떤 경제정책이 실패해서 성장률이 계속 낮아지고 있을까? 경제정책 중에서도 가장 결정적인 실패를 초래한 것은 '고환율 정책'이다. 정책 당국은 환율이 올라야 수출이 증가하고 국내 경기도 호전된다고 강조하지만, 이것은 틀렸다. 경상수지가 흑자인 경우는 환율이 오르면 수출은 중장기적으로 오히려 감소했고 성장률도 떨어졌다. 반대 사례는 찾아보기 어렵다.

정책 당국은 수출이 GDP의 절반에 육박하므로, 환율을 인상시켜 수출을 촉진해야 한다고 강변하기도 한다. 그러나 수출은 매출 총액이고, GDP는 부가가치 총액이다. 이미 살펴본 것처럼, 그 기준을 일치시키면 수출은 GDP의 10%에도 미치지 못한다. 반면에 내수가 GDP의 90%를 넘는다. 따라서 수출이 크게 증가하더라도, 내수가 위축되면 성장률은 낮아질 수밖에 없다. 그럼 내수는 환율이 상승할 때 확장될까, 아니면 환율이 떨어질 때 확장될까? 당연히 환율이 떨어질 때 내수는 더 많이 증가한다. 우리나라는 주요 식량 자원, 에너지 자원, 기타 공업용 자원 등을 모두 수입에 의존하고 있기 때문이다. 실제로 환율이 점진적으로 떨어지면, 모든 자원을 더 값싸게 수입할 수 있다. 중간재나 시설재, 그리고 소비재 등도 마찬가지이다. 그러면 기업의 이익은 빠르게 증가하고, 이익이 증가하면 기업은 더 많은 이익을 위해 생산과 투자와 고용을 증가시킨다. 이에 따라 국가 경제의 성장률도 높아지는 것이다. 그뿐만이 아니다. 환율이 점진적으로 떨어지면, 물가도 안정됨으로써 같은 소득으로 더 많이 소비할 수 있게 되어 GDP의 90%를 차지하는 내수가 확장된다.

지금 우리 경제에서 가장 큰 문제점은, 정부가 경제정책으로 경제를 성장시킬 수 있다고 오판하고 있다는 사실이다. 만약 이런 방법이 경제를 성장시킬 수 있다면, 이 세상에 가난한 나라는 하나도 없을 것이다. 정부와 기업, 국민이 피와 땀과 눈물을 대가로 지불하지 않으면, 국가 경제의 성장잠재력은 향상될 수 없다. 정부와 기업과 국민이 치열한 노력을 기울여야 하고, 일시적인 고통도 감내해야 하며, 다른 즐거움을 희생해야 비로소 국가 경제의 성장잠재력은 향상될 수 있는 것이다.

그럼 어떤 경우에 정부와 기업, 국민이 그들의 노력을 기꺼이 지불하려고 할까? 그것은 기업과 국민이 절박한 상황에 처했을 때이다. 이런 상황은 어떻게 만들어질 수 있을까? 그것은 환율이 점진적으로 떨어지는 것을 용납하는 정책을 펼치는 것이다. 환율이 점진적으로 떨어지면, 국제경쟁력이 약화되고, 자칫 기업과 국가 경제가 파산 지경으로 몰릴 수 있다. 그러면 정부와 기업, 국민은 이를 극복해 내려고 처절하게 노력할 것이다. 이런 의미에서 우리 경제가 성장하지 못하도록 발목을 잡고 있는 가장 큰 변수는 정부의 고환율 정책이다. 고환율 정책을 시행하니 수출업체의 이익은 보장되었고, 이익이 충분히 보장되었으니, 모험적인 과학기술의 개발과 투자를 할 필요가 없게 되었으며, 생산성 향상에 대한 노력도 게을리하게 되었다. 그 결과 수출 증가율은 중장기적으로 오히려 줄었다. 무엇보다 고환율은 주요 자원을 더 비싸게 수입하도록 하여 내수를 더욱 크게 축소시켰다.

정부가 외환시장에 개입하지만 않는다면, 우리나라 환율은 시장의 힘이 작동하여 떨어질 것이다. 경상수지가 여전히 대규모 흑자이기 때문이다. 만약 정부가 환율이 점진적으로 떨어지는 것을 용납한다면, 즉 수비적인 환율 방어 정책을 펼친다면, 우리나라는 지금 당장도 성장률이 6%에 도달할 수 있을 것이다. 그리고 외국으로 떠났던 국내 금융자본은 물론이고, 국제 금융자본까지 환차익을 노리고 국내에 유입될 것이다. 그러면 국내 유동성은 풍부해지고, 풍부해진 유동성은 생산, 투자, 고용 등의 경제활동을 촉진할 것이다. 그러면 성장률은 최소한 6%까지 금방 높아질 것이다. 주식시장도 활황을 되찾을 것이다.

실제로 우리 국민과 기업의 성장력과 경쟁력은 세계 최고 수준이다. 이런 사실은 한류가 충분히 입증했다. 이를테면 우리나라보다 더 잘사는 국가들에도 한류의 바람을 일으키고 있다. 이런 역류는 그 동력이 서너 배 이상 강해야 일어날 수 있다. 그만큼 우리나라의 엔터테인먼트 업계와 연예인의 경쟁력과 성장력은 뛰어나다. 국가 경제의 경쟁력과 성장력도 마찬가지이다. 한류는 그 영향력을 문화에만 끼치는 것이 아니다. 다른 일반 재화에도 강력한 영향력을 행사하고 있다. 우리나라의 김, 김치, 과일 등은 해외시장에서 다른 나라보다 적게는 서너 배, 많게는 심지어 열 배 이상 비싸게 팔리고 있다. 화장품과 전자제품, 그리고 다른 수출품도 마찬가지이다.

지금 우리 경제에는 국민소득 10만 달러도 얼마든지 견뎌낼 산업들이 성장하고 있다. K2전차, K9자주포, 각종 미사일, FA50 항공기 등을 생산하는 무기 산업은 초고도 정밀기계 산업에 속한다. 여기에 뛰어난 정보통신 산업의 뒷받침이 이루어지고 있다. 그래서 우리나라 무기들이 세계적인 호평을 받고 있는 것이다. 이 초고도 정밀기계 산업은 국민소득 10만 달러가 아니라 20만 달러도 얼마든지 견뎌낼 수 있다. 세계적으로 각광받고 있는 K뷰티 산업도 마찬가지이다. 화장품 산업은 정밀화학 산업에 속하는데, 이것은 국민소득 10만 달러를 견뎌낼 수 있다. 산업의 쌀이라 불리는 반도체 산업 역시 우리 기업들이 세계 최강의 경쟁력과 성장력을 갖추어 나가고 있다. 자동차를 포함한 수송기계 산업, 그리고 TV 등 각종 가전제품을 생산하는 전자산업도 대부분 세계 최강의 경쟁력과 성장력을 갖추고 있다. 그뿐만 아니라 일반 소비재, 심지어 중소기업이 생산하는 제품들까지 해외시장에서 명품 대접을 받고 있다. 명품은 비쌀수록 더 높은 평가를 받기 때문에, 이런 제품들도 국민소득 10만 달러를 견뎌낼 수 있다. 게다가 한류가 우리나라 수출품의 성과를 끌어올리고 있다. 수출품의 가격이 비싸도 더 많은 소비가 이루어지게 하여 우리나라 수출이 증가하도록 추동하고 있다.

우리나라의 국민소득은 5년 후에는 6만 달러에 도달할 수 있고, 10년 후에는 10만 달러도 넘어설 수 있다는 것이 나의 판단이다. 그럼에도 불구하고 왜 우리나라 기업과 국민은 경제난 때문에 계속해서 고통받고 있을까? 그것은 앞에서 언급했듯이 우리 정부의 경제정책이 거듭 실패하고 있기 때문이다. 정부의 경제정책이 성장률을 끌어내리고, 경제난을 심화시키고 있는 것이 우리 경제의 불행한 현실이다.

정부의 어떤 경제정책이 결정적으로 실패하고 있는 것일까? 이 책의 전체에 걸쳐서 여러 차례 강조했듯이, 가장 결정적인 것은 고환율 정책이다. 따라서 대규모 경상수지 흑자라는 시장의 기능이 환율을 떨어뜨리는 것을 정부가 용납하기만 한다면, 경제도 금방 살아날 것이다. 그렇게 환율이 점진적으로 떨어지면, 우리 수출 기업들은 더욱 절실하게 신제품을 개발하고 과학기술도 더 열심히 개발할 것이다. 또한 환율이 점진적으로 떨어지면, 국내에 대한 금융투자는 환차익을 누릴 수 있으므로 외국으로 이탈했던 국내 금융자본뿐만 아니라 국제 금융자본까지 우리나라로 되돌아올 것이다. 그러면 우리 경제의 유동성은 풍부해질 것이고, 풍부해진 유동성이 기업의 생산, 고용, 투자 등의 경제활동을 촉진할 것이다. 결론적으로, 경상수지가 균형을 이룰 때까지 환율이 점진적으로 떨어진다면, 우리나라 경제는 다시 성장 가도에 들어설 것이다. 우리 국민과 기업은 세계 최강의 성장력과 경쟁력을 갖추고 있기 때문에 더욱 그렇다. 여기에 한류가 큰 몫을 할 것이다. 나는 그렇게 되기를 간절히 기대하고 있다.

부록

다시 쓰는
경제학

경제학은 과연 쓸모 있을까?

지금까지 살펴본 것처럼 관세전쟁을 둘러싼 국제분쟁과 그에 따른 논쟁, 그리고 금융위기와 경제난 등은 모두 경제학이 무능해서 벌어진 일들이다. 기존 경제학이 지금보다 더 진화해서 실생활에 적용할 수 있어야 정부의 경제정책이 실패하지 않을 수 있고, 그로 인해 국민이 번영을 누릴 수 있을 것이다. 지금껏 우리 정부가 실용성이 거의 없는 무능한 경제학에 매달려 경제정책을 시행해 온 탓에, 경제난이 점점 더 심화될 수밖에 없었다는 뜻이다. 따라서 경제학이 하루빨리 변모해야 심각한 경제난을 초래하는 경제정책들의 시행을 방지할 수 있을 것이다.

그렇다면 경제학을 세상과 어떻게 연결할 수 있을까? 어떻게 진화해야 경제학이 성공적인 경제정책을 수립하는 데 도움을 줄 수 있을까? 어떻게 변화해야 경제위기를 극복하고, 국가의 경제 실적에 기여할 수 있을까? 어떻게 변모해야 경제학이 권력의 수단이 아니라 사람들의 생활에 실질적인 도움을 주고, 기업의 경영에 보탬이 될 수 있을까? 그럼 지금부터 이와 같은 문제들에 관해 구체적으로 살펴보자.

　경제학 이론은 어느 것이든 현실에서는 거의 쓸모가 없다. 경제학의 중추를 이루는 가격이론조차 현실에서는 거의 무용지물이다. 이런 사실은 주식시장만 살펴봐도 쉽게 알 수 있다. 현재의 경제학은 완전경쟁, 완벽한 정보, 합리적 행동, 일반균형 등의 전제조건 위에 수립되었다. 이런 전제조건에 가장 근접한 시장 가운데 하나가 주식시장이다. 그러나 주식 투자자 중에서 가격이론에 근거하여 투자하는 사람은 거의 없다. 가격이론은 주식시장에서조차 쓸모가 없는 셈이다.

　가격이론과 함께 경제학의 두 축을 이루고 있는 소득이론은 현실에서는 오히려 위험하다. 소득이론은 적자재정 정책 혹은 재정확대 정책이 승수효과를 일으켜 국가 경제를 불황에서 살려낸다고 설명하지만, 그런 사례는 역사적으로도 찾아보기 어렵다. 오히려 장기적으로는 스태그플레이션을 일으키거나, 초인플레이션을 일으키는 것이 보통이다. 통화금융이론이나 국제교역이론은 더 취약한 수준에 머물러 있음은 두말할 나위가 없다.

　내가 이와 같은 주장을 하면, 사람들은 "경제학자이면서 어떻게 경제학을 그리 폄하할 수 있느냐"라고 묻곤 한다. 하지만 어느 학문 분야에서나 그렇듯, 학자라면 '왜'와 '어떻게'라는 질문을 끊임없이 할 수 있어야 한다. 달리 말해, '왜'와 '어떻게'라는 질문을 배제하면 학문의 발전을 기대할 수 없다는 뜻이다. 그 질문들이 근본적일수록 학문의 발전에 획기적으로 기여할 수 있다. 나는 경제학 연구를 시작한 이후 이런 질문을 통해 경제학이 과연 현실에서도 쓸모 있는지를 계속 질문해 왔다. 안타깝게도 깊이 연구하면 할수록 경제학이 시대의 필요에 부합하지 않는다는 사실을 확인하는 데 이르렀다. 그래서 진짜 쓸모 있는 경제이론을 개발하기 위해 지금껏 끊임없이 노력해 왔다.

경제 현실을 보면 가격은 상승하는 것이 보통이지만 종종 하락하기도 한다. 가격이 상승하는 것을 '인플레이션'이라 부르고, 가격이 하락하는 것은 '디플레이션'이라고 부른다. 하지만 가격은 상승하다가 곧 하락으로 바뀌기도 하고, 다시 상승으로 바뀌었다가 하락으로 바뀌기도 한다. 소득도 마찬가지이다. 소득은 시간이 지남에 따라 대체로 증가하지만 종종 감소하기도 한다. 또 소득이 감소하다가 곧 증가하기도 한다. 호황이 이어지다가 어느 사이에 불황이 찾아오기도 한다.

이와 같은 사실은 무엇을 의미할까? 가격의 추세는 물론이고 소득의 추세에도 '변곡점'이 흔히 발생한다는 것을 뜻한다. 이 변곡점은 어떤 경우에 발생할까? 이것은 두 개 이상의 벡터vector(크기와 방향을 모두 가지는 물리량)가 서로 충돌하여 합성될 때만 발생한다. 그렇다면 여기서 두 개 이상의 벡터가 나타난다는 것은 무엇을 의미할까? 이것은 두 개 이상의 '운동원리'가 작동한다는 것을 의미한다. 그리고 이같은 운동원리가 작동한다는 것은 두 개 이상의 '경제원리'가 작동한다는 것을 뜻한다.

그런데 기존 가격이론이나 소득이론에는 하나의 경제원리만 존재한다. 가격은 수요와 공급의 상호작용이 결정하고, 소득은 총수요와 총공급의 상호작용이 결정한다는 것이 현재 경제학의 설명이다. 이처럼 오직 하나의 경제원리가 가격이나 소득을 지배한다면, 가격 현상에서든 소득 현상에서든 변곡점이 발생할 수 없다. 다시 말해, 하나의 경제원리가 지배하는 기존 가격이론이나 소득이론으로는 가격의 변곡점이든 소득의 변곡점이든 올바르게 해명할 수가 없다. 과학적으로 진단하거나 예측하는 것은 더욱 불가능하다.

내가 지난 50여 년 동안 어렵게 수립한 'K-경제학 K-Economics'에서는 가격이론이든 소득이론이든 '세 개의 경제원리'가 작동한다. 좀 더 이해하기 쉽게 비유를 하나 들어 보겠다. 만약 해변에서 바닷물이 얼마나 올라오는가를 정확하게 알기 위해서는 어떻게 해야 할까? 먼저, 어떤 원리들이 작동하는가를 알아야 한다. 그럼 어떤 원리들이 작동할까? 첫째는, 지구의 온도 변화가 가장 결정적으로 바닷물의 높이를 결정한다. 즉, 빙하기에는 바닷물이 낮아졌다가 온난기에는 바닷물이 높아지는 것이다. 이것을 '결정원리'라고 명명해 보자.

둘째는, 달의 인력이 바닷물의 높이에 큰 영향을 끼친다. 밀물일 때는 바닷물의 높이가 높아지고, 썰물일 때는 바닷물의 높이가 낮아지는 것이다. 이번에는 이것을 '변동원리'라고 명명하겠다.

셋째, 파도의 크기도 바닷물의 높이에 꽤 큰 영향을 끼친다. 하지만 파도의 크기는 해저의 지진과 그에 따른 해일, 태풍과 같은 바람의 세기, 다른 원인에 의해 발생하는 풍랑 등과 같이 다양한 변수에 영향을 받는다. 이처럼 파도의 크기를 결정하는 데는 일정한 원리를 찾기 어렵다. 그래서 이것을 '카오스원리'라고 명명하겠다.

정리하자면, 결정원리가 일으키는 경제 현상의 벡터와 변동원리가 일으키는 경제 현상의 벡터, 그리고 카오스원리가 일으키는 경제 현상의 벡터가 서로 충돌하고 합성하여 나타나는 것이 우리가 현실에서 겪는 가격 현상이고 소득 현상이라는 의미이다. 이와 같이 세 개의 경제원리가 발생시키는 세 개의 벡터가 충돌하여 합성되면, 가격의 변곡점과 소득의 변곡점이 나타난다.

경제 현실에서 이 같은 세 개의 경제원리가 작동한다는 점은 주식시장의 투자 행태에서 쉽게 확인할 수 있다. 주식시장에서는 가치투자 방법과 모멘텀 투자 방법, 그리고 경제지표의 변동에 따라 투자하는 방법, 차트 분석에 따라 투자하는 방법과 같이 네 가지가 가장 유명하다. 투자자에 따라 그중 어느 것을 하나 선택하여 투자하거나, 그것들을 혼용하여 투자하기도 한다. K-경제학의 가격이론에서는, 그중 가치투자 방법은 가격의 결정원리에 해당하고, 모멘텀 투자 방법과 차트 분석 방법은 가격의 카오스원리에 해당하며, 경제지표를 활용하는 투자 방법은 가격의 변동원리에 해당한다.

그뿐만이 아니다. 우리가 보고 겪는 모든 경제 현상은 그저 단순 현상이 아니라 합성 현상이다. 이해하기 쉽게 비유하자면, 자연계의 모든 천연색은 삼원색이 합성되어 나타난 것이다. 색상의 경우 그 삼원색은 빨강, 노랑, 파랑이고, 여기에 하얀색이 추가된다. 빛의 경우 삼원색은 빨강, 노랑, 녹색이고, 여기에 검은색이 추가된다. 경제에서는 삼원 현상이 가격 현상, 소득 현상, 체제 현상이고, 여기에 통화금융 현상과 국제교역 현상이라는 준삼원 현상이 추가된다. 이 개념들은 매우 전문적이고 복잡하므로 관심이 있는 독자는 조만간 발간될 나의 책 《K-Economics》를 참고하면 좋을 것이다.

실용적 관점에서 보면, 경제학은 19세기에 이른바 '한계혁명'이 일어난 이후 지금까지 거의 진화하지 못했다. 기존 이론을 합리화하거나 보완하기 위한 가설들만 난무하고 있다. 그럼 경제학이 경제 현상을 제대로 해명하지 못한다는 위기의식은 경제학계에 없었을까? 그렇지 않다. 1971년에 미국에서 달러 위기가 발생했을 때, 경제학자 조앤 로빈슨Joan Robinson은 이를 두고 "경제학의 위기"라고 칭했다. 경제학계의 위기의식은 이미 1930년대 대공황 때 나타났다. 어쩌면 1873년부터 시작하여 1890년대 중반까지 이어진 대공황 때 경제학계의 위기의식은 싹텄을지도 모른다. 하지만 당시에는 대공황이 자연계의 혹독한 겨울처럼 여겨졌을 뿐이다. 그래서 경기변동에 관한 이론들만 활발하게 개발되었다. 그러나 1930년대의 대공황은 더욱 처참하여 단순히 자연계의 겨울처럼 여겨질 수만은 없었다. 다행히 케인스의 일반이론이 등장해 대공황을 해명할 수 있다고 여겨지면서, 경제학이 경제 현상을 파악하는 데 실패했다는 이야기가 나오지 않았다.

'경제학의 위기'라는 화두가 광범위하게 설득력을 보인 것은 2000년 6월에 프랑스의 경제학과 학생들이 "현재의 경제학은 상상의 세계인 경제수학에 매몰되어 자폐증에 빠져 있다"라며 "늦기 전에 깨어나야 한다"라는 내용의 청원서를 경제학 교수들에게 공개적으로 보낸 뒤였다. 그 영향으로 '경제학의 위기'가 공론화되었고, 이 위기를 하루빨리 벗어나자는 논의가 활발하게 이루어지기도 했다. 하지만 그런 위기의식 속에서도 경제학은 여전히 어떤 진화도 이루어내지 못했다.

2009년 7월에는 영국 여왕이 "이토록 뛰어난 경제학자들이 2008년의 세계적인 금융위기를 왜 예고하지 못했느냐?"고 물었고, 영국 경제학회는 여왕에게 보내는 답변서에서 "경제학이 무능했다"라고 고백했다. 이 답변서는 경제학계가 경제학의 위기를 공식적으로 인정한 최초의 문건이었다. 하지만 그 뒤로도 25년이나 지났지만, 경제학의 진화는 여전히 정체되어 있다. 실제로 기존 경제학 이론은 개인의 현실적인 경제생활은 물론이고 기업과 국가 경제의 경영에도 거의 도움을 주지 못하고 있다. 오히려 국가 경제의 경영에 해악을 끼치는 경우도 많았다. 앞에서 살펴본 몇몇 정부의 환율정책은 현재 경제학 이론이 국가 경제에 해악을 끼친 일부 사례에 불과하다. 다른 사례는 헤아리기 어려울 정도로 많다. 그렇다면 경제학은 지금까지 왜 진화를 거의 하지 못했을까? 경제학이 진화하지 못하도록 한 것은 과연 무엇일까? 다음에는 이 문제를 구체적으로 살펴보자.

무엇이 경제학의 진화를 가로막았을까?

결론부터 밝히자면, 20세기 내내 치열하게 전개된 자본주의와 사회주의의 대립 때문이다. 자본주의의 과학적 기초인 '주류경제학'은 자본주의 체제를 옹호하기 위해서만 노력을 기울여왔다. 마찬가지로 사회주의의 과학적 기초인 '정치경제학'은 사회주의 체제를 옹호하기 위해서만 모든 노력을 쏟아왔다. 그 결과 경제학 이론들의 현실적 유용성은 외면당하고 말았다. 각각의 경제학은 서로를 패퇴시키기 위해 노력했을 뿐이다. 어느 쪽이 더 과학적인가, 어느 쪽의 이론이 정밀한가 등을 놓고 경쟁해 온 것이다. 즉, 주류경제학과 정치경제학은 오로지 이론적 정밀성과 과학성만을 추구하는 데 관심을 기울였다. 그로 인해 주류경제학이든 정치경제학이든 모두 '형이상학'이 되고 말았다. 사회과학은 현실 속 여러 현상에 집중해야 하는데, 주류경제학이든 정치경제학이든 실제로 처한 경제 현상과 그 해명에는 관심을 기울이지 않았다. 한마디로, 경제학은 사회과학으로서의 지위를 포기하고 말았다.

따라서 경제학이 실용적으로 진화하려면 사회주의와 자본주의라는 이념을 모두 과학적으로 해체하는 것이 필수적이다. 이 문제를 논하는 것은 경제학의 진화에 결정적인 역할을 할 것이므로, 다음과 같이 자세히 살펴볼 필요가 있다.

나는 1969년부터 이론이나 이념의 과학적 해체에 관심을 기울이기 시작했다. 사실 그 계기는 단순히 개인적인 불운 때문이었다. 어린 시절, 나의 꿈은 육사에 진학하여 장군이 되는 것이었다. 직업군인이었던 부친의 꿈이 그랬고, 나도 육사의 생도가 되는 것이 멋있어 보였기 때문이다. 그래서 고등학교도 그 기준으로 선택했다. 육사를 가장 많이 입학하는 고등학교로 진학한 것이다. 하지만 진학 상담을 받다가 집안에 좌익이 한 사람이라도 있으면 육사 진학이 불가능하다는 사실을 뒤늦게 알았다. 어렸을 때부터 키워온 꿈이 좌절되었으니, 내 실망은 이만저만이 아니었다. 그래서 고민 끝에 자본주의가 무엇이고, 사회주의가 무엇인가를 공부해 보기로 작정했다. 가능하다면 사회주의와 자본주의를 과학적으로 해체하고 싶었다. 다른 학생들이 대학 입시를 위해 학과 공부에 집중할 때, 나는 자본주의와 사회주의를 공부하는 데 더 많은 시간을 할애했다. 대학과 전공학과의 선택도 그 공부를 위해 이루어졌다.

사회주의를 완벽하게 해체하려면 그 과학적 기초인 정치경제학을 해체해야 했고, 자본주의를 완벽하게 해체하기 위해서는 그 과학적 기초인 주류경제학을 해체해야 했다. 그렇게 하려면 정치경제학은 물론이고 주류경제학까지 통달해야 했다. 그 과정에서 시간은 하염없이 흘러갔다. 어디서부터 해체해야 하는지 처음부터 어려운 과제였다. 결국 정치경제학의 과학적 기초인 노동가치론과 주류경제학의 과학적 기초인 균형가격론이나 효용가치론을 해체해야 한다는 사실을 뒤늦게 알았다. 쉽게 말하자면, 건물을 완벽하게 해체하기 위해서는 기둥을 뿌리부터 뽑아야 했다.

두 가치론을 과학적으로 해체하기 위한 단서는 의외로 쉽게 얻었다. 아인슈타인의 상대성이론을 접하면서 서로 다른 차원 위에 존재하는 것은 어떤 경우에도 조우할 수 없다는 사실을 알게 된 것이 문제 해결에 결정적인 열쇠를 제공했다. 여담이지만, 이것이 내 인생을 고난의 길로 몰아넣었다. 한편으로는 경제학의 패러다임 혁명을 쉽게 이룰 수 있을 것으로 섣불리 판단했던 점이 오히려 힘든 세월을 견디게 했다.

여하튼 노동가치론이나 균형가격론은 모두 절대적 가치론으로서 '시간이 흐르지 않는 절대적 차원의 세계'에 존재하지만, 경제 현실은 '시간이 흘러가는 3차원의 세계'에 존재한다. 이처럼 노동가치론이든 균형가격론이든 경제 현실과는 다른 차원의 세계에 존재하므로, 그것들로는 경제 현상을 포착할 수도 없고, 적절히 해명할 수도 없다. 실제로 노동가치론이나 균형가격론은 모두 경제 상황의 변화를 고려하지 않는 절대적 차원의 이론이다. 기술이 발전함에 따라 생산요소의 투입계수가 변하거나, 소득이 증가하여 재화 사이의 거래 비율이나 소비자의 선호도가 달라지더라도, 노동가치론이든 균형가격론이든 모두 항상 동일한 경제원리가 지배한다고 믿는다.

이러한 절대적 가치론인 균형가격론이나 노동가치론으로는 현실의 경제 현상을 포착하거나 해명할 수가 없다. 이해하기 쉽게 비유하자면, '그림으로 그린 파리채'로는 '날아가는 파리'를 잡을 수 없는 것과 마찬가지 이치이다. 절대적 가치론은 '그림으로 그린 파리채'로서 시간이 없는 2차원의 세계에 존재하고, 현실의 경제 현상은 '날아가는 파리'로서 시간이 흐르는 3차원의 세계에 존재한다. 따라서 절대적 가치론과 현실의 경제 현상은 서로 다른 차원의 세계에 별도로 존재하는 것으로서, 어떤 경우에도 조우할 수가 없다. 노동가치론이든 균형가격론이든 어느 것을 동원하더라도, 현실의 경제 현상을 포착하는 것은 원천적으로 불가능한 셈이다.

이렇듯 노동가치론이든 균형가격론이든 현실 경제를 포착할 수 없다면 새로운 가치론을 정립해야 했다. 시간이 흐르는 3차원의 현실 세계에 적합한 '새로운 가치론'을 찾아내는 것이 내가 해야 할 새로운 과업이었다. 그 일을 이루어내야 가치론의 해체를 완성할 수 있는데, 이 작업은 오랜 세월 동안 실마리조차 잡히지 않았다. 그로부터 약 20년의 세월이 지난 뒤인 30대 후반의 장년이 되어서야 그 윤곽이 어렴풋이 그려지기 시작했다. 그 개념을 정립한 것이 '순환적 시각의 상대적 가치론'이다. 간단히 말해, 경제는 순환적 시각으로 접근해야 하고, 모든 가치는 무게의 개념이 아니라 운동에너지의 개념에 입각하여 파악해야 한다는 것이다. 그 이후에 나는 이 관점을 경제학의 이론체계 전반에 적용하기 시작했고, 이를 기초로 경제학의 새로운 이론적 틀paradigm을 정립하는 일에 착수했다. 그 결과물이 바로 'K-경제학'이다.

　K-경제학의 이론적 기초인 '순환적 시각의 상대적 가치론'은 기존 경제학의 이론적 기초인 절대가치와 절대척도를 부정한다. 절대가치와 절대척도는 시간이 흐르지 않는 2차원의 세계에 존재하는 것으로서, '시간이 흘러가는 3차원의 세계'에 존재하는 경제 현실에서는 존재할 수가 없다. 설령 존재하더라도 우리 인간이 발견하거나 접할 수가 없다. 만일 발견했다고 하더라도 차원이 다른 세상의 것은 경제 현실을 읽어내는 데는 아무런 쓸모가 없다. 이해하기 쉽게 비유를 들어 보자. 절대가치란 무게와 같고, 절대척도란 저울과 같다. 이때 무게와 저울이 의미를 갖기 위해서는 무게가 항상 일정하고, 저울의 눈금도 항상 일정하다는 전제조건이 뒤따른다. 만약 무게가 스스로 변동하면 무게를 재는 의의는 사라진다. 저울 눈금이 스스로 변동할 때도 무게를 재는 의의는 사라진다. 경제에서의 가치척도 역시 마찬가지이고, 모든 재화의 가치도 마찬가지이다.

　현실 경제에서는 어느 재화의 가치든 항상 변동하고, 어느 가치척도이든 역시 항상 변동한다. 따라서 모든 가치는 상대적이고, 가치척도 역시 상대적으로만 의미를 갖는다. 현실 경제에서는 상대가치와 상대척도만 존재 의의를 갖는다는 뜻이다. 오직 다른 것에 비해 상대적인 가치가 어떠한지, 과거에 비해 상대적으로 어떻게 변동했는지 등만이 의미를 갖는다. 가치가 현실에서 발현된 가격은 오로지 거래 비율로만 의미를 가지며, 상승이나 하락의 속도가 얼마나 빠른가, 아니면 얼마나 느린가 등을 판정하는 데만 의미를 갖는다.

　이해하기 쉽게 예를 하나 들어 보자. 쌀 한 가마와 고급 술집에서

파는 술 한 병의 값은 모두 20만 원으로 거래 비율은 같을지라도, 그 절대적 가치는 정확하게 일치하지 않는다. 사람에 따라서는 그 가치 평가가 크게 달라진다. 쌀 한 가마가 없으면 굶어 죽는 사람이 있는 반면에, 술 한 병은 마시지 않아도 생활에는 큰 지장이 없다. 그렇다면 쌀 한 가마의 가치가 술 한 병의 가치와 서로 다르다고 말할 수 있을까? 도덕적으로는 그렇다고 말할 수 있겠으나, 경제학적으로는 그렇지 않다. 현실에서는 쌀 한 가마와 술 한 병은 엄연히 같은 값에 팔리기 때문이다.

마찬가지로 연간 소득이 1,000만 원인 사람과 1억 원인 사람의 경제생활이 서로 열 배의 차이를 보인다고 단정할 수는 없다. 소득이 1억 원인 사람은 20만 원짜리 운동화를 신는 데 비해, 소득이 1,000만 원인 사람은 2만 원짜리 운동화를 신는 정도의 차이밖에 없다. 그리고 20만 원짜리 운동화와 2만 원짜리 운동화가 소비자에게 주는 효용이 그 가격의 비율만큼 크다고 말할 수도 없다. 국가 사이의 소득 격차도 마찬가지로, 소득이 두 배라고 해서 경제생활이 두 배로 윤택한 것은 아니다. 소득이 많아지면 선택의 폭이 넓어질 따름이다. 그러므로 모든 가치는 상대적이라고 봐야 한다.

가격이 현실에서 의의를 갖는 것은 그것의 시간적인 변동을 살피는 데도 있는데, 이것마저 상대적이다. 1980년대 초에는 14인치 컬러TV가 웬만한 직장인의 월급 수준인 30만 원 이상을 호가했다. 하지만 30여 년이 지나 물가가 전반적으로 크게 오른 지금은 그 제품이 20만 원에도 미치지 못한다. 당시에 컬러TV는 사치품에 속했지만, 지금은 대형 TV의 보조재에 불과하다. 30여 년 전의 14인치 TV와 현재의 14인치 TV는 가치 기준이 전혀 다른 셈이다.

이렇듯 '순환적 시각의 상대적 가치론'은 현실을 현실로만 인식할 뿐이다. 경제 현상을 있는 그대로 파악하는 것이 바로 상대적 가치론의 의의이다. 그렇기에 현재 경제학의 절대적 가치론으로는 해명할 수 없던 경제 현상을 '순환적 시각의 상대적 가치론'은 쉽게 해명해낼 이론적 기초를 제공한다. 이 상대적 가치론은 경제 현상을 있는 그대로 받아들이기 때문이다. 존재하는 모든 것은 그 나름의 존재 가치를 가지며, 이것을 인정해야만 경제를 정확하게 파악할 기초가 마련될 수 있다.

형이상학이 되어버린 경제학

왜 경제학은 현실에서는 거의 쓸모가 없을까? 언제부터 그렇게 되었을까? 왜 사회주의와 자본주의라는 이념이 등장해 서로 대립하며 경제학의 실용적 진화를 가로막았을까? 어느 경제학자가 그렇게 만들었을까? 나는 이런 의문을 풀기 위해 오랜 세월을 몰두하며 시간을 쏟아부었다. 결국 근대 경제학을 수립한 애덤 스미스Adam Smith가 다음과 같은 두 가지의 큰 문제점을 남겼고, 이것이 이념의 분화는 물론이고 경제학의 실용적 진화를 방해했다는 사실을 알게 되었다. 물론 애덤 스미스의 《국부론》은 위대한 저작이다. 이 책의 원제는 "An Inquiry into the Nature and Causes of the Wealth of Nations(국부의 본질과 근원에 관한 연구)"이고, 간단하게 "The Wealth of

Nations", 즉 우리말로 《국부론》이라고 불린다. 이 책은 '성서 이래 가장 위대한 저작'이라고 평가받을 정도로 경제학을 공부하는 사람이라면 누구나 읽어야 할 필독서이다. 나는 아직도 널리 알려지지 않은 경제학적 지혜가 이 책 어딘가에 숨어 있을 것이라고 생각한다. 그만큼 이 책은 뛰어나다.

그러나 애덤 스미스는 다음과 같은 중대한 실책을 몇 가지 저질렀다. 첫째, 사회과학적 관점이 아니라 도덕철학적 관점에서 경제에 접근했다는 것이다. 물론 그는 경제 현상을 객관적으로, 과학적으로 파악하기 위해 노력한 것은 사실이다. 하지만 그는 도덕철학자였고, 그 한계를 끝내 벗어나지 못했다. 도덕철학적 관점에서 경제 현상에 접근했으므로, 무엇이 도덕철학적으로 바람직한가를 그는 먼저 고려했다. 오히려 사회과학적 관점에서 현실을 객관적으로 파악하는 것이 먼저였어야 했다. 그 한계는 다음과 같이 명확하게 나타났다.

둘째, 그는 세상에 존재하지 않는 자연가격을 동원하여 경제 현상을 해명하려고 했다. 그렇다 보니 중대한 오류를 범할 수밖에 없었다. 앞에서 예로 들었듯이, 그림으로 그린 파리채로 현실에서 날아다니는 파리를 잡으려 했던 것이다. 하지만 그림으로 그린 파리채는 시간이 흘러가지 않는 2차원의 세계에 존재하는 것이고, 현실에서 날아다니는 파리는 시간이 흘러가는 3차원의 세계에 존재한다. 아인슈타인이 밝혔듯이, 이처럼 차원이 서로 다른 세계에 존재하는 것들은 어느 경우에도 조우할 수 없다. 자연가격으로는 현실의 시장가격을 해명할 수도, 진단할 수도 없다는 것이다. 실제로 상상 속의 척도는 현실에서는 아무런 의미가 없다. 그것은 사람마다 다르기 때문이다. 사람마다 기준이 서로 다른 척도는 객관적인 의미를 가질 수 없다.

셋째, 애덤 스미스는 국부의 근원이 '자본, 노동, 토지'라고 규정했다. 하지만 이것들은 국부의 증가를 위한 필요조건에 불과하다. 국부가 증가하려면 충분조건까지 갖추어야 한다. 이해를 돕기 위해 비유를 들어보겠다. 탁월한 축구선수가 되기 위해서는 뛰어난 체격과 운동신경을 갖추고 태어나야 한다. 그러나 이 필요조건만으로는 탁월한 축구선수가 될 수 없다. 뛰어난 체력도 뒷받침되어야 하고, 축구 기술도 뛰어나야 하며, 경기 감각 역시 훌륭해야 한다. 이것들은 탁월한 축구선수가 되기 위한 충분조건이다. 그런데 체력과 축구 기술과 경기 감각 등의 충분조건은 오랜 세월의 치열한 노력과 고통의 인내가 필요하고, 다른 좋은 기회를 희생시켜야 비로소 갖출 수 있다. 즉 끈질기게 노력하는 땀, 고통을 인내하는 눈물, 다른 즐거움을 희생하는 피 등을 대가로 지불하지 않으면, 탁월한 축구선수가 되기 위한 충분조건은 갖출 수가 없다. 경제에서도 마찬가지이다.

그럼 경제에서는 축구선수의 체력과 기술, 경기 감각이 무엇을 의미할까? 체력은 성장잠재력이고, 기술은 국제경쟁력이며, 경기 감각은 성장 지속력이다. 그리고 성장잠재력과 국제경쟁력, 경기 감각은 국민과 기업뿐만 아니라 정부도 땀과 눈물과 피를 대가로 지불해야 비로소 갖출 수 있다. 불행하게도, 애덤 스미스는 필요조건인 생산요소가 국부 증진의 근원이라고 규정했을 뿐이다. 이 필요조건은 국민과 기업과 정부의 땀, 눈물, 피 등을 요구하지 않는다. 제3세계 국가들이 빈곤의 늪에서 헤어나지 못하는 가장 큰 이유 중 하나가 바로 여기에 있다.

더 중요한 사실은, 현실에 존재하지 않는 자연가격을 내세움으로써 자본주의와 사회주의의 이념 분화를 일으켰다는 것이다. 애덤 스미스는 자연가격을 노동가치가 지배하고, 시장가격은 궁극적으로 자연가격에 귀결된다고 믿었다. 왜 이런 믿음을 갖게 되었을까? 그것은 가치 역설 때문이었다. 효용가치가 절대적인 공기와 물은 시장가격이 거의 없는 반면에, 효용가치가 거의 없는 다이아몬드는 시장가격이 아주 높은 것을 그는 이해할 수가 없었다. 이것이 바로 가치 역설로, 고전파 경제학자들을 괴롭힌 유명한 문제였다. 애덤 스미스는 공기와 물은 노동을 지불할 필요가 없으니 시장가격은 거의 없고, 다이아몬드는 그 채굴과 가공에 많은 노동을 지불해야 하므로 시장가격이 높다고 판단했다. 그러나 이 판단은 우연히 얻은 다이아몬드는 그 가격이 거의 없어야 한다는 문제점을 안고 있었다. 이 가치 역설의 문제를 결정적으로 해결한 것은 '한계혁명'이었다. 이 한계혁명은 다음에 살펴볼 신고전파 경제학자들이 18세기 중반에 주도했다. 간단히 말해, 공기와 물은 충분히 쓰고도 남으므로 최종 단위의 가치가 없고, 다이아몬드는 희귀하므로 최종 단위의 가치가 크다는 사실을 발견한 것이다.

사실이 어떻든 애덤 스미스의 노동가치론은 자본주의와 사회주의가 서로 분화를 일으키는 데 결정적인 역할을 했다. 먼저, 제러미 벤담 Jeremy Bentham(1748~1832년)과 장 바티스트 세 Jean-Baptiste Say(1767~1832년), 그리고 나소 시니어 Nassau Senior(1790~1864년) 등은 애덤 스미스의 '보이지 않는 손'의 전통을 이어받아, 공리주의에 입각한 효용가치설을 바탕으로 자본주의 주류경제학을 수립했다. 그리고 윌리엄

제번스^{William Stanley Jevons}(1835~1882년)와 카를 멩거^{Carl Menger}(1840~1921년), 레옹 발라스^{Léon Walras}(1834~1910년) 등은 1870년대에 한계혁명을 일으켜 신고전파 경제학의 패러다임, 즉 일반균형이론을 수립함으로써 자본주의 이념을 더욱 공고하게 구축했다. 반면에 카를 마르크스^{Karl Marx}(1818~1883년)는 그의 책《자본론^{Das Kapital}》에서 노동가치설을 받아들임으로써 사회주의 이념의 과학적 기초인 정치경제학을 수립했다. 그 후 마르크스 경제학파는 신고전파 경제학파와 오랜 세월 동안 치열한 논쟁과 대립을 거듭해 왔다. 특히 1917년에 발발한 러시아혁명은 마르크스 경제학의 입지를 더욱 강화했고, 그로 인해 신고전파 경제학의 대척점에서 대립하게 되었다.

이와 같은 자본주의와 사회주의 사이의 이념 대립은 제2차 세계대전이 끝난 뒤에 미국과 소련이라는 초강대국의 정치적 대결로 발전했다. 이에 따라 자본주의와 사회주의의 대립은 더욱 치열해졌고, 자본주의 경제학과 사회주의 경제학 역시 더욱 첨예하게 대립하는 결과를 초래했다. 이 대립은 어느 쪽이 논리적으로나 과학적으로 더 우월한가를 보여주기 위한 치열한 경쟁으로 이어졌다. 그 결과 자본주의 경제학이든 사회주의 경제학이든 과학적 순수성과 논리적 정밀성을 과도하게 추구하는 결과를 빚고 말았다. 특히 자본주의 주류경제학은 사회주의 마르크스 경제학의 의도치 않은 전략에 휘둘리곤 했다. 결국 주류경제학은 현실과는 점점 더 멀어지고 말았다. 현상을 연구하는 사회과학이 아닌 공허한 형이상학으로 변질되어 그 실용성을 의심받는 결과를 야기했다.

결론적으로 자본주의의 과학적 기초인 주류경제학이든, 사회주의 과학적 기초인 정치경제학이든, 오로지 각각의 체제를 수호하기 위해서 헛된 진화를 거듭해 온 셈이다. 그래서 각각의 경제학은 현실에서 거의 쓸모가 없게 되고 말았다.

그럼 경제학이 실용적으로 진화하려면 가장 먼저 무엇을 해야 할까? 당연히 사회주의와 자본주의라는 이념을 가장 먼저 해체해야 한다. 이 이념들이 경제학의 진화를 근본적으로 가로막았기 때문이다. 사실 기존 경제학 이론들은 앞에서 살펴본 것처럼 사람들의 경제생활에는 실용성이 거의 없다. 정부의 경제정책 수립과 집행에는 오히려 큰 폐해를 남겼다. 물론 지금은 소련의 붕괴와 중국의 경제적 변혁에 의해 사회주의 이념이 그 위력을 잃었다. 그리고 대공황과 뒤이은 각종 경제위기에 의해 자본주의의 이념 역시 그 힘을 잃었다. 하지만 이 이념들을 과학적으로 완벽하게 해체하는 작업은 경제학의 진화를 위해서 필수적이다. 학문적으로는 두 이념이 여전히 영향력을 발휘하고 있기 때문에 더욱 그렇다. 특히 사회주의 이념의 경우 수많은 자본주의 경제학자들이 노동가치설은 현실에 부합하지 못한다는 사실을 여러 차례 입증했음에도 불구하고, 논리적 수월성과 동태적 특성에 힘입어 마르크스 경제학은 이론적 유효성을 유지하고 있다. 따라서 경제학의 근본적인 진화를 위해서는 사회주의 이념의 과학적 해체가 필수적이다. 마찬가지로 자본주의 이념의 과학적 해체도 시급하다. 주류경제학 역시 경제 현상을 있는 그대로 해명하지 못하고, 정확한 진단은 더더욱 하지 못하기 때문이다.

사실 자본주의든 사회주의든 그 접근하는 시각부터가 일반 타당성을 잃었다. 쉽게 말해, 자본주의나 사회주의는 모두 장님이 코끼리를 만져보는 식의 편협한 시각의 산물이라는 것이다. 자본주의 이념은 주로 소비와 교환의 시각에 입각하여 경제를 바라보고, 사회주의 이념은 주로 생산과 분배의 시각에 입각하여 경제를 바라본다. 그러나 경제란 소비와 교환으로만 구성되어 있거나, 생산과 분배로만 구성되어 있는 것은 아니다. 경제에는 생산, 분배, 소비, 교환이 모두 함께 존재하며, 그중 어느 하나라도 빠지면 경제의 순환은 이루어지지 못한다. 따라서 각 이념은 출발점부터 결정적인 한계를 지녔으며, 이처럼 한쪽으로 치우친 시각은 균형 감각을 상실한 가치관을 낳을 수밖에 없다.

먼저, 자본주의 이념은 주로 소비와 교환의 시각에서 경제를 바라보므로, 경제란 우리에게 시혜를 베푸는 존재로 받아들이게 한다. 소비는 언제나 즐거움을 주고, 교환은 당사자 모두에게 이익을 안겨줄 때 비로소 이루어지는 속성을 지녔기 때문이다. 그래서 경제를 수호해야 할 대상으로 여기며, 이런 사고방식은 '보이지 않는 손'에 의해 경제가 항상 균형을 이룬다고 믿게 한다. 자유방임주의나 보수주의는 이렇게 탄생했다. 그 바람에 시장 실패의 명백한 증거인 경제위기 같은 경제 파국을 주류경제학이 이론적으로 외면하는 결과를 빚었다. 실제로 경제학에는 병리학이 없다.

반면에 사회주의 이념은 주로 생산과 분배의 시각에서 경제를 바라보므로, 경제란 인간에게 고통과 갈등을 안겨주는 존재로 받아들이도록 한다. 생산은 노동의 고통을 먼저 지불할 것을 요구하고, 분배는 생산참여자 사이의 갈등을 일으키는 속성을 지녔기 때문이다. 그래서 계급투쟁의 관점을 갖게 하며, 경제를 관리해야 할 대상으로 여기게 한다. 사회주의와 계급혁명 사상은 이렇게 탄생했다. 부르주아에 의한 프롤레타리아의 착취, 노동 착취로 이룬 자본 축적이 노동자 착취를 구조화하는 문제, 소수 자본가에 의한 다수 자본가의 소멸 등은 물론이고, 세계 경제의 중심부에 의한 주변부의 착취, 그에 따른 종속이론과 남북문제, 공황이론과 제국주의 이론, 유물론에 입각한 역사적 변증법 등이 모두 편향된 시각의 산물인 셈이다.

이러한 편향된 각각의 시각은 경제를 정태적으로 바라보게끔 한다. 생산과 분배의 시각으로만 바라보면 경제가 순환한다는 사실을 잊게 하고, 소비와 교환의 시각으로 바라볼 때도 마찬가지이다. 결국 이런 점이 각각의 경제학을 오랜 세월 동안 정태학의 수준에 머물도록 했다. 탄생한 지 200년이 넘은 노동가치론이나 150년에 가까운 균형가격론이 모두 정태적 이론의 틀에서 아직 벗어나지 못하게 한 근본적인 이유가 바로 이것이다. 무엇보다 이 두 가지 관점은 모든 공급자, 즉 모든 기업은 언젠가는 망해서 사라진다는 역사적 사실을 외면하는 결과를 가져왔다.

이념의 속박에서 벗어나면 체제에 대한 시각도 근본적으로 달라진다. 사실 시장이나 자본은 자본주의 시대의 전유물이 아니다. 근대 자본주의가 성립하기 훨씬 전부터 그것들은 존재해 왔다. 인류 역사가 활자로 기록되기 전에도 시장은 존재했고, 자본의 일종인 도구도 존재했다. 그뿐만 아니라 노동과 자본이 분화된 공장제 생산은 근대 자본주의가 성립하기 훨씬 전부터 이미 오래전에 이루어지고 있었다. 예를 들어 7세기 당나라 초기 기록에 따르면, 하명원이라는 상인은 능직(비단의 일종)을 짜는 직기를 500대나 보유한 갑부였다고 한다.

11세기 전후, 송나라에서는 왕혁이라는 사람이 수천 명의 직공을 거느리고 제철소를 운영했다고 전해진다. 마르크스는 이런 역사적 사실을 전혀 몰랐을 뿐이다. 중세의 유럽에서도 이탈리아 도시국가들과 한자동맹의 도시국가들 일부에서도 공장제 생산은 이루어졌다. 한마디로, 공장제 생산이나 자본주의 체제는 18세기 중반 영국의 산업혁명 이후에 나타난 전형적인 현상이 결코 아니다. 참고로, 자본주의는 마르크스가 비판을 위해 명명한 것인데, 지금은 그 의도와는 상관없이 흔히 사용되고 있다.

역사적 사실이 이처럼 명백함에도 불구하고, 마르크스 경제학은 시장과 자본의 역할을 부정하고 있다. 정부가 기획하고 생산하며 분배하는 일이 시장의 기능을 능가할 수 있다고 본다. 하지만 정부 역시 자본주의나 사회주의가 성립하기 훨씬 전부터 존재해 왔다. 시장과 함께 경제에서 중요한 역할을 해왔다. 그런데 시장의 기능에만 맡기라는 말이 어찌 타당하겠는가. 이런 도그마(독단적 신념·교리)는 인간이 자연의 섭리에 도전했다가 실패한 것에 불과하다. 자본주의도 사회주의도 한 시대의 일시적 산물일 뿐 영원할 수는 없다.

정리하자면, 나는 경제학이라는 숲을 밖에서 바라봤고, 이것이 경제학이라는 숲의 변화(천이)를 관찰할 기회를 제공했다. 결국은 이것이 경제학의 패러다임 혁명을 불러일으키게 했다. 경제학과는 거리가 멀었던 내 젊은 시절의 생각, 즉 이념을 과학적으로 해체하겠다는 엉뚱한 젊은 치기가 새로운 가치론의 필요성을 인식하게 했고, '순환의 시각에서 바라본 운동에너지'라는 새로운 개념의 가치론을 정립하게 했다. 이것이 경제학의 새로운 패러다임, 즉 K-경제학을 낳게 했다.

새로운 공리의 경제학적 의미

현재의 경제학을 근본적으로 진화시키려면 경제학자들은 가장 먼저 무엇을 해야 할까? 우선, 경제학자들은 경제학의 첫 번째 단추로 되돌아가, 거기서 그 첫 단추를 올바르게 끼울 새로운 방법을 찾아야 한다. 구체적으로 경제학자들은 어떤 방법을 모색해야 할까? 기존 경제학을 근본적으로 진화시키기 위해서는 지금까지 권위 있고 '뛰어난 경제학자'들이 개발한 거의 모든 이론을 잠시 잊고 새로운 접근 방법을 찾아야 한다. 그렇지 않으면 경제학의 진화는 기대하기가 어렵다. 첫 번째 단추가 잘못 끼워져 있으면, 그 후속 연구의 단추들도 대개 잘못 끼울 수밖에 없기 때문이다. 그런 다음에 경제학계가 그동안 이룩한 뛰어난 업적들을 재해석하여 새롭게 수용해야, 경제학은 비로소 이론적 타당성과 현실적 유용성을 함께 갖출 수 있을 것이다.

그렇다면 절대적 가치론과 이념을 과학적으로 해체했다면, 그것에 기초하여 성립한 현재의 경제학도 완전히 폐기해야 할까? 그렇지 않다. 기존 경제학은 한계를 지녔을 뿐이지 학문적 의의가 없는 것은 아니다. 비록 한쪽 면에서 접근했지만, 그 각도에서는 틀리지 않았다. 일반 타당성이 없을 뿐이지, 특수 타당성까지 없는 것은 아니다. 뉴턴의 역학은 우주의 별과 같이 고체에만 적용할 수 있으나(그래서 액체나 기체 등에는 적용할 수 없으나), 아인슈타인의 역학을 탄생시키는 데 중요한 역할을 했던 것과 비슷하다. 그리고 아인슈타인의 특수 상대성이론이 일반 상대성이론으로 확장되었다고, 특수 상대성이론의 의의가 사라지지 않는 것과 같다. 특수 상대성이론은 일반 상대성이론의 탄생을 가능하게 했고 그 이론적 기초를 제공했다. 그리고 아인슈타인의 역학은 미립자 세계에는 적용할 수 없지만, 양자역학의 탄생을 가져왔다.

K-경제학 역시 신고전파든, 마르크스학파든, 다른 어느 경제학파든 전면적으로 부정하지 않는다. 오히려 그 학문적 업적을 계승하여 진화시킨다. 새로운 가치론에 입각하여 조금씩 수정을 가할 뿐이다. 경제학의 기초인 가치론의 해체로부터 K-경제학이 출발했듯이, 신고전파 경제학이나 마르크스 경제학이나 다른 학파의 경제학을 수정할 때도 가장 기초적인 문제로부터 출발한다. 경제학의 대전제인 '공리公理'부터 수정해 나가는 것이다. 이해를 돕기 위해 비유를 들어 설명해 보겠다.

지구와는 다른 세계에 물체의 낙하운동을 연구하는 경제학이라는 학문이 있다고 해보자. 이때 고전파 경제학이 처음 나타나 모든 물체의 낙하 속도가 어떤 조건에서는 동일하다는 사실을 발견한 뒤에, 여러 경제학자들이 그 운동원리를 정립하기 위해 노력했다. 이 노력은 헛되지 않았고 그로부터 낙하운동의 원리가 정립되었으며, 인력의 법칙도 발견되었다. 이 업적을 남긴 천재들이 신고전파와 마르크스학파였다. 그 후 경제학자들은 신고전파와 마르크스학파의 경제원리를 현실에 적용하다가 그 논리가 현실성이 떨어진다는 점을 발견했다. 독과점과 같은 공기저항도 문제가 되었고, 실업이라는 불균형 현상과 같은 양력도 물체의 낙하운동에 영향을 끼친다는 사실이 드러났다. 그리고 기술이 진보하고 경제가 성장함에 따라 효용의 크기나 노동의 가치가 근본적으로 변한다는 사실도 드러났다.

뚱딴지같은 이야기라고 할 수도 있겠지만 경제학적으로 설명하면 장황할 법한 이론도 이렇게 물리학을 빌려 설명하면 흥미롭게 그 의미에 접근할 수 있다. 간단히 요약하자면, 신고전파 경제학이나 마르크스 경제학은 공기의 저항도 없고 바람의 영향도 없는 진공상태의 운동원리라고 할 수 있다. 그리고 진공이라는 전제조건을 경제학은 세 가지 공리로서 받아들였다. 이를테면 '자원은 희소하다', '경제주체는 합리적인 행동을 한다', '경제는 균형을 이룬다'라는 절대조건이 그것들이다. 지금부터 이 세 가지 절대조건을 각각 '제1공리', '제2공리', '제3공리'로 부르기로 하자.

그중에서 제2공리는 '합리적 행동가설'로, 그리고 제3공리는 '효율적 시장가설'로 경제학계에 널리 알려져 있다. 이 이론들은 현실과는 거리가 너무 먼 전제조건이라는 비판을 꾸준히 받아왔으나, 그 생명력은 여전하다. 그런데 제1공리는 웬일인지 철저히 외면당했다. 그 바람에 현실에서는 결코 이루어질 수 없는 '완전경쟁'과 '일반균형'이 당연히 존재하는 것처럼 여겨졌다. 하지만 자원이 희소하면 공급도 희소해지므로, 완전경쟁과 일반균형은 이루어질 수가 없다. 이 문제는 공리를 현실에 맞게 수정하면서 다시 살펴볼 것이다.

만약 이 세 가지 전제조건을 공리로 받아들이지 않았더라면, 경제학이 과학으로 성립할 수 있었을까? 아마 불가능했을 것이다. 진공상태의 낙하운동이라도 정립할 수 있었던 것은 진공상태라는 전제조건이 있었기에 가능한 일이었다. 현실 세계가 진공상태가 아니라고 해서, 혹은 현실을 있는 그대로 해명하지 못한다고 해서 신고전파 경제학이나 마르크스 경제학 등을 전면적으로 폐기해서는 안 되는 이유가 여기에 있다. 그 공리가 현실을 있는 그대로 해명하지 못하더라도, 현실에서 일어나는 낙하운동이라는 현상을 과학적으로 해명하는 데는 기초를 제공했다. 예를 들어 "돌과 깃털을 함께 떨어뜨렸을 때는 돌이 깃털보다 얼마나 빨리 떨어지는가?"라는 물음에 답변할 수 없을지라도, "큰 돌과 작은 돌을 동시에 떨어뜨렸을 때는 어떻게 되는가?"라는 물음에는 그 공리가 쉽게 해답을 제공했다.

경제학은 이 세 가지 공리를 받아들임으로써 비로소 과학으로 존립하게 되었고, 이것에 바탕을 둔 경제원리들이 성립했으며, 이 경제원리들은 경제 현상을 과학적으로 해명하는 데 기초를 제공했다. 비록 완전경쟁과 일반균형이라는 비현실적인 조건 위에 성립했고, 이것이 경제학의 진화를 원천적으로 가로막았지만 말이다. 영국의 경제학자 존 힉스John Hicks가 언급한 것처럼 "불완전경쟁은 너무나 많은 어려움을 제기하기 때문에 완전경쟁을 폐기하면 경제학 이론의 대부분이 파기될 것"이고, 일반균형을 폐기해도 마찬가지 결과를 빚을 것이라고 주류경제학계는 굳건히 믿었다. 그래서 경제학은 발전하면 할수록 경제 현실과는 점점 멀어지는 결과를 가져왔다.

결론적으로, 뛰어난 여러 경제학자들이 그동안 구축한 경제학 이론을 폐기하지 않아도 되는 약간의 수준에서 위 세 가지 공리를 수정할 필요가 있다. 이를테면, 경제학에서도 진공상태를 공기저항과 양력이 작용하는 상태로 전제조건을 조금만 완화하면 거의 모든 문제가 비교적 쉽게 해결된다는 것이다. 이렇게 하면 경제학은 경제 현상을 지금보다 훨씬 정확하게 해명할 수 있다. 이것이 K-경제학의 이론적 출발점이다. 그럼 그 전제조건들을 어떻게 수정해야 할까?

첫째, 자원은 희소하지만 그 '희소성은 상대적이며 시간이 흘러감에 따라 변한다.' 둘째, 경제주체는 합리적 행동을 '하려 한다.' 셋째, 경제는 균형을 '이루려 한다.' 등으로 전제조건을 아주 조금만 완화하는 것이다. 이런 정도의 수정이라면 특별할 게 없을까? 그렇지 않다. 출발점에서 방향을 조금만 틀어도 도착점이 근본적으로 달라지는 것처럼, 이런 작은 수정이 획기적인 결과를 잉태한다. 이제부터는 세 가지 공리의 수정이 어떤 의미를 갖는지, 그리고 경제학의 진화에는 얼마나 크게 기여할 것인지를 차례대로 살펴보자.

'자원은 희소하지만 상대적이다', '경제주체는 합리적인 행동을 하려 한다', '경제는 균형을 이루려 한다'와 같이 공리를 수정하면, 경제학에는 과연 어떤 진화가 일어날까? 이것을 살펴보기에 앞서, 나는 신고전파 경제학을 중심으로 논의를 전개한다는 점을 밝혀둔다. 이론체계라는 면에서는 신고전파 경제학이 다른 어느 학파보다 완전한 형태에 더 가깝기 때문이다. 비록 교환의 시각에 머물러 있지만, 신고전파는 경제를 순환체계로 간주하여 이론을 전개함으로써 생리학적 관점에서도 이론적 완성도가 상대적으로 더 뛰어나다. 그렇다고 마르크스학파나 제도학파, 역사학파 등의 업적을 외면하는 것은 아니다. K-경제학은 이들 학파도 이론체계의 한 축으로 적용하고 있다.

참고로, K-경제학은 케인스학파와 오스트리아학파, 통화주의학파를 신고전파의 아류로 간주한다. 모두 신고전파의 패러다임에 이론적 기반을 두고 있기 때문이다. 물론 이 학파들은 신고전파 패러다임에서는 벌어질 수 없는, 그러나 현실에서는 일상적으로 벌어지는 경기변동을 이론적으로 규명하고자 시도함으로써 차별성을 보여준 것은 사실이다. 특히 신용의 순환주기와 같이 통화금융 변수를 동원하여 경기변동을 파악하는 것은 설득력이 높다. 하지만 토머스 쿤 Thomas Kuhn이 《과학혁명의 구조 The Structure of Scientific Revolutions》에서 지적했듯이, 이것은 패러다임 혁명이 일어나기 전에 흔히 벌어지는 이론적 분열로서, 각 학파는 고유한 미봉책을 제시했을 뿐이다. 실제로 각 학파의 경기변동에 대한 해석과 정책은 서로 충돌하고, 기존의 패러다임인 신고전파와도 충돌한다.

그렇더라도 이처럼 공리를 수정하는 것은 두말할 필요도 없이 기존 주류경제학의 한계를 극복하기 위함이다. 잘 알려져 있듯이 주류경제학은 많은 문제점을 안고 있다. 현실에 엄연히 존재하고 우리 눈앞에서 전개되는 반복적인 현상에 대해서조차 존립의 당위성을 이론적으로 설명하지 못하는 경우가 많다. 이러한 이론은 경제 현상을 읽는 데 근본적인 한계를 나타낼 수밖에 없다. 다음과 같이 대표적인 사례를 살펴보면 이 문제점은 더욱 명확해진다.

주류경제학은 노동운동에 대해 과학적으로 무엇을 설명할 수 있을까? 생산성, 경쟁력, 고부가가치 산업, 경기 동향, 경제성장과 같이 현실에서 우리가 흔히 사용하는 개념에 대해 이론적으로 존립의 당위성을 어떻게 부여할 수 있을까? 주류경제학은 이런 문제에 대해 거의 무력하다. 이론적으로는 의미를 부여하지 못하는데, 현실에서는 노동운동, 생산성 향상 운동, 경쟁력 제고 정책, 고부가가치 산업 육성 정책, 경기부양 정책, 경기 안정 정책 등이 엄연히 존재하고 추진되는 것은 무엇을 의미할까? 신고전파의 관점에서는 경제란 자유방임이어야 효율적인데, 시장 실패를 극복하기 위해 각종 경제정책이 난무하는 것은 또 어떤 의미를 가질까? 이런 문제들은 주류경제학의 패러다임이 이론적으로 한계가 있다는 것을 명료하게 보여준다. 이제부터는 각 공리를 차례로 수정함으로써 공리 수정의 경제학적 의의를 밝히고자 한다.

제1공리: 자원의 희소성은 상대적이다

'자원은 희소하다'라는 제1공리를 수정하는 것이 이론적으로 어떤 의미를 갖는지부터 검토해 보자. 경제활동의 목적은 희소한 자원을 취득하는 데 있고, 경제학은 그 경제활동을 대상으로 성립했다. 그러므로 '자원이 희소하다'라는 공리는 경제학의 출발점이자 가장 기본적인 대전제이다. 만약 이 전제가 바뀌면 경제학의 이론 골격이 모두 바뀌어야 할 정도로, 이론을 수정하는 문제는 중요하게 접근해야 한다.

그런데 '자원이 희소하다'라는 공리는 주류경제학 이론체계의 모순을 적나라하게 드러낸다. 만약 자원이 희소하다면 당연히 그 재화를 생산하는 생산수단도 희소함을 인정해야 하고, 생산수단이 희소하다면 신고전파 경제학의 전제조건인 완전경쟁과 일반균형은 성립하지 못한다. 생산수단이 희소하면 생산자 수도 제한되고, 생산자 수가 제한되면 완전경쟁과 일반균형도 성립하지 못하는 것이다. 따라서 자원은 희소하면서, 동시에 경제가 완전경쟁과 일반균형을 이룬다는 신고전파의 논리는 모순이다.

또한 자원이 희소하다고 전제할 경우는 '완전경쟁이 반드시 경제적으로 효율적인가?'라는 의문을 불러일으킨다. 특정 부문의 완전경쟁을 위해 희소한 자원을 투하하는 것은 희소한 자원의 낭비를 의미한다. 더 많은 부가가치를 창출하는 산업 분야에 투하해야 할 한정된 자원이 그렇지 못한 분야에 머물게 하는 셈이다. 주류경제학은 산업들 사이에 존재하는 생산성, 혹은 수익성의 격차를 완전경쟁 논리로 부정하지만, 현실 경제에서 이것은 분명히 존재한다. 어떤 산업은 상대적으로 높은 이익을 누리는 데 비해, 다른 어떤 산업은 그렇지 못하다. 특히 완전경쟁 산업에서는 이익률이 평균적으로 낮다. 따라서 완전경쟁을 위한 정책적 노력은 희소한 자원의 낭비를 의미할 수도 있다. 이런 논리적 문제점은 경제학의 패러다임과 관련된 기본적인 것이다. 이 문제점을 해결하지 않으면 경제학은 논리적 한계를 극복할 수 없을 뿐만 아니라 경제 현상을 해명하는 능력도 취약할 수밖에 없다. 논리적 모순을 바탕으로 구축한 이론이 경제 현상을 얼마나 올바르게 해명할 수 있겠는가. 따라서 이 문제점은 우선적으로 해결해야 하며, 그 해결의 출발점은 제1공리의 수정이다.

제1공리를 '자원은 희소하지만 상대적이다'라고 수정하면 경제학적으로 다음과 같은 중요한 의미들이 새롭게 제기된다. 첫째 '자원별로 희소성에 차이가 있다', 둘째 '경제활동은 희소성을 해소하기 위한 과정이다', 셋째 '자원의 희소성은 시간이 흐름에 따라 변한다'가 그것들이다. 이런 의미는 너무 분명하여 자세하게 설명할 필요도 없지만, 이렇게 명백하고 단순한 경제학적 의미가 경제학을 혁명적으로 진화시킨다. 경제학의 패러다임에 이것들을 적용하면, 앞에서 언급한 이론적 모순을 포함한 주류경제학의 기본적인 문제점을 쉽게 해결할 수 있다.

위에서 제시한 의미들에서 알 수 있듯이, 새로운 제1공리는 동태적인 특성을 띠고 있어서 경제학을 정태학에서 동태학으로 진화시키는 디딤돌의 역할을 한다. 경제학을 동태화하는 출발점은 '자원이 희소하다'라는 제1공리의 수정인 셈이다. 경제학이 동태학으로 변모할 경우 경쟁 논리는 의미를 가지고, '자원이 희소하다'라는 공리와도 병립할 수 있다. 경쟁이 갖는 동태적 의미, 즉 경쟁이 없으면 신기술 개발이나 비용 절감 등의 생산성 향상을 위한 노력을 소홀히 할 수밖에 없으므로, 경쟁은 희소한 자원의 낭비가 아니라 경제활동의 필수적인 변수이자 경제성장의 동인으로 작동하는 것이다. 진화론적 견지에서 보면, 이것은 종의 다양성이 진화를 촉발하는 것과 비슷하다.

제2공리: 경제인은 합리적인 행동을 하려 한다

'경제인은 합리적인 행동을 하려 한다'라고 제2공리를 수정하면 어떤 결과가 나타날까? 이 공리의 수정은 합리적인 행동에 이르기까지는 시간이 소요되고, 합리화의 정도에는 개인차가 존재하며, 합리화 과정에 외생변수가 개입할 여지가 있다는 것과 같이 크게 세 가지 의미를 가진다. 이 세 가지 의미는 경제학적으로 아주 중요하므로 차례대로 자세히 살펴보고자 한다.

첫째, 제2공리를 '경제인은 합리적인 행동을 하려 한다'라고 수정하면, 경제인이 합리적 행동에 이르는 데 시간이 소요된다는 사실을 자연스럽게 받아들이게 된다. 이것은 논리적으로 당연한 귀결이다. 참고로, 경제학에 시간의 개념을 본격적으로 도입한 것은 신고전파 경제학을 완성시켰다는 평가를 받는 앨프리드 마셜 Alfred Marshall이다. 어느 경제학 교과서에나 실려 있는 장기비용 곡선과 단기비용 곡선

등은 그가 도출한 업적이다. 하지만 그는 시간의 차원을 패러다임 전체에 적용하지는 못했다. 그는 "경제학의 문제점은 원인이 결과로 이어지는 과정에 시간이 소요된다는 데 그 근원이 있다"라고 밝힘으로써 신고전파 경제학의 문제점을 스스로 인정했을 뿐이다.

주류경제학의 전제조건처럼 경제인이 항상 합리적으로 행동하기 위해서는 완벽한 정보를 미리 확보하고 있어야 하지만, 이는 현실적으로 가능한 일이 아니다. 불완전한 정보를 얻는 데도 상당한 시간이 소요되고 기회비용까지 지출해야 한다. 예를 들어 옷 한 벌을 사더라도 사람들은 남대문시장과 동대문시장, 또는 백화점을 오가고, 길거리의 여러 매장을 기웃거리기도 하며, 인터넷 쇼핑몰을 이곳저곳 서핑하기도 한다. 심지어 소비자이든 기업이든 모든 경제주체는 행동의 합리화 과정에서 종종 시행착오를 범한다. 경제인이 합리적 행동을 하는 데 시간이 소요된다는 사실은 경제인이 합리적 행동에서 항상 이탈해 있다는 것을 의미하는데, 이것조차 K-경제학은 수용한다. 경제인의 행동이 합리화하려는 경향만 보여주면 그곳에서 규칙성을 발견하여 과학적 운동원리를 도출할 수 있다고 본다. 공리의 이런 수정은 경제학으로 하여금 현실에 더 가깝게 접근할 수 있도록 해준다. 비유하자면, 진공상태의 낙하운동 법칙만 고집하는 것이 아니라, 공기저항이 있는 상태에서 낙하운동이 일어나는 과학적 법칙을 찾아낼 수 있게 해준다.

둘째, 신고전파 경제학은 현실에 존재하는 개인의 차이를 외면하지만, 제2공리를 '하려 한다'라고 수정하면 개인차를 당연한 것으로 받아들이게 한다. 경제주체의 자유의지를 존중하는 것이 시장경제의 출발점이다. 그러므로 각 경제주체의 선택에는 차이가 발생할 수밖에 없으며, 그로 인해 개인차가 발생하는 것이 현실이다. 하물며 태생적 환경의 차이, 성장 과정의 문화적 영향의 차이 등에 따라 나타나는 개인차는 두말할 나위가 없다. 이런 개인차는 현재 행동에서도 나타나지만, 시간의 흐름 속에서도 나타난다. 어떤 사람은 상대적으로 더 짧은 시간 안에 합리적 행동으로 접근해 가고, 다른 어떤 사람은 합리화 과정에 더 긴 시간을 소모하기도 한다. 합리화하는 속도 역시 이처럼 개인별로 차이를 보이는데, 새로운 공리는 이런 점까지 경제학에 수용하여 경제 현상을 좀 더 정확하게 파악할 수 있게 해준다. 그뿐만 아니라 경제학을 정태학에서 동태학으로 탈피시키는 기틀까지 마련해 준다. 이 문제는 바로 뒤에서 다룰 균형의 문제에서 다시 살펴볼 것이다.

셋째, 합리화 과정에는 시간이 소요되며, 합리적 행동을 하는 과정에서 외생변수가 끼어들어 간섭하거나 갈등을 일으키고, 내생변수의 기능을 왜곡시키기도 한다. 주류경제학의 이론 구조는 이런 현실을 외면한 채 내생변수의 기능 체계를 먼저 기술하고, 여기에 외생변수의 역할을 부차적으로 덧붙인다. 그래서 외생변수의 역할을 소홀하게 취급하거나 부차적으로 다루며, 외생변수가 내생변수의 기능 체계를 변화시켰을 때는 어떤 대책도 없는 경우가 많다. 그러나 새로운 공리는 이런 현상을 쉽게 포착하도록 해준다.

제3공리: 경제는 균형을 이루려 한다

제3공리가 '경제는 균형을 이루려 한다'라고 바뀌면 경제학에 어떤 변화가 일어날까? 결론부터 밝히자면, 이 공리의 수정은 경제학의 이론체계 전부를 근본적으로 바꾸어 놓을 정도로 중요하다. 경제학의 모든 이론체계가 균형 논리에 입각하여 성립했기 때문이다. 지금까지 거론했던 자원의 희소성과 경제인의 합리적 행동도 주류경제학은 균형으로 설명한다. 이를테면 가격의 기능이 재화의 희소성을 서로 동일하게 하여 균형에 이르도록 하고, 소비자의 효용 극대화와 기업의 이윤 극대화가 각각의 합리적 행동을 이끌어내며, 이것이 수요와 공급을 균형에 이르도록 하여 가격을 결정한다고 본다.

균형 논리는 경제학 전반을 지배하므로 제3공리의 수정은 아주 중요하며, 그만큼 다양한 경제학적 의미를 갖는다. 그 의미를 열거해 보면, 수요와 공급의 정태적 불균형을 당연한 것으로 받아들이게 하고, 불완전경쟁을 일반적인 현상으로 받아들이도록 하며, 잉여의 존재를 당연한 것으로 여기도록 하고, 잉여의 크기는 독점력이 결정하며, 균형은 순간적으로 그리고 동시에 일어나지 않는다 등과 같다.

그중에서 첫 번째 의미인 '수요와 공급의 정태적 불균형을 당연한 것으로 받아들이도록 한다'라는 것이 경제학적으로 어떤 의미를 갖는지부터 살펴보자. 주류경제학은 수요와 공급과 분배가 서로 다른 변수에 의해 결정된다는 논리를 펼친다. 수요는 한계효용이, 공급은 한계비용이, 분배는 한계생산력이 결정한다는 것이다. 수요와 공급과 분배는 이처럼 각각 별개의 변수에 의해 결정되므로 이들의 균형을 상정하기 위해서는 균형화 매체가 필요한데, 주류경제학은 그것을 '가격'이라고 본다. 불균형이 발생할 수도 있으나 가격의 기능이 이를 신속하게 해소한다는 것이 주류경제학의 논리이다.

그러나 현실에서는 가격의 기능이 주류경제학의 이론처럼 신속하고 완벽하게 작동하지는 않는다. 생산자와 소비자가 수급 균형에 이르는 과정에는 제2공리에서 살펴본 것처럼 시간이 소요되며, 생산자와 소비자는 그 속성이 같다고 볼 근거는 어디에도 없으므로, 수급 균형의 매체인 가격이라는 신호에 반응하는 민감성과 속도는 서로 다를 수밖에 없다. 예를 들어 소비자의 가격에 대한 반응이 생산자의 반응보다 앞섰을 때는 수요의 변동이 가격의 변동을 주도하는 것이 현실이다. 이때의 가격은 생산자의 한계비용과는 격차를 보이는 불완전한 균형가격일 수밖에 없다. 이런 현상은 경기가 빠르게 변동할 때와 독점기업이 생산하는 제품이나 생필품에서 뚜렷이 나타난다.

생필품의 경우, 경기가 상승하여 소득이 증가할 때는 공급이 늘어나기 전에 수요가 먼저 증가하고, 이에 따라 시장가격은 균형가격보다 더 높은 수준에서 결정되며, 기업은 한동안 초과 이윤을 누린다. 독점기업이 공급하는 재화도 마찬가지로 수요의 반응이 공급의 반응에 비해 앞서나가는 것이 일반적이다. 그래서 경기가 호조를 보일 때는 독점기업은 정상이윤보다 훨씬 큰 초과이윤을 누린다. 반대로, 경기가 후퇴할 때는 공급이 줄기 전에 수요가 먼저 줄면서 시장가격이 균형가격보다 더 낮은 수준에서 결정되기도 한다. 이런 때는 재고가 증가하고, 생산자는 손실을 입기도 한다. 또한 경쟁형 기업이 생산하는 재화는 수요의 반응이 독점형 기업이 생산하는 재화의 수요보다 상대적으로 더 빠르게 나타난다. 그래서 경기가 상승할 때는 경쟁형 기업의 이익이 단기적으로는 독점형 기업의 이익보다 더 빠르게 커지고, 경기가 하강할 때는 그 손실이 상대적으로 더 크게 나타나 경쟁형 기업이 빠르게 도산하기도 한다.

　이처럼 재화의 종류와 기업의 형태, 그리고 경제 상황에 따라 소비자의 반응이 상대적으로 더 예민할 수도 있고 생산자의 반응이 상대적으로 더 빠를 수도 있다. 이런 사실은 산업별, 재화의 종류별, 그리고 기업의 형태별로 가격 기능의 구조가 서로 다르다는 것을 의미한다. 현실에서도 경쟁형 재화는 수요와 공급이 균형을 이룬다고 보기에는 그 가격변동이 지나치게 자주 그리고 큰 폭으로 일어나며, 독과점형 재화는 가격이 변동하는 것보다 먼저 재고가 변동한다. 이처럼 수요와 공급은 논리적으로나 현실적으로나 불균형을 보이며, 가격 변동 역시 한계효용이나 한계비용과는 상관없이 흔하게 일어난다. 이것은 주류경제학의 균형 논리가 경제 현실과 동떨어져 있음을 뜻한다. 가격은 수요와 공급이 균형을 이루도록 하는 것이 아니라, 균형의 방향으로 유도할 뿐이다. 오히려 수요와 공급이 정태적인 불균형 상태에 있기 때문에 가격의 균형화를 위한 동력이 작동한다. 이 논리에 따라 수요와 공급의 불균형을 당연한 것으로 받아들이면, 불균형의 대표적 현상인 실업과 재고, 유휴시설의 존재에 대해 이론적 당위성을 부여할 수 있다. 또한 케인스의 유효수요 이론도 그 가치를 부여받을 수 있다.

　둘째, '잉여의 존재를 당연한 것으로 받아들이게 한다'라는 것은 무엇을 의미할까? 소비자 잉여와 공급자 잉여는 신고전파 경제학, 즉 주류경제학도 그 존재를 인정하지만, 그것이 갖는 경제학적 의의는 거의 외면해 왔다. 주류경제학이 잉여의 존재와 그 의미를 이론적으로 소홀히 다루는 것은 이론체계가 완전경쟁을 기초로 논리를 전개하기 때문이다. 그런데 완전경쟁의 이론체계에서는 이윤이 존재할 여지가 없다. 공급자 잉여는 곧 이윤을 의미하므로 주류경제학은 이율배반적인 논리 전개를 회피한다는 관점에서 잉여의 존재를 고의로 묵살해 왔다. 여기에 이념적인 고려가 개입했음은 두말할 나위가 없다.

만약 잉여의 존재, 특히 공급자 잉여를 인정하면 초과이윤의 존재를 인정해야 하고, 초과이윤을 인정하면 주류경제학의 완전경쟁과 일반균형이라는 기본명제는 무너지고 만다. 그래서 주류경제학은 현실에 엄연히 존재하는 이윤을 외면해 왔다. 이것은 근대에 이르기까지 노동운동을 부정하는 역할을 하기도 했다. 물론 주류경제학이 정상이윤까지 부정하지는 않지만, 이것은 말장난에 불과하다. 현실적으로 경기가 호조를 나타낼 때는 기업들 대부분이 정상이윤이라고 보기에는 너무 큰 이윤을 남기며, 경기가 부진해질 때는 손실을 입기도 한다. K-경제학의 새로운 공리는 이런 불균형 현상을 당연한 것으로 받아들인다. 이것은 이론적으로 중요하므로 좀 더 자세히 살펴보고자 한다.

수요곡선과 공급곡선 위의 각각의 점은 수요자 집단과 공급자 집단 중에서 특정 소비자가 수요하는 지점과 특정 기업이 공급하는 지점을 나타낸다. 그러므로 어떤 균형가격이 주어지면 그 가격에서 수요 또는 공급을 하는 특정 소비자나 특정 기업을 제외한 다른 모든 수요자와 공급자는 잉여를 누린다. 개인의 차이를 인정하면, 이것은 당연한 논리적 귀결이다. 이해가 쉽지 않다면 수요곡선과 공급곡선을 직접 그려서 살펴보는 것도 좋은 방법이다.

셋째, '불완전경쟁과 독점적 이윤이 일반적인 현상이다'라는 것은 어떤 의미를 가질까? 주류경제학은 완전경쟁을 토대로 이론체계를 구축함으로써 불완전경쟁을 예외적인 현상으로 치부하지만, 현실 경제에서 완전경쟁은 존재하지 않는다. 정도의 차이는 있어도 모든 분야의 공급자와 수요자는 한정되어 있으며, 이에 따라 누구나 어느 정도는 독점적 지위를 누린다. 이처럼 완전경쟁이 아니라 불완전경쟁이 일반적인 경제 현상이므로, 이론체계는 불완전경쟁을 중심으로 구축되어야 마땅하다. 만약 완전경쟁이 존재한다고 주장하면, 이것은 논리적으로 이율배반이다. 경제학의 출발점인 '자원은 희소하다'라는 명제가 그것을 부정하기 때문이다. 자원이 희소하면 생산수단 역시 희소하게 되므로 완전경쟁은 원천적으로 이루어질 수가 없다.

그뿐만 아니라 수요의 주체인 소비자는 효용을 극대화하고, 공급의 주체인 기업은 이윤을 극대화하며, 수요와 공급은 가격에 의해 균형을 이룬다는 주류경제학의 논리도 완전경쟁에 의해 스스로 부정당한다. 만약 경쟁이 주류경제학에서처럼 순간적으로 균형에 이른다면, 개별 기업의 여러 차이가 경쟁력의 격차를 초래하여 경쟁력이 가장 뛰어난 기업 하나만 살아남게 할 것이기 때문이다. 개인차가 존재한다는 사실을 인정하면 완전경쟁은 이처럼 완전독점으로 이행할 수밖에 없다. 새롭게 수정한 제3공리는 이윤의 존재를 당연한 것으로 받아들이고, 균형화 과정에 시간이 소요된다는 점을 수용함으로써 이런 모순을 일거에 해소하는 역할을 한다.

지금까지 살펴보았듯이, 완전경쟁이 중심을 이룬 주류경제학의 이론체계는 폐기되어야 마땅하다. 물론 완전경쟁 논리를 폐기해야 한다는 것은, 그것을 중심으로 수립된 이론체계를 수정해야 한다는 뜻이지 완전경쟁이라는 개념이 갖는 의의를 폐기해야 한다는 뜻은 아니다. 완전경쟁의 경제학적 의의는 인정하되, 이론체계를 불완전경쟁을 중심으로 새롭게 구축해야 한다는 점을 강조하는 것이다. 현실에서는 불완전경쟁이 일반적인 것처럼 독점적 이윤도 일반적으로 존재한다. 이제 해결해야 할 남은 문제는 '이윤이 무엇에 의해 발생하고, 그 크기는 어떻게 주어지는가?'라는 것인데, 이 문제는 지금까지 살펴본 내용으로 해결할 수 있다. 즉, 이윤은 생산자들 사이의 경쟁력 격차에 의해 증명되고, 경제의 일반 현상인 불완전경쟁에 의해 발생한다는 것이다. 또한 다음에 살펴볼 '잉여의 크기를 무엇이 결정하는지'가 이 문제를 쉽게 해결해 줄 것이다.

넷째, '잉여의 크기는 수요와 공급이 안정적일 경우에 독점력이 결정한다'라는 것은 경제학적으로 어떤 의미일까? 완전경쟁 상태의 기업에서는 초과이윤이 발생하지 않는다. 새로운 기업의 진입이 언제나 가능하고, 기업은 완전경쟁 시장에서 형성된 균형가격을 따르기 때문이다. 반면에 불완전경쟁의 극단에 위치한 독점기업은 최대 이윤을 취할 수 있다. 독점기업은 가격을 선도할 수 있고, 가격을 차별화할 수도 있다. 과점기업 같은 불완전경쟁 시장의 기업 역시 독점적 지위에 걸맞은 초과이윤을 얻을 수 있다. 이 사실에서 알 수 있듯이, 공급자의 이윤은 독점의 강도와 밀접한 관계를 맺고 있다.

현실에서는 거의 모든 공급자가 다양한 형태의 독점력을 보유하며, 그 독점력이 없으면 생존할 수 없다. 대기업은 주로 자본력과 조직력, 정보력 등으로 구축한 독점력을 바탕으로 유지된다. 그리고 중소기업은 조직의 탄력성과 신축성의 장점을 살려 경제 여건의 변화에 재빨리 적응하면서 대기업과도 경쟁해 나간다. 구멍가게는 주로 지리적 독점력에 의존하여 생존한다. 첨단기업은 기술력에 의해, 전통기업은 공신력과 상표력에 의해 독점력을 유지한다. 기존 기업은 새로 진입한 기업 또는 진입하려는 기업에 비해 인적 자원과 조직, 영업 등에서 독점력을 가진다. 그리고 농업은 농부의 경쟁력과 함께 토지의 생산성이라는 독점력을 보유한다. 이런 독점력이 생산자에게 생산비를 초과하는 이윤을 확보해 준다.

결론적으로, 기업의 이윤은 공급자의 독점적 지위에 의해 발생하고, 그 크기는 독점력의 강도에 의해 결정된다. 이 독점력은 공급자뿐만 아니라 수요자에게도 주어져 소비자 잉여를 안겨준다. 생산참여자도 마찬가지로 독점력이 클수록 생산요소의 잉여는 커진다. 생산참여자에게도 독점적 지위에 걸맞은 소득이 주어지는 셈이다.

여기서 짚고 넘어가야 할 것은 '독점력'이라는 개념이다. 독점력이 경제활동의 중요한 동인인 이윤의 존립 당위성과 그 크기를 결정하는 요소라면, 이것은 경제학의 패러다임을 새롭게 구축해야 할 정도로 중요한 뜻을 내포하므로 이 개념을 명확히 정리할 필요가 있다. 또한 비슷한 독점적 지위에 있는 생산자 사이에서도 독점의 질과 생산하는 재화의 종류에 따라 이윤의 크기가 다르게 나타난다는 점을 고려하면 독점의 개념을 재정립할 필요성은 더욱 커진다. '이윤의 크기는 독점력의 크기에 의해 결정된다'라는 논리를 설명하고 있으므로, 개념의 재정립은 반드시 해결해야 할 문제이다.

논의의 편의를 위해 일단 독점력을 '배타적 힘' 또는 '배타적 권한'이라고 정의하기로 한다. 독점기업일지라도 신규 진입의 가능성이 비교적 높은 경우는 독점력이 그 지위에 걸맞을 정도로 크다고 말할 수 없다. 그러므로 새로운 기업의 진입을 막는 힘이야말로 독점력의 크기를 결정하는 가장 중요한 변수이다. 배타적 힘이 클수록 생산자는 독점기업의 극대 이윤에 가까운 이윤을 얻을 수 있다. 반면에 배타적 힘이 작으면 독점기업일지라도 독점적 이윤을 계속 누리기 위해 독점의 극대 이윤을 포기하고 신규 진입을 막을 수준에서 이윤을 결정하는 것이 일반적이다. 물론 독점력은 수량으로 표시하거나 사전에 계산할 수 있는 성질의 것이 아니다. 현실에서 독점력은 사후적으로 현재화하고 가격 기능에 의해 조절되는 경향을 보인다. 실제로 어떤 기업도 미리 자신의 독점력을 측정하여 가격을 결정하지는 않는다. 잘 알려져 있듯이, 기업은 정상이윤을 고려하여 가격을 결정하고, 그 가격은 수요와 공급에 의해 조절된다. 그런데 왜 경제학계는 이 문제를 그동안 외면했을까? 그 경위를 한번 살펴보자.

옥스퍼드대학교의 로버트 홀과 찰스 히치는 대표적인 기업인들을 면담한 결과, 기업은 이윤 극대화를 위해 가격을 결정하는 것이 아니라 '생산비용에 정상이윤을 더해 가격을 결정한다'라는 사실을 확인하고, 풀코스트 원리로 알려진 "가격이론과 기업행동 Price Theory and Business Behaviour"(1939년)이라는 논문을 발표한 바 있다. 이것은 주류경제학의 기본명제 중 하나인 이윤 극대화의 원리에 배치된다고 여겨져, 주류경제학에서 배척당했으며 이론적 중요성도 외면당했다.

현실에서는 독점력이 크면 클수록 수요가 증가할 때 나타나는 가격의 자연적인 상승에 의해 이윤이 커진다. 하지만 독점력이 약하면 신규 진입이나 그 위협에 의해 이윤은 하향 조절된다. 그러므로 '독점력의 측정이 가능한가'의 여부가 경제학 용어로 적절한지 그렇지 못한지를 결정하지는 못한다. 사후적으로 실현된 이윤의 크기로도 독점력을 추정할 수 있기 때문이다. 최소한 어느 것이 독점력이 더 큰지, 혹은 어느 확률이 더 높은지는 사후적으로 판단할 수 있다.

한편 독점력이라는 용어를 달리 해석하면 '경쟁력'을 뜻한다. 경쟁력이라는 용어는 독점력이라는 용어보다 훨씬 현실적이고 긍정적이다. 이윤의 크기가 독점력에 의해 결정된다고 정의하기보다는 경쟁력에 의해 결정된다고 보는 것이 언어 습관상 이해하기도 쉽다. 현실에서는 국제경쟁력이나 기업경쟁력이라는 용어가 자연스럽게 쓰이고 있다. 이 용어가 중요한 의미를 갖는 것은 지금까지 해명하지 못했던 중요한 경제 현상 가운데 하나를 경제학에 수용할 수 있는 단초를 제공하기 때문이다. 즉, 흔히 사용하면서도 경제학에서 이론적 근거를 마련할 수 없었던 '생산성'이라는 용어는 경쟁력에 의해 그 존립 당위성을 쉽게 부여받는다. 경쟁력 역시 동태적으로 이해해야 하는데, 생산성이라는 개념을 도입하지 않고는 경쟁력의 동태적인 이해를 하기가 어렵다. 동태적 경쟁력은 생산성의 향상 속도가 주로 결정하기 때문이다. 경쟁력을 동태적으로 이해하려면 이처럼 생산성의 향상 속도라는 개념도 매우 중요하다.

경쟁력 또는 독점력이라는 개념은 생산이나 소비에만 적용되는 것이 아니다. 즉, 그 개념을 분배에 적용할 때는 중요한 시사점이 하나 더 제기된다. 한계생산력설에 입각한 현재의 분배이론은 각 생산요소의 가치를 결정하는 이론으로서는 설득력이 있지만, 생산요소 사이의 분배 비율에 대해서는 아무런 언급이 없다는 취약점을 지녔다. 특히 독점적 초과이윤이 발생할 때나 경기 호조가 이어져 이윤이 커질 때는 주류경제학의 분배이론은 무력해진다. 현재의 분배이론은 '생산요소들 사이의 분배 비율을 무엇이 결정하는가?'라는 문제에 대해 취약하므로, 한계생산력을 기초로 한 분배이론은 수정이 불가피하다. 그 수정의 단서는 독점력 또는 경쟁력에서 찾을 수 있다. 분배의 전체 크기, 즉 공급자 잉여는 한계생산력이 결정하지만, 그 공급자 잉여는 각 생산요소의 독점력 또는 경쟁력을 기반으로 한 '교섭력'에 의해 분배된다고 봐야 한다. 이 경우에 비로소 일상적으로 발생하는 노동운동을 경제학적으로 해명할 수 있다. 간단히 말해, 독점력 또는 경쟁력에 기반을 둔 각 생산요소에 대한 교섭력이라는 개념을 새롭게 도입하여 한계생산력설이 갖는 이론의 불완전성을 보완해야 한다는 것이다.

독점력 또는 경쟁력이라는 개념을 국제무역이론에 적용할 경우에는 새로운 학문적 시사점을 한 가지 더 얻을 수 있다. 현재의 비교우위설에 입각한 국제무역이론은 국가들 사이의 교역이 전체적으로 이익을 증진시킨다는 면에서 학문적으로 중요한 기여를 했지만 여전히 이론적 한계를 지니고 있다. 현실에 존재하는 보호무역을 해명하지 못하고, 국가 간의 소득 격차와 남북문제, 종속문제 등도 해명하지 못한다. 이런 취약점은 비교우위론을 독점력 또는 경쟁력이라는 개념으로 보완하면 해소할 수 있다. 국제무역에서는 잉여가 발생하는데, 그 잉여는 독점력 또는 경쟁력에 바탕을 둔 쌍방의 교섭력에 의해 분배된다는 것이다. 비교우위설은 교역이 이루어짐에 따라 증가한 생산의 분배 비율을 해명하지 못하므로 현재의 무역이론은 완전한 이론이 아니다. 따라서 교섭력에 따라 비교우위론을 보완할 필요가 있다.

교섭력으로 비교우위론을 보완하면 국가들 사이에 소득 격차가 발생하는 원인도 쉽게 해명할 수 있다. 즉, 교섭력이 상대적으로 더 큰 산업을 구축한 나라가 무역의 잉여를 상대적으로 더 많이 차지한다는 것이다. 아르헨티나의 경제학자 라울 프레비시Raúl Prebisch가 "저개발국은 경제개발을 위해 수입 대체 산업을 일으켜야 한다"라고 주장한 논리적 근거를 여기서 찾을 수 있다. 또한 공산품 중심의 수출산업을 집중적으로 육성했던 개발도상국의 경제성장 속도가 그렇지 않은 다른 개발도상국에 비해 상대적으로 더 빨랐던 이유도 바로 여기서 찾을 수 있다.

이와 같이 현실에서 자주 사용되는 국제경쟁력이라는 용어도 이 논의에 이르러 경제학에 수용할 수 있게 되었다. 국제경쟁력은 교섭력이 상대적으로 더 큰 산업을 성장시킴으로써 향상되는 것이다. 그리고 국제경쟁력은 보호무역주의도 논리적으로 해명할 수 있다. 즉, 보호무역은 경쟁력 또는 교섭력이 더 큰 산업을 구축하기 위해 시행되는 것으로 볼 수 있다. 그렇지만 보호무역은 유치산업을 보호하거나 국내 고용을 보호하기 위해 종종 시행되었으나, 그 결과는 오히려 더 나빴던 것이 역사적 경험이다. 대표적인 사례를 하나 살펴보자. 중국은 전자산업에서는 비교적 개방적인 정책을 펼쳤고, 자동차산업에서는 강력한 보호정책을 펼쳤다. 그런데 전자산업에서는 세계적인 토종 기업을 다수 배출하는 등 비약적으로 발전했으나, 자동차산업에서는 국내 업체의 성장이 상대적으로 느렸고 외국계 상표의 자동차를 생산하는 곳이 대부분이다(물론 근래에 부상한 전기자동차의 경우는 예외적인 상황으로 다루어볼 필요가 있다).

그뿐만이 아니다. 보호무역이 다른 나라의 보복적 대응을 유발하면 대공황 때처럼 공멸을 초래하기도 한다. 현실에서 국제수지는 환율의 균형화 기능과는 상당한 시차를 두고 변동하는데, 환율의 변동이 국제수지를 미처 반영하지 못하면 보호무역주의가 기세를 올리기도 한다. 예를 들어 미국에서는 1960년대 말부터 1970년대 중반까지 보호무역이 맹렬하게 전개되었다. 환율은 물가와 성장률과도 밀접한 관련을 맺고 있어서 단기적으로는 무역수지를 정확히 반영하지 못하므로 이런 일이 종종 벌어진다. 하지만 이 같은 보호무역은 경제 재앙을 불러오곤 한다.

다섯째, '균형은 일시적으로 동시에 일어나지 않는다'라는 것은 무엇을 의미할까? 이 명제의 경제학적 의의는 균형이 순간적으로 동시에 일어난다고 가정하여 논리를 전개해 보면 분명히 드러난다. 주류경제학의 일반균형이론은 완전경쟁을 이론적 기반으로 삼는데, 완전경쟁이 경쟁 조건의 완전한 평등을 전제로 하지 않는다는 데 논리의 이율배반성을 드러낸다. 한마디로, 경쟁 조건이 완전하게 평등하지 않으면 경쟁의 완전한 보장은 완전경쟁의 완전한 파괴를 의미한다. 만약 균형이 일시적으로 이루어진다면 경쟁 조건의 불평등에 의해 경쟁 결과도 한순간에 나타나야 한다. 현실에서 기업들 사이의 경쟁력은 격차를 보이기 마련이므로, 만약 경쟁이 완전하게 보장되고 그 결과가 한순간에 나타난다면, 경쟁에서 살아남을 기업은 가장 강한 경쟁력을 갖춘 하나의 공급자만 생존함으로써 완전독점으로 귀결된다.

이런 점을 감안하면 균형이 순간적으로 이루어지지 않고 균형에 이르는 과정에 시간이 소요된다는 사실은 축복이 아닐 수 없다. 균형에 이르는 과정에 상당한 시간이 소요되므로 열악한 경쟁 조건의 기업도 생존해 나갈 수 있기 때문이다. 경쟁 과정에 시간이 소요됨에 따라 경쟁력을 보완할 여유를 가질 수 있고, 좀 더 중요하게는 현실에서 일어나는 경제 상황의 변동에 의해 이차적인 혜택을 볼 수 있다. 경제 상황의 변동은 수요곡선과 공급곡선을 이동시키거나, 각 곡선의 모양과 기울기를 변화시킴으로써 특정 시점에서는 가장 경쟁적이던 기업이 그 변화에 적응하지 못해 경쟁력을 잃기도 하며, 경쟁력이 약했던 기업도 경제 상황의 변화에 적절히 적응하여 뛰어난 경쟁력을 갖추기도 한다.

현실적으로 대기업은 정태적 측면에서 강력한 경쟁력을 갖는 데 비해, 중소기업은 그 조직이나 활동이 상대적으로 탄력적이어서 동태적 측면에서 경쟁력을 갖는 것이 일반적이다. 이것은 지구에 빙하기가 찾아왔던 때 거대 공룡은 적응하지 못하고 사라졌으나, 왜소했던 포유류가 살아남아 번성한 것과 비슷하다. 실제로 경제가 장기간 성장하지 못하고 정체하거나 경제 여건이 좀처럼 변동하지 않을 때는 경제가 독점화의 과정을 겪는 것이 일반적이다. 하지만 경제 여건이 빠르게 변동하거나 경제가 상대적으로 빠르게 성장할 때는 탄력적인 대응을 할 수 있는 중소기업의 역할이 커짐에 따라 장기적으로는 경쟁화의 과정을 겪는 것이 보통이다. 다만, 경제가 파국적인 위기에 처할 때는 오히려 독점화가 빠르게 진행하는 것과 같이 특별한 경우도 존재한다.

한편 균형은 순간적으로 일어나지 않을 뿐만 아니라 동시적으로 일어나지도 않는다. 앞에서 언급했듯이 주류경제학의 이론체계는 일반균형에 이르러 비로소 완성되는데, 재화의 수급 균형과 생산요소의 수급 균형이 동시에 일어나지 않는다는 사실을 살펴보면, 그것의 근본적인 문제점을 쉽게 알 수 있다. 이 점은 케인스 경제학에 의해서도 일부가 알려져 있으나, 논리의 일관성이라는 측면에서 K-경제학의 새로운 공리에 입각하여 살펴보자.

수급 불균형이 당연시된다는 앞의 설명에서 보았듯이, 수요와 공급은 상호 연관성이 없는 별개의 인자에 의해 결정되므로 균형에 이르는 과정에는 그 둘 사이에 시차가 존재한다. 수요는 거의 즉각적으로 반응하면서도 시간의 경과에 따라 완만하게 변동하는 데 비해, 공급은 상대적으로 지체된 반응을 보이다가 일단 반응을 시작하면 더 빠르게 변동하는 특성을 보인다. 이런 반응의 민감성과 속도의 차이는 공급과 수요의 속성에 의해 주로 나타난다. 소비는 삶과 직결되어 있지만, 공급은 이윤을 목표로 하므로 간접적이다. 더욱이 공급은 생산시설 확충이라는 시간적 소요를 필요로 하며, 생산시설 확충에 따른 공급과잉의 위험을 고려해야 하는 특성을 지녔다.

반응의 민감성과 속도가 차이를 보이는 현상은 거시경제의 중요한 변수인 투자와 저축에서도 쉽게 발견할 수 있다. 저축은 소비와 함께 비교적 안정적으로 변동하는 데 비해, 투자는 공급처럼 반응의 민감성이 상대적으로 뒤떨어지지만 그 속도는 더 빠른 특성을 지녔다. 함수론적 변수들 사이에 이런 시차의 존재를 인식하는 것은 경기순환 이론을 경제학의 이론체계 안에 포섭할 결정적인 단서를 제공한다. 투자와 저축의 반응 민감성과 반응속도의 차이에 의해 발생하는 총수요와 총공급의 불균형을 당연한 것으로 받아들이면, 총수요가 총공급을 초과한 상태를 추정할 수 있다. 이 경우에는 공급 능력을 지속적으로 확충하는 과정에서 경기상승이 발생한다. 하지만 공급의 반응속도가 상대적으로 더 빨라 총공급이 총수요를 능가하면, 공급과잉을 일으켜 경기하강을 발생시킨다. 이 논리는 지나치게 단순하여 현실에서 일어나는 경기순환을 설명하기에 불충분하지만, 경기순환의 운동원리를 파악하는 데 이론적 단초를 제공하는 것은 틀림없다.

　재화의 수요와 공급뿐만 아니라 생산요소의 수요와 공급 사이에도 반응의 민감성과 속도는 시차를 보이며, 재화의 수급과 생산요소의 수급 사이에도 시차가 나타난다. 일반균형을 이루는 모든 인자들 사이에는 반응 민감성과 반응속도의 차이가 존재하는 셈이다. 실제로 생산요소의 수요와 공급은 가격에 대해 상대적으로 비탄력적이다. 예를 들어 수요가 부족한 현상이 발생하여 가격이 하락하고 공급과잉이 나타나면, 생산요소의 수요가 감소하고 생산요소의 가격도 하락해야 한다. 하지만 현실에서는 생산요소 중에서도 특히 노동은 가격에 대해 비탄력적인 특성을 띤다. 자본 역시 일시적으로 투자되어야 하고 일단 투자하면 회수하기가 어렵다는 특성을 지닌다. 그래서 경기가 부진할 때는 임금과 가격이 하락하기보다는 실업과 시설의 유휴화(쓰지 않고 놀림)가 먼저 발생한다. 그 결과 생산요소의 수요와 공급에 왜곡이 발생하며, 이것이 다시 재화의 수급에 영향을 끼치고 소득에도 영향을 끼친다. 이런 현상은 장기적으로 해소되겠지만 그때까지는 여러 경제 변수에 영향력을 끼치면서 왜곡시키곤 한다. 이 왜곡은 경기의 지속적인 후퇴와 생산수단의 유휴화, 그리고 실업을 초래하기도 한다.

불균형의 균형이론

지금까지 새로운 공리가 갖는 여러 의미를 검토하면서, 그것이 경제학의 진화에 얼마나 중요한 역할을 할 것인가를 특별히 강조했다. 그런데 새로운 공리를 경제학에 무리 없이 수용하기 위해서는 반드시 해결해야 할 문제가 하나 남아 있다. 그것은 논리적 일관성의 문제이다. 새로운 공리가 일관된 추세나 경향을 보임으로써 운동원리의 과학적인 추론이 가능하다고 할지라도, 그런 추세가 반복적으로, 안정적으로 나타나지 않으면 아무런 의미가 없다. 구체적으로 말하자면 재화는 상대적으로 희소하고 그 상대적 희소성도 변동한다는 것, 경제인은 합리적 행동을 하려 한다는 것, 경제 현상이 균형을 이루려 한다는 것 등의 명제가 시간이 흘러도 변함없이 유지되어야 그 이론적 가치를 인정받을 수 있다.

이것은 위에서 전개한 논리의 문맥에 나타나 있듯이 '동태적 균형'의 문제이다. 새로운 공리가 경제학을 동태화하는 출발점이라는 언급을 수차례 반복한 것과 같이 이 문제는 반드시 해결해야 할 과제이다. 논리적 일관성이 없는 이론은 허구에 불과하므로, 위의 공리들이 시간의 흐름 속에서 안정성을 유지하려면 동태적 균형을 유지할 수 있어야 한다. 균형점이 이동하는 경우에는 이동한 균형점에서도 논리적 안정성을 유지해야 그 이론은 과학적 의의를 가질 수 있다. 다시 말해, 공리의 동태적 균형이라는 문제는 새로운 공리의 논리적 이율배반성에서 해결의 단서를 찾을 수 있다.

제1공리 '경제활동은 자원의 희소성을 해소하는 과정이다'와 제2공리 '경제인은 합리적 행동을 하려 한다', 제3공리 '경제는 균형을 이루려 한다'라는 명제는 경제 현상이 항상 불균형 상태에 있음을 전제로 한다. 그리고 '과정이다', '하려 한다', '이루려 한다'는 경제인과 경제활동과 경제 현상에는 균형을 추구하려는 동력이 내재되어 있음을 뜻한다. 그런데 시간의 차원에서 보면 이는 논리적으로 명백한 이율배반이다. 균형을 추구하려는 내재적인 동력에 의해 균형화 과정이 진행되고 있다면, 언젠가는 주류경제학이 상정하는 '완전한 정상 상태定常狀態의 균형'에 도달해야 하기 때문이다. 인류의 경제사가 만 년 넘게 흘렀으므로 지금은 완전한 균형에 이미 도달했어야 하며, 이것은 논리적으로 당연한 귀결이다. 그러나 새로운 공리는 항상 불균형 상태에 있음을 전제로 하고 있다. 이것은 논리적으로 모순이다. 경제가 태동한 지 수많은 세월이 흘렀고, 끊임없이 균형을 향해 달려왔다면서 아직 균형 상태에 도달하지 못했다는 것은 말이 되지 않는다. 이런 이율배반을 어떻게 벗어날 수 있을까? 그 방법은 하나뿐이다. '균형을 이루려는 동력이 항상 작용하는데, 균형은 이루어지지 않고 항상 불균형 상태에 있다'라는 논리가 성립하기 위해서는 반대의 동력을 상정해야 한다. 물리학의 운동법칙에 작용과 반작용이 있듯이 말이다.

균형을 이루려는 동력과 함께 균형에서 이탈하려는 동력을 상정하지 않으면, 어떤 경우에도 세 가지의 새로운 공리는 논리적으로 존립할 수가 없다. 균형화 동력과 함께 불균형화 동력이 동시에 작용할 때 비로소 새로운 공리는 논리적으로 항상 존립할 수 있다. 희소성을 유지하는 힘, 불합리한 행동을 유발하는 힘, 불균형을 지속시키는 힘이 함께 전제되어야 한다. 그러므로 균형으로부터 이탈력을 상정하는 것은 동태경제학의 이론체계에서 필수적이다.

그럼 이탈력은 무엇이고, 그것이 경제에서는 어떤 역할을 할까? 이 탈력은 주류경제학이 외생변수로 간주해 왔던 것들로부터 그 근거를 찾아볼 수 있다. 재화를 희소하게 하는 변수, 경제인을 비합리적으로 행동하게 하는 변수, 경제를 불균형으로 이끄는 변수 등이 그것들이다. 주류경제학은 이런 변수를 모두 외생변수로 취급하여 그 이론적 중요성을 간과해 왔는데, K-경제학은 이것들을 이론체계 안에 끌어들여 동태적 균형의 내생변수로 만들어낸다. 이로써 K-경제학은 지금까지 예외적인 현상으로 다루어졌던 것들을 경제학의 본질적 과제로 끌어들일 수 있게 되었다.

간단히 말해, 정태적 균형이론의 내생변수를 동태적 균형이론의 수렴력으로 삼고, 정태적 균형이론의 외생변수를 동태적 균형이론의 이탈력으로 삼음으로써, 수렴력과 이탈력이 상호작용을 하여 동태적 균형을 이룬다고 보는 것이다. 이런 동태적 균형이론이 어렵고 생소하게 느껴질지 모르지만, 경제 현상을 있는 그대로 이론화하는 일은 이 '동태적 균형'의 개념을 도입하지 않으면 불가능하다. 지금껏 경제학계가 이론의 동태화 문제를 끊임없이 제기해 왔지만 뚜렷한 성과를 거두지 못했던 것도 이런 이유 때문이다. 그리고 경제학의 위기가 그동안 수없이 논의되었지만, 경제이론이 여전히 경제 현상을 있는 그대로 해명하지 못하는 것도 주로 이 문제에서 기인한다.

비유하자면, 지구의 공전운동을 정태적 원운동의 시각이나 그 이론 틀에서 보면 조금씩은 균형에서 이탈해 있는 것처럼 보인다. 따라서 공전운동은 동태적 시각에서 바라봐야 비로소 하나의 균형 상태로 보인다. 경제 현상도 마찬가지로 동태적 경제 현상은 반드시 동태적 시각과 동태적 이론 틀에서 바라봐야 비로소 경제 현상을 일관된 원리를 갖는 하나의 규칙적인 상태, 즉 동태적 균형으로 간주할 수 있다. 경제인의 행동이나 경제 현상을 이런 동태적 균형이론에 입각하여 접근하면 정태적 균형점을 다소 이탈한 것처럼 보이는 현상이 동태적으로는 오히려 균형 상태라는 논리가 성립한다. 수렴력과 이탈력의 상호작용이 동태적 균형을 유지시켜 준다고 간주할 경우에는 정태적 균형점에서 이탈한 고전적 의미의 모든 불균형이 동태적으로는 균형이라고 규정할 수 있다. 그러므로 다소 비합리적으로 보이는 경제인의 행동이나 약간은 균형에서 이탈한 것처럼 보이는 경제 현상이 동태적으로는 균형이다. 현존하는 모든 경제 현상이 안정적으로 변동한다면 동태적 균형인 셈이다.

이제 '불균형의 균형이론'에 의해 현실의 모든 가격이 정태적으로는 불균형 가격일지라도 동태적으로는 균형가격이라고 여길 수 있게 되었다. 소득도 마찬가지로 현실의 정태적 불균형 소득을 동태적 균형 소득으로 받아들일 수 있게 되었다. 지금까지의 논의에 이르러, 경제학은 현실에서 나타나는 경제 현상을 대상으로 이론체계를 구축할 터전을 마련했다. 현실에서 나타나는 경제 현상을 균형으로 볼 때, 비로소 그것을 대상으로 한 운동원리를 과학적으로 규명할 수 있다. 그리고 동태적 균형이론에 입각하여 경제 현상에 접근하면 '있는 그대로의 현상'을 해명할 경제이론을 수립할 수 있다. 이것이 경제학의 새로운 패러다임, 즉 K-경제학의 출발점이다.

강조하건대, 현실에서 일어나는 경제의 변동은 동태적 균형이론에 입각하여 접근할 경우에만 경제학의 일관된 이론체계 안에 수용할 수 있다. 이 '동태적 균형론'을 적용하지 않고는 그리고 정태적 균형으로부터의 이탈을 포용하지 않고는, 경제학은 어떤 경기변동이나 경제성장이나 체제 변화도 이론체계 안에 수용할 수 없다. 수렴력과 이탈력의 상호작용에 의한 동태적 균형을 상정하지 않을 경우에는 경제 현상을 정지된 것으로 여길 수밖에 없고, 학문적으로도 정태이론의 수준에서 벗어나기 어려워 경제의 변동을 이론체계 안에 수용할 수 없다. 드디어 주류경제학의 패러다임에서 지금까지 허용하지 않았던 경기순환과 경제성장, 체제의 역사적 발전 등을 경제학의 이론체계 안에서 해명할 수 있게 되었다. 이제 새로운 공리가 완성되고, 동태적 균형론이 정립됨으로써 K-경제학의 패러다임을 본격적으로 다룰 터전이 마련되었다.

참고문헌

1. Victor A. Beker, "From the Economic Crisis to the Crisis of Economics", Modern Financial Crises, pp.183~199, Part of the Financial and Monetary Policy Studies, vol 42, 2010.
2. Norman Angel, "The Great Illusion: A Study of the Relation of Military Power in Nations to their Economic and Social Advantage", G. P. Putnam' Sons, 1910.
3. 찰스 킨들버거, 로버트 알리버, 김홍식 역, 《광기, 패닉, 붕괴 금융위기의 역사》, 202~203쪽, 굿모닝북스, 2006년.
4. 위의 책 254쪽.
5. R. L. Hall, C. J. Hitch, "Price Theory and Business Behaviour", Oxford Economic Papers, 2(1), May 1939.
6. 〈한국경제 반세기 정책자료집〉 24쪽, 한국개발연구원, 1995년.
7. 다카하시 조센高橋乗宣 編著, 곽해선 역, 《사라진 일본경제의 기적 奇跡の繁栄はなぜ失われたか》, 152쪽, 다락원, 2002년.
8. 찰스 킨들버거, 로버트 알리버, 김홍식 역, 《광기, 패닉, 붕괴 금융위기의 역사》, 202~203쪽, 굿모닝북스, 2006년.
9. 위의 책 243쪽.
10. 다카하시 조센, 《사라진 일본경제의 기적》, 145쪽, 다락원, 2002년.
11. 찰스 킨들버거, 로버트 알리버, 김홍식 역, 《광기, 패닉, 붕괴 금융위기의 역사》, 75쪽, 굿모닝북스, 2006년.
12. 위의 책 254쪽.
13. 위의 책 83쪽.
14. 사이토 세이치로 斎藤精一郎, 신한종합연구소 역, 《일본경제 왜 무너졌나 '10年不況' 脱却のシナリオ》, 108~109쪽, 들녘, 1999년.

15. 위의 책 124쪽.
16. 위의 책 151쪽.
17. 위의 책 152~153쪽.
18. 위의 책 113쪽.
19. 이봉구, 《추락하는 일본 경제》, 38~39쪽, 한국경제신문사, 1997년.
20. 위의 책 39~40쪽.
21. 위의 책 100쪽.
22. 위의 책 94~95쪽.
23. 위의 책 97쪽.
24. Stanley Milgram, "Behavioral Study of Obedience", Journal of Abnormal and Social Psychology, 67: 371~378, 1963.
25. 찰스 킨들버거, 로버트 알리버, 김홍식 역, 《광기, 패닉, 붕괴 금융위기의 역사》, 36쪽, 굿모닝북스, 2006년.
26. 위의 책 37쪽.
27. 위의 책 59쪽.
28. 위의 책 188쪽.
29. 진 스마일리, 《세계 대공황》, 61쪽, 지상사, 2008년.
30. 존 스틸 고든, 《부의 제국》, 443쪽, 황금가지, 2007년.

**한국경제
대전환**

1판 1쇄 인쇄 2025년 8월 8일
1판 1쇄 발행 2025년 8월 20일

지은이 최용식

발행인 양원석 **편집장** 최두은 **디자인** 남미현, 김미선
영업마케팅 윤송, 김지현, 최현윤, 백승원, 유민경

펴낸 곳 ㈜알에이치코리아
주소 서울시 금천구 가산디지털2로 53, 20층 (가산동, 한라시그마밸리)
편집문의 02-6443-8844   **도서문의** 02-6443-8800
홈페이지 http://rhk.co.kr
등록 2004년 1월 15일 제2-3726호

ISBN 978-89-255-7319-9 (03320)

※ 이 책은 ㈜알에이치코리아가 저작권자와의 계약에 따라 발행한 것이므로
   본사의 서면 허락 없이는 어떠한 형태나 수단으로도 이 책의 내용을 이용하지 못합니다.
※ 잘못된 책은 구입하신 서점에서 바꾸어 드립니다.
※ 책값은 뒤표지에 있습니다.